PBL in the Elementary Grades

프로젝트 학습

초등교사를 위한 안내

Sara Hallermann, John Larmer, John R. Mergendoller 지음

설양환, 박한숙, 이수영, 황윤한 옮김

아카데미프레스

PBL in the Elementary Grades

by Sara Hallermann, John Larmer, John R. Mergendoller

역자 서문

이 책은 미국의 벅(Buck) 교육연구소(BIE)에서 출판한 『PBL in the Elementary Grades』의 번역서이다. 교육대학교의 교수들인 역자들은 교수-학습 이론, 교육공학 및 교육방법, 교육과정 등의 강의를 통하여 흔히 말하는 '공부를 잘 시키는 방법'을 가르친다. 이 과정에서 자연스럽게 '더욱 가치 있는 공부'에 대하여 관심을 갖게 되었다. 일반 사실이나 정보를 외우는 공부도 필요하지만, 정보의 양이 폭발적으로 증가하는 시대에는 주어진 정보를 활용하여 과학적으로 탐구하며, 문제를 해결하고, 고차원적인 사고력을 키우는 공부가 더욱 절실하게 필요하다.

우리나라 국민들은 선진국으로 도약하고 싶은 열망이 강하다. 이를 위해서는 초등학교 시기부터 선진국 국민이 갖추어야 할 핵심 역량을 길러야 한다. 그 역량은 사고방식, 직무수행방식, 직무수단, 사회생활방식의 선진화를 포함한다(atc21s.org). 프로젝트 학습은 이러한 선진 역량을 갖추기에 가장 적합한 공부방법이다. 우리가 이 책에 매력을 느낀 이유는 크게 세 가지였다.

첫째, 이 책은 지난 25년 동안 프로젝트 학습에 대한 연구 및 워크숍을 실시한 BIE 연구소에서 출판했다. BIE 연구소는 프로젝트 학습을 전문으로 연구하는 기관으로 미국 전역의 교사들을 대상으로 워크숍을 실시하고 연구를 수행하며 도서를 출판을 한다. 또한 인터넷 홈페이지를 통하여 프로젝트 학습과 관련된 이론 및 실제에 대한 다양한 정보를 교사들에게 소개한다. 따라서 이 책은 초등학교 교사들에게 프로젝트 학습에 관한 가장 전문적인 지식을 제공한다.

둘째, 이 책은 프로젝트 학습에 대하여 알고 싶은 초등교사라면 누구라도 쉽게 읽을 수 있다. 원서가 교사들이 이해하기 쉽게 쓰여졌으므로 번역자들은 그러한 문체를 최대한 살리려고 노력했다. 번역자는 모두 교육학을 전공했으며 대부분 초등학교 교사로 재직한 경험이 있다. 번역자의 경험을 살려서 원서의 쉬운 문체를 최대한 우리말답게 번역하여 대학생들도 쉽게 이해할 수 있게 서술했다.

셋째, 이 책은 매우 실용적이다. 프로젝트 학습을 처음 적용하는 교사들도 간편하게 적용할 수 있도록 각 단계별로 상세하게 설명했다. 그리고 즉시 사용할 수 있는 다양한 서식 및 평가기준표를 제시하며 학년별 우수 프로젝트를 예시하여 교사들이 프로젝트 학습에 대하여 더욱 명확하게 이해할 수 있다.

우리나라 초등학교 교사들은 지적으로 우수하고 열정적이며 헌신적이다. 이 책은 학생들의 사고력을 발달시키고, 미래에 필요한 역량을 길러주고 싶은 초등학교 교사들에게 명확한 길과 방법을 안내하고 있다. 교사들이 이 책에서 안내하는 대로 적용하여, 프로젝트 학습을 적절하게 실천한 교사들이 느끼는 가슴 벅참과 보람을 누리기를 기대한다.

2014년 5월
번역자 일동

저자 서문

BIE 연구소의 『PBL 도우미(Toolkit) 시리즈』에 대해서

여러분은 프로젝트 학습을 실행할 수 있는 모든 여건을 갖추고 있지만 어떻게 시작해야 할지 궁금해할 것이다. 바로 이 책에서 그 아이디어를 발견할 것이며, 정교하게 계획하고 노련하게 실천함으로써 수업에 효과적으로 적용할 수 있을 것이다.

우리 연구소(BIE)는 교사와 학교가 프로젝트 학습(PBL)을 더욱 효과적으로 사용하도록 하기 위해서 『PBL 도우미 시리즈(Toolkit Series)』를 출간했다. 프로젝트 학습을 잘못 적용하거나 부적절한 목적으로 사용한다면 (예를 들어, 누가 시키기 때문에 한다면) 시간낭비일 뿐만 아니라 역효과를 낼 것이다. 프로젝트 학습은 단지 교수학습 전략만을 의미하지 않는다. 프로젝트 학습을 효과적으로 적용하기 위해서는 교사의 교수방법과 학교의 교육과정 운영에 엄청난 변화가 필요하다.

본 도서는 프로젝트 학습과 관련된 특정한 주제들을 담고 있는 두 번째 출판물이다. 각 출판물은 예시, 안내, 자료 등으로 구성되어 있다. 첫 번째 시리즈인 『PBL 입문서(Starter Kit)』는 중고등학교 교사들이 그들의 첫 번째 프로젝트를 계획하고 실행하도록 도움을 주기 위한 책이다. 이 시리즈의 책들은 프로젝트 학습과 21세기 기술에 초점을 두고, 모든 학생들이 프로젝트 학습을 성공적으로 경험하고, 프로젝트 학습이 특정 주제나 교과에서 적용하는 데 도움을 줄 것이다.

우리 연구소 웹사이트(bie.org)에서는 더욱 다양한 정보와 도움을 제공한다. 이 웹사이트는 프로젝트 검색 기능과 프로젝트 도서관, 프로젝트 학습 수업 비디오, 동료 교사들과 질문과 답을 나눌 수 있는 온라인 커뮤니티, "Do It Yourself"라는 프로젝트 학습을 설계할 수 있는 개인별 지도 공간들을 포함하고 있다. 또한 이 웹사이트에서 여러분은 대중들로부터 찬사를 받고, 7개의 언어로 번역된『PBL 지도서(Handbook)』의 요약본, 프로젝트 학습에 대한 연구 정보, BIE 교원 연수 서비스, 교육청, 교육부를 위한 지원 자료를 찾거나 구입할 수 있다. 마지막으로 교사와 학생들이 프로젝트 학습을 계획하고 활동하는 동영상들이 탑재되어 있는 Youtube 채널(youtube.com/biepbl)도 확인해보기 바란다.

행운을 빈다! 우리가 더욱 향상된 서비스를 제공할 수 있도록 이 책과 그 밖의 BIE 자료들에 대한 여러분의 생각을 보내주길 바란다. 우리 웹사이트 포럼이나 이메일(info@bie.org)로 여러분의 생각과 성공담을 보내주면 된다.

John R. Mergendoller, Ph.D.
BIE 연구소 소장

감사의 글

프로젝트 학습을 효과적으로 실천하는 교육자들이 급속하게 늘어나고 있다. 그분들이 우리에게 노하우를 전해주지 않았다면 이 책을 쓸 수 없었을 것이다. 우리는 학생을 가르치는 그들의 노고를 보면서 많은 용기를 얻었다. 그들 모두에게 감사의 말을 전하는 것은 힘들겠지만 시간과 지혜를 기꺼이 투자해준 몇몇 분들에게는 감사의 말을 전하고 싶다.

이 책 전반에 걸친 프로젝트 학습 사례로 강조된 우수 프로젝트(Spotlight Project)를 제공한 교사들의 헌신과 공헌에 감사의 말을 전한다: 플린 선생님(Abbey Flynn), 홀스타인 선생님(Dana Holstein), 매콘빌 선생님(Laurel McConville), 켄터키 주의 코너(Carolyn Connor) 및 3학년 선생님들, 로저스 선생님(Laurette Rogers), 데로렌조 선생님(Gina DeLorenzo), 아이스버그 선생님(Aaron Eisberg).

본 연구소의 다른 출판물과 마찬가지로 이 책 역시 많은 교육자들의 자문을 받았다. 우리는 전문지식과 구체적인 피드백을 제공해준 Elizabeth Zirbel, Gina Olabuenaga, Martina Heppner, Jan Bolgla, Angela Loser, 전직 관리자인 Berna Ravitz, Lynn Baker(웨스트 버지니아 교육청), Teresa Dempsey 박사(Educational Service Center of Central Ohio)에게도 감사의 말을 전한다. 우리가 궁금한 것이 있을 때마다 답해준 BIE National Faculty 회원인 McCarthy와 Jennifer Cruz에게 특별한 감사의 말을 전한다. 시의적절한 조언을 해준 BIE National Faculty의 회원인 Shannon Cannon과 Dayna Laur에게도 감사의 말을 전한다. 우리의 질문에 빠르게 답해준 C&I Consulting의 Lynn Erickson도 감사하다. 프로젝트 학습의 최고 전문가인 Sylvia Chard는 건설적인 비평을 했는데, 이로 인하여 이 책이 K-2 교사들에게 더 좋은 자료를 제공할 수 있었다. 학생들의 활동에 대한 비평과 개선점에 대한 고견을 사용하도록 허락해준 Expeditionary Learning의 Ron Berger에게도 감사의 말을 전한다.

Alfred Solis(BIE Director of New Media)는 이 책의 공학적인 부분에 많이 공헌했고, 두서없는 질문에 사려 깊은 대답을 해주었으며 전반적으로 정신적인 지지를 보내주었다. David Ross(BIE 교원연수부장)는 항상 우리의 아이디어 결정 등에 대해 자문해주었고 현실을 직시하도록 도와주었다. BIE 직원인 Jason Ravitz, Claire Adams, Theresa Siliezar는 다방면에서 도와주었다.

BIE National Faculty 회원이자 이 책의 주저자인 Sara Hallermann은 초등교육에 대한 다방면의 방대한 전문지식뿐만 아니라 다양한 지식으로 공헌해주었다. 오랜 집필과정 동안 열심히 작업한 그녀에게 깊은 감사의 마음을 전한다.

마지막으로 BIE의 개발부장인 John Larmer는 집필, 편집, 조정을 통해서 많은 아이디어들이 실현되게 해주었다. 우리는 그와 모두의 노력에 감사하며, 이 책을 통하여 초등학교 교사들이 프로젝트 학습을 더욱 간편하게 적용하기를 희망한다.

2011년 2월
BIE 연구소

차례

제1장

서론

프로젝트 기반 학습에 대해 들어왔었고, 시행해보기도 했지만, 아직까지 어떤 것이 프로젝트 기반 학습인지에 대해 궁금해하는 교사들이 있다. 듣기에는 좋아 보이지만, 과연 나에게 그리고 우리 반 학생들에게 맞는 것일까? 오늘날과 같은 교육 상황에서 적용할 수 있을까? 정말 잘 설계되어 있는지 확인할 수 있어서 우리 반 학생들이 귀중한 시간을 낭비하지 않고 학습목표를 성취할 수 있을까? 이러한 모든 질문에 대한 우리들의 대답은 이 책에서 우리들이 탐구할 몇 개의 "하지만 그리고 만약에"를 제외하고는 "예, 그렇습니다!"이다. 우리들의 목표는 교사들이 프로젝트를 계획하여 학생들에게 좋은 학습경험을 제공할 수 있도록 하는 것이다.

제1장에서는 다음과 같은 정보를 제공한다.

- 이 책의 목적과 활용법
- 유치원부터 5학년까지의 학생들이 활용할 수 있는 프로젝트에 대한 간단한 설명
- 프로젝트 기반 학습이란 무엇인가?
- 왜 교수 방법의 하나로 프로젝트 기반 학습을 사용하는가?
- PBL의 오해
- PBL의 효과: 경험과 연구 결과들이 우리들에게 말해주는 것
- 초등학교 프로그램으로서 PBL의 적절한 활용 방법
- PBL에서의 교사의 역할

이 책의 목적과 활용 방법

이 책은 프로젝트 기반 학습(project based learning, PBL)에 대해 처음으로 대하거나, 또는 PBL을 사전에 활용해보았지만 더욱더 잘 가르쳐보고 싶어하는, 유치원부터 5학년까지의 교사들을 위해 쓰였다. 초등학생들을 위한 PBL은 쉽게 읽을 수 있고, 실제적이고, 교육과정에 초점을 맞춘 프로젝트를 계획하고 활용함에 있어서 각 단계에 따른 조언과 프로젝트 기반 학습을 잘 시행할 수 있도록 교사를 도와주기 위한 약간의 도구를 제공하기 위하여 설계되었다. 우리들이 기술한 기본적인 PBL 설계는 모든 학습 내용 영역과 학년 수준에서 활용할 수 있다.

이 책의 활용법

이 책은 교사들이 읽으면서 실제적으로 프로젝트를 계획할 수 있도록 활용되어야 한다. 교사들은 이 책의 제6장 "프로젝트를 위한 유용한 자료"에 제시된 다음의 세 가지 계획 양식을 복사하여 사용하거나 bie.org/tools/useful 사이트에 제시된 전자 문서를 활용할 수 있다. 세 번째는 온라인 개별 지도 BIE 웹사이트인 bie.org/diy에서 볼 수 있는 "스스로 해보기(Do It Yourself)"를 활용할 수 있다. 이 온라인 개별 지도에서 교사는 자신의 프로젝트들을 계획하고 기록할 수 있다. 세 가지 계획 양식은 다음과 같다:

- **프로젝트 개요**: 자신의 프로젝트를 기록할 수 있는 2쪽 분량의 양식
- **프로젝트 교수 · 학습 가이드**: 학생들로 하여금 성공적인 프로젝트 학습을 하는 데 필요한 지식과 기술에 대한 구체적인 교수 지원을 분석하고 계획하기 위한 양식
- **프로젝트 추진 일정**: 교사의 프로젝트에서 요일별 활용할 시간을 계획할 수 있는 양식

우리는 교사들이 각각의 장을 살펴볼 때 이러한 양식을 가능한 한 작성하기를 권장하며, 우리가 이를 다시 알려줄 것이다. 우리가 제시한 모범 프로젝트에서 교사들은 완성된 양식들의 예를 볼 수 있다.

일부 교사들은 다양한 학년 수준과 상황에서 실제적인 프로젝트의 범위를 보기 위해 제7장 "우수 프로젝트 학습"을 먼저 살펴보는 것을 선호한다. 이 책의 각 장마다 이러한 프로젝트들을 참고하도록 할 것이다. 우리는 교사들에게 교실에서 PBL의 전개 과정을 파악하는 데 도움을 주기 위해서 또 다른 프로젝트 사례들을 포함시켰다. 예를 들어, 2학년 교실에서 전개되는 상세한 설명이 주어진 가상의 프로젝트, 즉 제3장 뒤에 이어지는 "PBL 운영하기: 자화상"과 같은 프로젝트이다.

각 장의 아이콘 해설

현장 교사로부터의 조언

다양한 주제에 대한 경험 있는 PBL 교사들의 조언을 귀뜸한다.

유-2 길잡이

어린이들에게 PBL을 사용하는 데 있어서 초등학교 교사들을 위한 특별한 안내를 제공한다.

게시판

특정 주제에 대한 추가 사례, 자료, 또는 주의사항을 제공한다.

✱유용한 자료

이 책의 제6장 "프로젝트를 위한 유용한 자료"에서 찾아볼 수 있는 양식, 유인물, 또는 사례를 알린다.

유치원부터 5학년까지 적용하는 프로젝트에 대한 간단한 설명

프로젝트는 다양한 형태와 크기로 주어진다. 유치원부터 5학년에 이르는 교실에서 PBL이 얼마나 다양하게 일어날 수 있는지에 대해 몇 개의 간단한 프로젝트 작업을 예로 들면 다음과 같다:

유치원생들은 부모들과 학생들에게 발표할 맛있는 추수감사절 음식을 설명하기 위해 만든 메뉴를 위해 음식들을 분류하고 그림들을 조합하는 것에 대해 배운다.

4학년 학생들은 어디에 스물두 번째 캘리포니아 선교지를 지을 것인가(만약 하나만 필요하다면)와 어떤 모습이어야 하는가를 결정하는 스페인 선교사들의 역할을 함으로써 지도들과 수요 자료 문서들을 공부한다.

한 1학년 학생은 자기 팀을 위해 나비 그림을 보기에 매우 좋을 때까지 수정한다. 이 그림은 학급이 만들고 있는, 주에 사는 동물들의 삽화 카드 박스 세트에 집어넣도록 하기 위함이다.

5학년 학생들은 자신들이 살고 있는 고장의 오염원이 무엇인지 결정할 근거를 찾으면서 흙과 물의 표본에 대한 산성도(pH)를 분석하고 있다.

2학년 학생들은 자신들의 팟캐스트(인터넷망을 통해 다양한 콘텐츠를 제공하는 서비스)를 기록할 준비를 하는 가운데 왜 우리가 특정 사건들을 기억하는지에 대해 되돌아본다. 이들은 어떤 경험에 관한 이야기를 하는 가운데, 구체적인 설명과 함께 논리적인 순서에 따라 결론에 도달한다.

3학년 학생들은 다람쥐들을 겨울에는 따뜻하게 하고 여름에는 시원하게 해주는 다람쥐 집을 설계하면서 난방, 냉방, 그리고 기본적인 가동원리를 배운다.

1학년 학생들은 재활용품들을 활용한 모형 돛단배를 설계하고, 만들고, 시험해보면서 바람의 힘에 대해 배운다.

5학년들은 자신들의 학교 주변 동네의 미적인 아름다움을 평가하고, 긍정적이고 부정적인 특성을 찾을 수 있는 지도를 만들며, 향상되어야 할 점들을 제안하면서 도시계획에 대해 배운다.

1학년 학생들은 일기, 가족사진, 공예품, 지도, 건축물의 그림들로 가득 찬 여행 가방들의 내용물에 대해 조사한다. 이들은 옛날 지역사회 내에서의 가족생활에 관한 주제에 대해 비디오를 찍기 위해 조사해야 할 질문들을 작성한다.

3학년들은 자신들의 동네 공터를 꾸미기 위해 할 수 있는 것이 무엇인지에 대한 생각을 지역 신문에 전달하기 전에, 자신들의 생각에 관한 피드백을 받기 위해, 견해가 담긴 전자 메일을 경제개발 부서에 보낸다.

유치원생들은 인형극을 통해 전통적인 어린이들의 이야기들을 재연하기 위한 계획을 하면서, 한 지역 극단의 도움을 받아 네 가지 다른 종류의 인형들을 만든다.

2학년들은 1,000페니를 가지고 얼마나 많은 음식, 학교 준비물, 또는 다른 종류의 물건들을 살 수 있는지 예측하고자 한다. 그런 후에 장보기 물품 목록을 만들고, 이러한 물품들을 어디에서 사야 하는지를 발표하기 위해 동네 가게나 인터넷 웹사이트에 들러 가격을 비교해본다.

4학년들은 다양한 저자들이 지은 어린 시절의 추억들을 읽고, "10살이 된다는 것은 무엇인가?" 주제에 대한 그들의 글을 발표하기 위해 블로그를 만든다.

한 유치원 학급은 지역의 야생동물에 대해 배우고, 교실에서 키우는 동물들의 삶의 주기를 관찰한다. 그리하여 지역 숲 속에 사는 동물들에 관한 현장체험 안내서를 만든다.

5학년 학생들은 의과대학 학생들의 역할을 하면서 환자의 증상에 대한 원인이 무엇인지(호흡기 계통에 문제가 있는지, 아니면 순환기 계통에 문제가 있는지)를 결정하려고 한다.*

3학년 학생들은 인터뷰, 선행연구, 현장 방문 등을 통해 자신들이 살고 있는 도시의 역사에 대해 심도 있게 탐구한다. 그런 후에 학교 도서관에서 박물관 전시회를 개최한다.*

3학년 학생들은 인터뷰, 조사, 현장 탐방 등을 통해 자신들이 살고 있는 도시 지역의 역사를 깊이 있게 연구한 후 학교 도서관에서 박물관 전시회를 개최한다.

1학년 학생들은 학교로 하여금 다른 지역의 놀이터나 학교를 위해 행동 규칙들을 개발할 수 있도록 다른 학생들과 공유하기 위한 포스터나 비디오를 만들면서 지역사회와 규칙 및 법에 대해서 배운다.*

4학년 학생들은 개울에 사는 생물들을 보호하려는 노력과 서식지 복원을 시작하면서 지역의 멸종위기에 처한 동물들을 구제하기 위한 결심을 한다.*

2학년 학생들은 이틀에 걸쳐 점심시간 피자 팔기 행사를 한다. 이 행사는 지역사회에서 일하는 사람들과 인터뷰를 하여 일을 한다는 것이 어떤 모습인지에 대한 연구로 끝난다.

5학년 학생들은 자료를 수집하고 게시하되, 그들의 가족들에게 가장 적합한 휴대폰 사용 계약이 무엇인지를 알아내서 이들을 점으로 그래프를 그려 나타내고, 학부모와 학우들에게 발표할 준비를 한다.*

*마지막 일곱 가지 프로젝트들은 이 책의 제7장 "우수 프로젝트 학습"에 상세히 설명되어 있다.

프로젝트 기반 학습이란 무엇인가?

프로젝트 기반 학습에서는 탐구해야 할 하나의 의미 있는 질문, 해결해야 할 실 생활 문제에 참여하거나 무엇인가를 설계 혹은 창출하기 위한 도전에 의해 학생들이 교육과정을 헤쳐나간다. 이를 성취하기 전에, 학생들은 질문을 제기하고 자신이 스스로 답변을 만들어 감으로써 주제를 탐구해야 한다. 자신들이 배운 것을 증명하기 위해 학생들은 질 높은 학습 결과물을 창작하고, 그것들을 다른 이들에게 보여준다. 학생들은 종종 서로 협력함으로써 작은 팀을 구성하여 프로젝드를 하지만 지도는 교사가 한다.

PBL이 아닌 것(예를 들어, 종합적인 지적 탐구로부터 동떨어진 학습지)을 설명하기는 쉽지만, 'PBL이 … 이다.'라고 한 문장으로 정의하기는 쉽지 않다. 가장 적절하다고 생각되는 정의는 다음과 같다.

> 프로젝트 기반 학습은 학생들로 하여금 하나의 폭넓고 복합적이며 실제적인 질문과 신중하게 설계된 학습 결과물과 학습 과제를 중심으로 구조화된 학생 주도의 탐구과정을 통해서 중요한 지식과 21세기 기술들을 학습하게 하는 하나의 체계적인 교수 방법이다.

프로젝트는 철저한 학습 경험이어야 한다. 전통적인 단위 수업 후에 학생들로 하여금 '즐기거나' '직접 경험을 갖도록' 학생들에게 제공하는 후식이 아니다. 이와는 달리, 프로젝트는 해당 단원을 조직하는 주 요리이다. 대부분의 경우에 있어서는 프로젝트를 하나의 단원으로 생각하는 것이 이해하는 데 도움이 된다. 프로젝트인 것과 프로젝트가 아닌 것에 대한 보다 상세한 설명은 21쪽에 제시된 "PBL에 대한 오해"를 참고하기 바란다.

프로젝트의 길이는 다양할 수 있다. 학생들은 하루의 일부 시간만을 프로젝트를 수행하는 데 보내는 것으로 가정하지만, 대부분의 프로젝트들은 2~4주에 걸쳐 끝난다. 우리가 제시한 우수 프로젝트를 읽으면 알 수 있듯이 일부 프로젝트는 길어질 수 있다. 만약 교사가 프로젝트를 빨리 마치려고 한다면 아래에 나열된 모든 중요한 요소들을 온전하게 포함시킬 시간이 많지 않을 것이다. 뿐만 아니라 학생들도 그만큼 많이 배우지 못한다.

똑같은 두 프로젝트는 없다고 할지라도 **프로젝트에는 특정의 단계가 있다.** 시작 단계가 있고, 중간 단계, 그리고 마침 단계가 있다. PBL의 BIE(Buck Institute for Education) 모형에 있어서 이러한 단계들의 시각적인 표현을 위해서 제3장 "프로젝트 내용 계획하기"의 "프로젝트의 흐름도"를 참고하기 바란다.

프로젝트는 여러 형태로 주어진다. 우리는 넓은 의미에서 'PBL'을 사용한다. PBL에는 포괄적으로 문제 기반 학습, 도전적 과제 설계, 현장 기반 학습(Place-based Learning), 복합적인 사례와 시뮬레이션 활용, 그리고 안내된 탐구와 같은 유사한 수업 방법들이 포함된다. 다른 책에서는 이러한 형태의 학습을 프로젝트 기반 학습과 구분하기도 한다. 우리는 이들이 공통적인 특성들을 공유한다고 믿으며, 다른 점보다 같은 점이 더 많다.

> 만약 교사가 프로젝트를 빨리 마치려고 한다면 아래에 나열된 모든 중요한 요소들을 온전하게 포함시킬 시간이 많지 않을 것이다. 뿐만 아니라 학생들도 그만큼 많이 배우지 못한다.

프로젝트는 다음과 같은 특성을 갖는다.

- "건강한 사회란 무엇인가?"와 같은 철학적 질문의 탐구이다.
- 역사적 사건이나 자연현상에 대한 조사이다.
- 실제적이거나 가상적인 시나리오일지라도 문제 해결 상황이다.
- 논란의 대상이 되는 쟁점에 대한 심도 있는 조사이다.

- 물리적으로 또는 컴퓨터 기반의 인공물 설계, 계획의 개발, 또는 행사를 추진하기 위한 도전이다.
- 특정 청중이나 목적을 위해 한 편의 글, 멀티미디어, 작품 등을 창안하기 위한 도전이다.

PBL의 주요 요소

프로젝트가 어떤 형태가 되든지 간에 우리가 정의한 PBL을 충족시키기 위해서는 다음과 같은 중요한 요소들을 가져야 한다.

- **주요 학습내용.** 가장 핵심적인 것으로서, 프로젝트는 학생들에게 교육과정 기준과 학업 주제 영역의 중심에 있는 주요 개념으로부터 도출된 중요한 지식과 기술을 가르치는 데 초점을 맞춘다.

- **21세기 기술.** 학생들은 가르쳐질 수 있고 평가될 수 있는 비판적 사고/문제 해결, 협력, 소통과 같은 오늘날 세계에 필요한 가치 있는 기술을 체득한다.

- **심층적 탐구.** 학생들은 철저한 탐구 활동에 참여한다. 연구 문제를 제시하는 확대된 과정을 거치고, 자료를 활용하며, 해답들을 개발한다.

- **탐구 질문.** 프로젝트 활동은 학생들이 탐구하는 질문이나 그들이 완성하려는 과제를 껴안은 열린 질문에 초점이 맞추어져 진행된다.

- **알아야 할 것.** 학생들은 흥미와 호기심을 촉발하는 도입 활동을 시작하면서 프로젝트 탐구 질문에 대답하고 프로젝트 결과물을 창출하기 위해 지식을 습득하고, 개념을 이해하며, 기술을 적용할 필요가 있음을 안다.

- **학생들의 의견과 선택.** 학생들은 창출해야 할 학습 산물, 공부하는 방법, 시간을 활용하는 방법 등에 대해 부분적으로 선택할 수 있는 기회가 주어진다. 이러한 선택은 교사의 지도에 따라 다르고 학생들의 나이

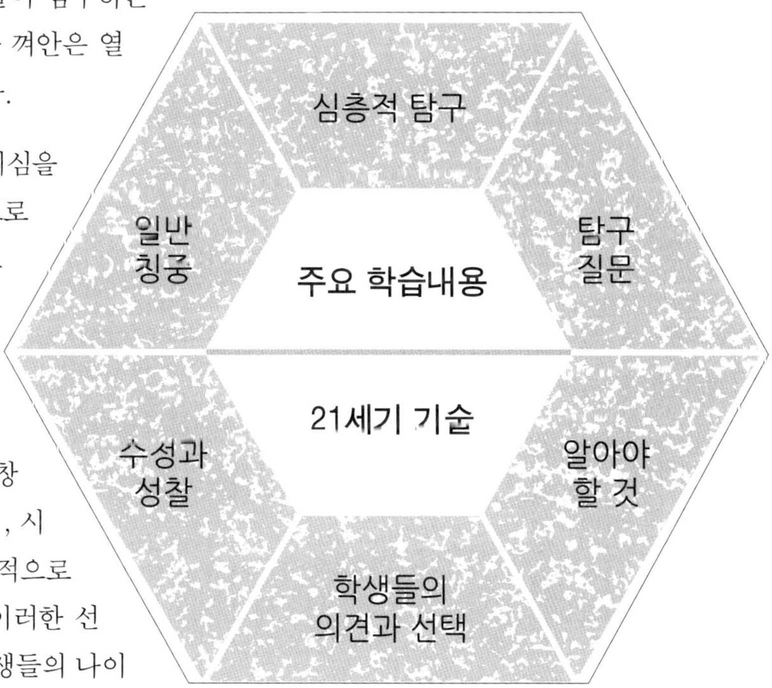

수준 및 PBL 경험에 따라서도 달라진다.

- **수정과 성찰.** 프로젝트는 학생들로 하여금 양질의 학습 결과물을 만들기 위해 추가적으로 고려해야 할 것들과 변화시켜야 할 것들에 대한 피드백과 자신들이 무엇을 어떻게 배우고 있는지에 대한 생각을 할 수 있는 과정들을 포함한다.

- **일반 청중.** 학생들은 자신이 공부한 것을 급우들이나 교사 이외의 다른 사람들에게도 발표한다.

왜 교수 방법의 하나로 프로젝트 기반 학습을 사용하는가?

PBL은 학생들에게 내용 지식과 기술을 효율적으로 가르칠 수 있고, 개념들을 보다 깊이 이해할 수 있도록 하며, 학생들로 하여금 학교 교육과정에 보다 깊이 참여하고 교육과정을 의미 있게 하기 때문에 가치가 있다. PBL은 오늘날의 세계에서 학생들로 하여금 생활, 시민정신, 직장에서의 요구들을 준비시키기 위한 가장 좋은 방법들 중의 하나이다. 이러한 주장에 대한 연구에 대해서는 인터넷 웹사이트 bie.org/research를 참고하기 바란다.

내용 지식과 기술을 가르치는 효율적인 방법

미국과 다른 나라들의 교육체제에 대한 많은 비판론자들은 전통적인 교육과정이 '얼핏 보기에는 그럴싸하나 실제로는 별 볼 일 없다'고 주장한다.

교사들도 '교육과정 기준 내용들을 다 가르치기 위하여 주제들을 심도 있게 가르치지 않고 서둘러 가르쳐야 할 때 이러한 것을 경험한다. 또한 학생들도 생각할 여지나 배운 것을 적용할 여지도 없이 한 단원에서 다른 단원으로 옮겨갈 때마다 자신들이 배워야 할 것들을 잘 배우지 못했다거나 심도 있게 배우지 못했다는 것을 알고 있다. 고학년 학생들은 끝없이 주어지는 시험을 위해 공부한 내용들을 외운다. 그 다음 주, 그 다음 달, 또는 그 다음 해에 그들이 '학습' 했어야 할 것들의 대부분을 기억하지 못한 채 지나간다.

PBL은 이러한 상황을 해결하는 데 도움을 줄 수 있다. 프로젝트는 교육과정의 중요한 내용 기준에 초점을 맞추어 설계될 수 있고 또 그렇게 설계되어야 한다. 이것이 이 책의 핵심 메시지 중의 하나이다. 또한, PBL을 통해 학생들을 가르친다는 것은 주어진 주제에 대해 깊이 연구한다는 의미이다. 학생들은 복합적인 학습 결과물을 어떻게 만들 것인가, 깊이 있는 질문에 대답은 어떻게 할 것인가, 어떻게 문제를 해결하고 쟁점을 마무리할 것인가 등에 대해 생각하면서 시간을 보낸다. 한 프로젝트를 성공적으로 마치기 위해서는 내용 지식을 알아야 하고 학업적 기술을 적용해야 한다. 이와 더불어 개념들을 보다 철저하게 이해해야 하고 자신들이 배운 것들을 보다 오래도록 기억해야 한다.

만약 학생들에게 학교의 무엇을 싫어하는지 물어보면, 많은 이들이 "수업이 지루해요!"라고 말할 것이다.

학생들에게 학교 교육과정이 보다 의미 있고 참여할 수 있게 한다.

만약, 학생들에게 학교의 무엇을 가장 싫어하는지 물어보면, 많은 학생들이 "수업이 지루해요!"라고 말할 것이다.

이러한 응답은 저학년 학생들에게는 다소 다를 수 있다. 하지만 어린 학생들이라고 할지라도 학교 공부가 기대했던 것보다 덜 재미있다는 것을 알게 될 것이다. 만약 교사의 활동이나 수업이 지루하지 않고 참으로 재미있다고 할지라도 그것이 학교라는 사회를 벗어나 어떤 것과 어떻게 연결되어 있다는 것을 학생들이 보기 어려울 것이다. 그러나 좋은 프로젝트에서는 학생 자신들이 하고 있는 것이 의미 있는 것임을 쉽게 느낀다. 학생들은 실제적인 학습 과제와 결과물을 공부하되, 그들 삶과 관련된 쟁점들을 탐구하고, 자기 고장뿐만 아니라 더 넓은 사회의 어른들과 기관들을 연결시킨다. 자신들이 학습한 지식과 기술들이 어떻게 실제 생활에 접목되는지를 알게 된다. 그리고 일부 프로젝트들은—종종 가장 기억에 남는 것들은—그 주제에 대한 열정을 평생 불 붙임으로써, 또는 그들이 세상에서 본 것들에 대해 무엇인가를 할 수 있다는 힘을 갖고 있다는 것을 보여줌으로써 어린 학생들의 삶을 실제적으로 변화시키기도 한다.

21세기의 직장, 생활, 시민의식을 준비시킨다.

21세기에 접어들면서 현재의 우리 교육 체제의 상태에 대한 반성이 전국적으로 일어났다. 세 가지 대표적인 질문이 제기되었는데, 이들을 보면, "세계는 어떻게 변하고 있는가?", "우리의 학생들이 이 새로운 세상에서 성공적인 삶을 살기 위해서는 어떤 기술과 지식을 가져야 하는가?", 그리고 "이러한 기술과 지식을 학생들이 습득할 수 있도록 어떻게 학교는 학생들을 도울 수 있는가?"이다. 2006년 12월의 타임지 표지에 실린, '어떻게 우리 학교들을 20세기에서 21세기로 이끌어낼 것인가'는 주목해야 하는 서문을 담고 있다. 이를 살펴보면,

PBL은 21세기 기술들이 확실하게 가르쳐졌는지 확인할 수 있는 가장 좋은 방법 중의 하나이다. 잘 설계된 프로젝트는 이러한 기술들을 필수로 하기 때문이다.

반대의 생각을 가진 교사들에 의해 하나의 암울한 작은 농담이 오가고 있다.

> 100년 동안의 긴 잠에서 립 밴 윙클(Rip Van Winkle)이 21세기에 깨어난다. 물론, 그가 본 것에 대해 말문이 막힌다. 사람들은 자신들의 귀에 끼운 작은 금속 장치에 말하면서 급하게 움직인다. 젊은이들은 전자 스크린 위에 소형 선수들을 놓고 움직이면서 집안의 소파에 앉아 있다. 노인들은 가슴에는 메트로놈(박절기)을 달고 엉덩이에는 금속과 플라스틱을 붙인 채 죽음과 장애를 거부한다. 공항, 병원, 백화점 등 립이 가는 곳곳마다 그를 놀라게 한다. 그런데 그가 마침 교실에 들어섰을 때, 자신이 어디에 있는지 정확하게 알 수 있었다. "여기가 학교이군"라고 확신에 차 말한다. "1906년에 우리도 이러했었지. 단지 바뀐 것은 검은색 칠판이 녹색으로 변한 것뿐이군."

이 글은 미국 학교들이 직면한 도전을 말해주고 있다. 즉, 그 도전이란 '어떻게 하면 원래 농경 생활과 산업 사회의 공장 노동자들을 대상으로 설계된 교육 시스템을 오늘날과 같이 세계화되고 지식 기반의 경제를 위해 학생들을 준비시킬 시스템으로 바꿀 것인가?'이다.

비즈니스 사회에서는 21세기 경제를 이끌어갈 성공적인 노동자, 관리자, 기업가, 그리고 리더들에게 단지 지금까지 학교에서 가르쳐온 그러한 지식이나 기본적인 기술만이 필요한 것이 아니라고 말한다. 이와 더불어 새로운 지식과 기술을 학습하는 방법을 알아야 하고, 다양한 자료를 이용하여 정보를 습득, 평가, 활용할 수 있어야 하며, 팀을 이루어 일할 수 있어야 하고, 문제를 해결하고 비판적으로 사고할 수 있어야 하며, 복잡한 문제를 다룰 줄 알아야 하고, 다양한 매체를 통해 다양한 사람들과 소통할 수 있어야 한다고 말한다. 이러한 것들은 종종 "21세기 기술"들이라고 불리고, 미국 전역과 세계 여러 나라의 학교들과 교육 체제들이 채택하고 있다. 문제는 많은 학교들이 이러한 기술들을 길러주는 교육과정 설계 모형이나 수업 방법들을 채택하지 못하고 있는 것이 현실이라는 것이다. PBL은 이러한 기술들이 확실하게 가르쳐질 수 있는 가장 좋은 방법 중 하나이다. 잘 설계된 프로젝트들은 이러한 기술들을 요구하기 때문이다. (프로젝트에서 다루는 21세기 기술에 대한 자세한 내용은 44쪽을 참고하기 바람)

현대 사회의 직장들이 요구하는 것들 외에도 PBL이 길러주는 기술들은 일반적으로 생활에 도움이 된다. 사람들은 어떤 신용카드를 가져야 하는지, 또 언제 직업을 찾으려고 노력해야 하는지 등을 결정할 때 비판적으로 생각한다. 이들은 좋은 건강 보험을 찾는 것으로부터 정원에 심을 가장 좋은 나무가 무엇인지를 결정하는 것처럼 크고 작은 문제들을 해결한다. 축구팀을 지도할 때나 자신들이 속해 있는 기관의 위원회에서 봉사할 때에 협력을 한다. 파티나 결혼식 또는 방학 여행 등의 복잡한 계획을 세우는 노력을 다루어야 한다. 편지를 쓸 때, 어떤 집단 앞에서 연설을 할 때, 제시물로서 사진첩을 만들 때 청중과 소통해야 한다. 민주주의 사회의 시민으로서 사람들은 변화를 가져오기 위한 노력에 참여하기 (또는 노력을 이끌어내기) 위해 투표에 참가하는 것으로부터 기금을 마련하는 것에 이르기까지 쟁점들을 분석하고, 정보 자료들을 평가하며, 결정을 하여 행동을 취할 필요가 있다. 이와 같은 모든 능력들은—차후에 이들을 사용할 바람이 있다면—프로젝트들을 통해 습득될 수 있다.

PBL에 대한 오해

많은 교사들, 관리자들, 학부모들, 그리고 일반 대중들이 PBL에 대한 잘못된 인상을 갖고 있다. 이들은 PBL의 좋지 않는 사례들을 보아왔거나 PBL과 경쟁 관계에 있는 다른 수업 방법들을 옹호하는 사람들로부터 들어온 데서 받은 인상들을 가지고 있을 수도 있다. PBL이 무엇인지와 무엇에 적합한지에 대한 일부 오해들이 교사로 하여금 그들의 교실에서 PBL을 활용하지 못하도록 하고 있다. 하지만, 모든 학교와 모든 학년에서 PBL 사용을 위한 여지가 있으며, 모든 학생들에게 주어진 것들을 학습하기 위한 여러 기회들 중의 일부가 되어야 한다고 생각한다.

모든 학교와 모든 학년에서 PBL 사용을 위한 여지가 있으며, 모든 학생들에게 주어진 것들을 학습하기 위한 여러 기회들 중의 일부가 되어야 한다고 생각한다.

오해 #1

PBL은 교육과정 기준에 바탕을 두지 않았다. PBL은 비판적 사고와 협력과 같은 "soft 기술들"에 초점을 맞추었지 내용은 무시한다.

사실 확인: PBL을 실천하는 교사들은 서로 다른 모형들을 사용하고 있으며, 교육과정 기준에 초점을 맞춘 것도 다양하다. PBL을 위한 BIE 모형은 교육과정 기준에 근거한 모형이다. 프로젝트를 이끌어가는 질문들이 교육과정 내용 기준에 따라 정렬되거나 더 나아가 이로부터 도출되기도 한다. 학생들이 만들어내는 주요 학습 결과물들은 주요 개념에 대한 지식을 가졌다는 것과 이해했다는 것을 증명해야 하고, 교육과정 기준에 따라서 평가되어야 한다. PBL은 비판적 사고 기술과 심화된 내용을 연결시킨다. 학생들은 이러한 것에 대해 비판적으로 사고할 무엇인가가 필요하기 때문에 내용을 떠나서 가르칠 수 없다.

오해 #2

어린 학생들은 심화된 내용을 배울 준비가 되어있지 않다. 과학이나 사회에 초점을 맞춘 프로젝트들을 가르칠 만한 충분한 시간적 여유가 없다. 기초적인 문해와 수학 기술을 먼저 가르칠 필요가 있다.

프로젝트들은 학생들에게 읽기, 쓰기, 수학을 배우는 것에 대한 학습 동기를 북돋아준다. 학생들이 주제에 따라 참여하기 때문이다.

사실 확인: 초창기 문해에 있어서 지식은 중요한 역할을 한다. 읽기 이해 능력을 향상시키기 위해서는 과학과 사회를 포함한 모든 영역에서 전반적인 내용 지식을 배울 필요가 있다. 초등학교에서 내용이 심화된 프로젝트들은 이해를 촉진시키는 배경 지식을 향상시킨다. 더 나아가 프로젝트들은 학생들에게 읽기, 쓰기, 수학을 배우는 것에 대한 학습 동기를 북돋아준다. 학생들이 주제에 따라 참여하고 이러한 기술을 적용할 직접적이고도 의미 있는 근거가 되기 때문이다. 문해 기술은 프로젝트의 내용에서 가르쳐질 수 있다. 특히 실화를 읽고 설명하는 프로젝트에서는 더욱 그렇다. 이 영역은 많은 학생들이 전형적으로 표준화 학력검사에서 낮은 성적을 드러내는 영역이다.

오해 #3

PBL은 '무엇인가 만드는 학습', '직접 해보는 학습', '활동을 하는 학습'과 마찬가지이다.

사실 확인: PBL은 종종 가시적인 학습 결과물에 초점을 맞추지만, 이러한 결과물은 학생들을 이끌어가는 지적으로 도전적인 과제보다 중요하지는 않다. 예를 들어, 만약 학생들이 어떤 이야기에 관해 단순히 하나의 콜라주를 만들거나, 이집트의 피라미드를 만들거나, 호수의 물의 표본을 분석한다면, 이것은 진정한 PBL이 아니다. 이러한 결과물과 활동들은, 만약 학생들로 하여금 복합적인 도전을 할 수 있도록 하고 이끌어가는 질문을 다룬다면, 프로젝트를 철저히 하는 요소가 될 수 있다. 일부에서는 PBL을 몬테소리 교육방법으로 생각할 수도 있다. 몬테소리 교육방법은 자기주도적이기 때문이다. 그러나 프로젝트는 탐구 질문으로 연결된 활동과 교사의 지도를 통한 하나의 확대된 경험이다.

오해 #4

프로젝트는 너무 많은 시간을 요한다.

사실 확인: 프로젝트를 하는 데 시간이 걸리는 것은 사실이다. 그러나 이 시간은 잘 활용

된 시간이다. 프로젝트는 하나의 긴 목록에 담긴 교육과정 기준을 '처리'하는 것을 의미하지 않는다. 선정된 중요한 교육과정 기준을 보다 심도 있게 가르치는 것을 의미한다. 핵심은 프로젝트를 잘 설계하여, 교육과정 기준과 잘 조화되고, 잘 관리되며, 시간이 효율적으로 쓰이게 하는 것이다.

주의: 일부 교사들은 프로젝트를 계획하는 데 너무 오랜 시간이 걸린다고 염려한다. PBL은 사전 준비를 요구하지만 프로젝트 기반 학습을 더 많이 할수록 더 쉬워진다. 특히 같은 프로젝트를 매년 시행할 수 있다면 더욱 쉬워진다.

오해 #5

PBL은 고학년이나 영어를 잘하는 학생 또는 학습장애가 없는 학생들만을 위한 것이다.

사실 확인: 유치원들로부터 대학원생들에 이르기까지의 모든 학생들을 가르치는 교사들이 PBL을 효율적으로 사용해왔다. 학생들의 요구에 부응하여 적절하게 조정하기만 하면 된다. 예를 들어, 1학년 학생들은 4학년 학생들에 비해 교사로부터 보다 많은 안내가 필요할 것이다. 프로젝트를 한다는 것은 자연스런 학습 방법인데, 굳이 어린 학생들을 제외시킬 필요는 없다. 그들의 타고난 호기심은 강력하고 참여하는 학습의 과정을 탐구하도록 만든다. 프로젝트는 영어를 공부하는 학생들에게 효율적이다. 읽기와 쓰기가 의도적일 뿐만 아니라 개인적으로 의미 있는 경험들을 연결시켜주기 때문이다. 장애를 가진 학생들을 위해서는 다른 상황에서와 마찬가지로 프로젝트를 하는 동안에도 개별화, 시연, 보다 많은 시간 제공, 비계학습 등과 같은 똑같은 지원 전략들을 활용한다. 프로젝트들은 소그룹으로 많이 공부하기 때문에 교사들에게 학생 개개인의 요구를 충족시켜줄 수 있는 더 좋은 기회를 제공한다. 마지막으로, 프로젝트들은 영어를 배우는 학생들이나 장애를 가진 학생들에게 그들의 강점과 교실에서의 소속감을 보여줄 기회를 제공해줄 수 있다.

오해 #6

PBL은 관리하기가 너무 어렵거나 나의 교수 양식(teaching style)에 적합하지 않다.

사실 확인: 일부 교사들은 프로젝트 학습이 '엉망'이 되는 것을 목격한다. 프로젝트를 하는 동안 학생들이 하는 모든 단계를 전적으로 통제하지 못하고 있음을 본다. 일정한 시간 동안의 활발한 교류와 실내에서 (또는 실외에서도) 행해지는, 좌석을 벗어나 학습 활동을 할 때에는 학생들을 그냥 방치해서는 안 된다. 어떤 프로젝트도 완전하게 예측할 수

없으며, 교사는 프로젝트를 하는 과정에서 점진적으로 진전시킬 수 있다. 따라서 교사는 융통성을 발휘해야 하고, 조정할 준비가 되어 있어야 한다. 직접교수 방법을 주로 사용했던 교사들에게는 처음에는 팀을 이루어 공부하는 학생들을 관리하는 것과 제한을 두지 않은 PBL을 다루는 것이 도전적일 수도 있으나, 경험이 증가하면 보다 더 쉬워진다. 보다 구조화된 환경에서 프로젝트를 시행할 필요가 있다거나 보다 유동성 있는 방법을 선호하는 교사들에게도 두 방법 모두가 긍정적이다. 중요한 것은 학생들이 프로젝트에 참여하면서 배우는 것이다. (이 주제에 대한 보다 자세한 것은 제4장 "프로젝트 운영하기"를 참고하기 바람.)

PBL의 효과: 경험과 연구들이 말하는 것

잘 설계되고 잘 시행된 프로젝트는 학생들로 하여금 학교가 바깥 세상과 어떻게 연결되는지를 보게 해준다.

프로젝트 기반 학습의 지지자들은 수년 동안 그치지않고 있어왔고, 점점 더 많은 교사들과 학교들이 그 가치를 인정하고 있다.

담임교사들은 그들의 경험에 비추어 잘 설계되고 잘 시행된 프로젝트는:

- 적절한 지원하에 모든 종류의 학생들에게 적용할 수 있다.
- 학생들의 학습 동기를 향상시켰다.
- 학업과 관련된 교육과정 내용 기준을 가르치는 데 활용할 수 있다.
- 비판적 사고, 협력, 소통과 같은 기술을 발달시키는 가장 좋은 방법 중의 하나이다.
- 공학을 접목시킬 수 있는 다양한 기회를 포함할 수 있다.
- 학습을 관련 있고 의미 있게 만듦으로써 학생들로 하여금 학교가 바깥 세상과 어떻게 연결되는지를 볼 수 있도록 하는 데 도움이 된다.
- 보다 많은 사회 참여와 지구촌에 대한 관심을 증진시킨다.

연구자들은 그들의 경험에 비추어 잘 설계되고 잘 시행된 PBL은:

- 학생들의 학업 성취를 높이는 데 있어서 전통적인 교수법보다 더 효율적이다.
- 학생들의 학습 참여도를 높인다.
- 시간이 흐를수록 학생들의 지식 기억력을 향상시킨다.
- 학생들의 21세기 기술 완성도를 높인다.
- 성적이 낮은 학생들의 학력을 향상시키는 데 효율적이다.
- 주 정부가 시행한 표준화검사에서 학생들의 성취도를 높여준다.

위와 같은 주장을 담은 연구보고서들은 BIE 웹사이트인 bie.org/research에서 찾아볼 수 있다.

> 잘 설계되고 잘 시행된 PBL은 시간이 흐를수록 학생들의 지식 기억력을 향상시킨다.

연구자들은 또한 PBL에 대한 보다 많은 연구가 필요하다고 당연히 말할 것이다. 무엇이라고 꼭 집어서 말하기가 어렵기 때문이다. 너무나 많은 것들이 PBL을 어떻게 정의하느냐에 따라, 학교의 특정한 환경에 따라, 그리고 교실에서 시행하는 질적인 차이에 따라 달라지기 때문이다.

학교들은 모든 학년 수준과 교과들에 걸쳐 PBL을 효율적으로 사용해왔으며, 다음과 같은 특별한 목적들을 위해서 사용하고 있다:

- 2개 이상의 교과들을 통합하고 팀티칭을 장려
- 학생들에게 성인들이나 학교 밖의 사회 및 지역사회와 교류할 수 있는 기회들을 제공
- 학교를 다른 학교들이나 지역사회, 회사, 다른 기관들과 연결

어떻게 초등학교의 문해 프로그램에 PBL을 접목할 것인가

오늘날 대부분의 초등학교에서는 읽기, 쓰기, 말하기 기술, 그리고 문학을 가르치기 위해서 문해 모형을 사용하고 있는데, 이들 중 일부는—그들이 '충실하게'라고 말하는 바와 같이—예상하는 결과를 성취하기 위하여 반드시 모형이 요구하는 대로 엄격히 따라야 한다. 모형의 요구조건들 중의 하나는 매일 특정 분량의 시간을 그 모형에 할애하라는 것이다. 융통성을 갖고 있는 다른 문해 프로그램들도 있다. 교사들에게 자기 자신의 수업 전략을 더할 수 있거나 다른 수업 전략과 혼합할 수 있는 여지를 허용한다. 수학 교육에 있어서도 이 점은 마찬가지이다. 엄격한 프로그램이 있는가 하면 융통성을 가진 프로그램도 있다. 그렇다면 PBL은 이와 같은 프로그램 중에 어디에 속하는가?

PBL은 어떤 문해 모형과도 함께 학교 프로그램의 일부가 될 수 있는 융통성 있는 교수 방법이다. 그러나 그 정도는 다양하다:

1. 완선 통합된 PBL: 프로젝트들은 학기 내내 그리고 프로그램을 통해 사용될 수 있으며, 문해와 수학을 포함한 모든 내용 영역을 포함시킬 수 있다.

스펙트럼의 한쪽 끝에는 문해와 수학을 포함한 모든 학업 내용 영역을 가르치는 하나의 도구로서 PBL을 활용하는 학교들이 있다. 이러한 접근을 적용하는 학교들은 균형이 잡힌 문해 교육의 틀을 가질 가능성이 있다. 이 틀에서는 원고를 읽는

상업적인 읽기 프로그램 대신에 수업 전략과 수업 자료를 선정함에 있어서 교사의 역할을 강조한다. 프로젝트들은 종종 사회과나 과학과에 초점이 맞추어져 있다. 그러나 문학이나 수학에 초점이 맞추어질 수 있을 뿐만 아니라 예술과도 통합될 수 있다. 프로젝트를 위해 필요한 수학 기술이 포함될 수 있다고 할지라도, 수학은 대개 하나의 정해진 블록 시간 동안 가르쳐진다. 프로젝트의 맥락 안에서 문해를 가르칠 수 있다. 예를 들면:

- 독자들과 저자들의 워크숍은 프로젝트 작업과 연결된다.
- 학생들은 프로젝트에 필요한 지식을 습득하기 위해 읽는다.
- 학습 경험들을 기술하고, 결과물을 만들어내며, 프로젝트 작업에 반영하기 위해 글을 쓴다.

2. 부분적으로 통합된 PBL: 프로젝트들은 주로 과학 교과와/또는 사회과 그리고 예술을 가르치는 시간 동안 일어난다. 하지만 적절할 경우 일부 문해와 수학도 포함된다.

이 책에서 우수 프로젝트들의 대부분을 차지하고 있는 스펙트럼의 중간에는 교사들이 그들의 프로젝트들을 주로 과학 교과나 사회 교과에서 실시하고 있으나 적절할 경우 예술 교과, 문해 및 수학 교과들을 통합시키는 학교들이 있다. 이러한 학교에서 교사들은 여전히 그들의 문해 모형의 지시를 그대로 따르면서 가끔씩 문학이나 응용 수학에 초점을 맞추어 설계하기도 한다. PBL의 이러한 접근을 활용하고 있는 학교들은 종종 주 교육청이나 지역 교육청에서 채택한 문해 프로그램을 사용한다. 프로젝트에 일부 수학을 적용하는 것들이 포함되기도 하지만, 수학은 대개 독자적으로 가르쳐진다. 학생들은 주로 오후에 프로젝트 활동을 하지만 일부 프로젝트 활동은 오전에 문해 시간에 하기도 한다. 예를 들면:

- 프로젝트를 위해 주제에 연결시키는 소설과 비소설 내용들은 읽기 지도에 통합시킨다.
- 교사들은 프로젝트 주제와 연관된 것을 소리 내어 읽도록 한다.
- 학생들은 저자들의 워크숍에 참가하는 동안 자신들의 연구보고서를 쓰거나 글로 쓰인 결과물에 관해 공부한다.
- "단어 공부" 또는 학업을 위한 어휘들은 프로젝트 주제와 연결된다.
- 문학회 내용들은 프로젝트 주제에 연결된다.

3. 분리된 PBL: 프로젝트들은 단지 하루/주의 분리된 시간 동안 일어나고 문해나 수학 프로그램들과 연결되지 않는다.

스펙트럼의 반대쪽 끝에서는 일부 학교의 교사들이 문해 프로그램이나 수학 프로그램과 연결되지 않는 프로젝트를 시행한다. 프로젝트 활동들은 단지 과학, 사회, 예술 교과들이 가르쳐지는 오후 시간에만 이루어진다. 1년에 한두 개(전혀 없는 것보다는 낫지만)밖에 되지 않는 소수의 프로젝트들이 시행될 수 있다. PBL에 관한 이러한 접근을 하는 학교들은 전형적으로 주 교육청이나 지역 교육청에서 채택한 문해 프로그램을 활용한다. 이러한 것들은 프로그램에서 요구하는 것들을 철저히 따라야 한다. 프로젝트에 일부 수학을 적용하는 것들이 포함되더라도 수학은 대개 독립적인 교과로 가르쳐진다.

게시판 **중재 프로그램(RtI)*에 대한 반응과 PBL: 호환 가능!**

만약 여러분의 학교에서 RtI 프로그램을 활용하고 있다면 동시에 PBL을 사용하지 못할 이유가 하나도 없다. 학습에 어려움을 갖고 있는 학생들을 위한 모든 RtI 계획들은 어떤 형태로든 개별화를 요구하고 있고, 프로젝트들은 개별화를 허용하기에 충분한 융통성을 지니고 있다.

한 가지 경계해야 할 점이 있다면, 너무 많은 프로그램들이 한꺼번에 도입되었을 때의 "너무 많은 새로운 계획"에 주의해야 한다. PBL과 RtI 모두 상당한 노력을 요구한다. 따라서 어떤 하나에 먼저 익숙해진 후에 다른 것을 도입하는 것이 바람직하다.

* 역주: RtI는 Response to Intervention의 약자임

PBL에서의 교사 역할

교사들은 일단 PBL에 적응이 되면 예전 방법으로 "결코 되돌아가지 않을 것"이라고 말한다. 그들은 PBL이 학생들에게 매우 잘 통한다고 본다. 또한, 그들은 새로운 역할을 즐긴다. 왜냐하면 PBL은 교사로 하여금 학생들과 보다 가까이서 가르칠 수 있도록 하며, "지식의 전달자"라기보다는 코치와 같은 활동을 하게 해주기 때문이다.

만약 교사가 교실에서 학생들의 관심의 중앙에 있는 것이 익숙하거나—더 나아가 그것을 즐기거나—학생들의 모든 움직임들을 지시해왔다면, PBL이 자신을 위한 것이 아니라고 생각할 것이다. 그러나 약간의 통제를 포기할 필요가 있고 학생들에게 선택의 기회를 제공하며 학생들로 하여금 자기 자신의 질문과 학습 결과물을 만들도록 할 필요가 있다면, 프로젝트를 수행하는 것이 상상하는 것처럼 큰 변화는 아닐 것이다. 교사는 여전히 대부분의 시간 동안 초점의 중앙에 있을 것이다. 교사는 프로젝트의 관리자이고 학생들에게 필요한 내용 지식과 기술을 가르치는 수업에 대한 책임을 진다. 구조화된 수업을 할 것이고, 탐구 과정을 촉진시킬 것이며, 학급 결과물을 만들어내는 과정을 통해 학생들을 안내할 것이다. PBL을 한다는 것은 학생들에게 하고 싶은 대로 하도록 내버려두거나 그들이 원하는 것을 배우도록 한다는 것을 의미하지는 않는다. 일부 PBL의 경험을 가지고, 학생들로 하여금 어느 정도 자기주도적으로 공부할 수 있도록 하는 것이며, 교사는 치밀한 계획, 탐구 과정의 촉진활동, 학습의 평가, 학생 움직임의 관리 등을 통해 경험을 엮어가는 데 있어서 중심적인 역할을 하는 것이다.

> PBL에서 교사는 학생들과 보다 가까이서 가르치며, "지식의 전달자"라기보다는 코치와 같은 활동을 한다.

프로젝트를 하는 동안 저학년 학생들을 가르치는 교사라면 고학년 학생들을 가르치는 교사들보다 더 가까이서 가르칠 필요가 있다. PBL에서는 교사가 읽기, 쓰기, 셈하기와 같은 기본적으로 가르쳐야 할 것은 가르쳐야 한다는 것을 기억해야 한다. PBL은 학생들에게 많은 것들을 배울 수 있도록 동기를 유발시키고 기회를 제공해준다. 그렇다고 기초·기본들을 가르치는 것을 "중단해야 한다"는 의도는 아니다.

PBL로 가르친다면 처음에는 힘들다는 기분이 들 것이다. 하지만 프로젝트 하나하나로부터 배우기 때문에 시간이 지날수록 가르치는 기술이 늘어난다는 확신을 가질 필요가 있다. 이어지는 각 장에서 하나의 성공적인 프로젝트를 계획하고 관리하는 과정을 통해 구체적인 단계와 관련해서 교사의 역할에 대해 더 이야기할 것이다. 97쪽에 제시된 "PBL 운영하기: 자화상"에서 PBL에서의 교사 역할에 대한 명확한 예를 보여줄 것이다.

게시판 PBL은 학생들로 하여금 21세기의 도전을 준비시킨다

"확실히 합시다. 우리는 너무 많은 우리 학생들을 실패시키고 있습니다. 그들을 20세기 학교의 문을 통해서 21세기 경제 사회로 내보내고 있습니다."

—버락 오바마 대통령
(Center for American Progress 연설에서)

많은 사람들이 오늘날 세상은 가르치고 배우는 것이 달라야 한다는 똑같은 말을 한다. 아래의 교육 지도자들, 경제 지도자들, 학자들 그리고 저자들이 유사한 언급을 했다:

"지난 150년 사이에 학생들의 세계는 어떻게 변했습니까? 어떤 식으로도 아무런 변화가 없었다는 것을 상상하기조차 어렵습니다. 150년 전에는 들어보지도 못했던 많은 것들에 빠져 있습니다. 하지만, 오늘날 학교를 보면 … 달라진 것보다 같은 것들이 더 많습니다."

—Peter Senge
(Center for Organizational Learning 소장, MIT)

"세계 각국은 21세기에 필요한 보다 복잡한 지식과 기술을 지원하기 위하여 그들의 학교 체제를 개혁하고 있습니다. 이러한 기술들은 문제의 해결책을 만들고, 정보와 자료들을 찾고 조직하며, 난국을 파헤쳐 나가고 새로운 결과물들을 창출하기 위해 타인과 함께 전략적으로 일할 수 있는 기술들입니다."

—Linda Darling-Hammond『Powerful Learning』

"고용인들이 피고용인들을 볼 때 전반적으로 가치를 두는 핵심 능력이 하나는 문제들을 해결하기 위해 창의적이고 논리적으로 생각하는 능력입니다. 융통성을 요구할 뿐만 아니라 문제들을 해결하고 정보를 종합하기 위해 논리적으로 생각하고, 말하며, 글을 쓰는 능력을 요구하는 지구촌 경제에 있어서는 이러한 능력을 가진 피고용인들이 보다 쉽게 승진합니다."

—The American Diplomacy Project

"현재의 정규 교육은 미래의 사회가 필요로 하는 것보다는 여전히 과거의 사회가 요구하는 것들을 우선적으로 가르치고 있습니다."

—Howard Gardner『Five Minds for the Future』

제2장

프로젝트 시작하기

이 장의 목표

이제 프로젝트를 만들기 시작할 시간이다. 여러분은 이 장에서 설명하는 "큰 그림"에 해당하는 결정을 원하는 순서대로 만들어나갈 것이다. 많은 교사들은 학생들이 주제를 탐색할 때 어떤 활동을 하고 어떤 것들을 만들게 될지를 마음속으로 그려봄으로써 시작한다. 또는 교육과정상의 성취기준을 고려할 때 프로젝트로서 적합한 주제를 가늠해본다. 어떠한 방식으로 시작하든, 이 단원을 마칠 때쯤 여러분은 다음의 계획 수립 절차를 시작할 수 있을 것이다.

- 프로젝트의 아이디어 구상하기
- 프로젝트의 범위 결정하기
- 교육과정상의 성취기준과 21세기 기술에 프로젝트 초점 두기
- 주요 결과물의 산출 내용과 발표 방법 결정하기
- 탐구 질문(driving questions) 작성하기

✱유용한 자료

프로젝트 계획 수립 양식

이 책을 읽으면서 여러분이 만드는 프로젝트를 지속적으로 관리하기 위해, 이 책의 제6장 "프로젝트를 위한 유용한 자료"에 제시된 계획 수립 양식을 복사하여 사용하거나, bie.org/tools/useful에 있는 전자 문서 양식을 사용하라. 또한 BIE 웹사이트의 "스스로 하기(Do It Yourself)" 형식을 사용할 수 있다. 이 BIE 웹사이트(bie.org/diy)의 사용 지침서에 여러분의 프로젝트를 계획하고 기록할 수 있다.

프로젝트 아이디어 구상하기

지금 여러분의 머리에 좋은 아이디어가 떠오르지 않는다고 해서 걱정하지 않아도 된다. 프로젝트 아이디어는 다양한 원천에서 나온다. 많은 교사들이 아무 것도 없는 상태에서 새롭게 시작하길 선호하지만, 다른 교사들이 구상했던 아이디어를 적용할 수도 있다.

여러분이 앉아서 빈 모니터 화면이나 빈 종이를 바라보거나, 동료들과 브레인스토밍을 시작하려 할 때, 시작점은 다양하다. 비록 요즘의 많은 교사들은 교육과정상의 성취기준을 먼저 살펴보는 것으로 시작하지만, 최상의 시작점이 정해져 있는 것은 아니다. 시작점은 여러분의 스타일과 작업 양상에 따라 달라질 수 있다.

초등학교에서의 PBL에 대하여 우리가 제1장 "서론" 부분에서 언급한 것을 떠올려보라. 과학이나 사회 교과와 연계된 프로젝트를 먼저 떠올리기 쉽다. (미국의 경우) 오늘날 대부분의 초등학교와 같이 여러분의 학교가 영어나 수학과 같은 주요 교과만을 강조하는 교육과정을 운영하여 PBL과 같은 프로젝트나 심지어 주요 교과 이외의 다른 교과를 가르칠 여지가 없을 경우, 특히 과학과 사회 과목에 초점을 맞춘 프로젝트를 계획하는 것은 초등학교에서 학생들이 과학과 사회를 접할 수 있도록 이 과목들을 학교 교육과정으로 되돌려놓는 좋은 방법이 될 것이다. 게다가 이 책에 소개된 제7장의 "우수 프로젝트 학습"에서 볼 수 있듯이 여러분은 과학이나 사회과 프로젝트에 영어나 수학, 심지어 음악, 미술 등도 포함시킬 수 있다.

우리가 제1장 "서론"에 나열했던 PBL의 필수적인 요소들을 상기해보라. 우리는 그것들을 여기서 다시 한 번 언급하면서, 여러분이 아이디어를 떠올릴 수 있도록

현장 교사로부터의 조언

프로젝트 이름 정하기!

여러분의 학생들이 "신체의 건강"이라는 이름의 프로젝트를 시작한다는 것을 듣고 과연 얼마나 신나할지 상상해보라. 이번에는 "더 건강한 너를 위한 도약!"이라는 이름이나 "우리 지역의 지질학 프로젝트" 대신 "여기 정말 놀라워!"라고 프로젝트명을 붙일 때 학생들이 얼마나 더 흥미있어 할지 상상해보라.

학생들의 참여를 촉진하기 위하여, 기억하기 쉽고 흥미를 끌 만한 프로젝트 이름을 만들자. 물론 이름이 가장 중요한 것은 아니기 때문에, 이름이 당장 떠오르지 않는다고 하여 지금 너무 많은 시간을 낭비할 필요는 없다. 프로젝트 이름은 차차 나중에 떠오를 수 있다.

한번 연습해보고 싶다면, 이 책의 제7장 "우수 프로젝트 학습"에서 1~2개를 골라 학생들에게 호소력 있는 새로운 이름을 지어보자.

도울 것이다. 좋은 프로젝트는 다음과 같은 특징을 가지고 있다.

- **주요 학습내용.** 프로젝트의 가장 핵심은 프로젝트를 통해 학생들에게 중요한 지식과 기술을 가르치는 것에 초점이 맞춰져야 한다. 이러한 지식과 기술은 교육과정상의 성취기준과 학문적인 교과 영역의 주요 개념에서 추출된다.
- **21세기 기술.** 학생들은 오늘날의 세계에서 가치 있는 기술을 배운다. 이러한 기술에는 비판적 사고력, 문제 해결력, 협동력, 의사소통 능력이 포함되며, 학생들은 이 기술들을 배우고 평가받게 된다.
- **심층적 탐구.** 학생들은 질문을 하고, 자료를 사용하고, 답을 발견해내는 엄밀하고도 심층적인 탐구 과정에 참여하게 된다.
- **탐구 질문.** 프로젝트는 학생들이 탐색하거나 이들이 수행할 임무를 나타내는 열려있는 확장형 질문에 초점을 맞춤으로써 진행된다.
- **알아야 할 것.** 학생들은 탐구 질문에 답하고 프로젝트 결과물을 만들기 위하여 지식을 습득하고, 개념을 이해하며, 기술을 적용해야 하는 필요성을 깨닫게 된다. 이는 흥미와 호기심을 만들어내는 도입부에서부터 시작된다.
- **학생들의 의견과 선택.** 학생들은 어떻게 결과물을 만들어야 할지, 어떻게 작업할지, 시간을 어떻게 활용하지 등에 대해 스스로 결정을 내릴 수 있다. 이때 학생들의 자율적 선택권의 정도는 교사가 안내할 수 있으며 학생들의 연령과 PBL 경험 정도에 따라 조절될 수 있다.
- **수정과 성찰.** 학생들이 프로젝트를 하는 과정에는 보다 수준 높은 결과물이 나올 수 있도록 피드백을 이용하고 추가적인 수정 · 보완을 하는 절차가 포함되어 있다. 이를 통해 학생들은 스스로 무엇을 어떻게 배우는지 생각해볼 수 있다.
- **일반 청중.** 학생들은 자신의 작품을 학급 친구들과 선생님뿐만 아니라 여러 다른 사람들에게 발표한다.

프로젝트의 일반적인 종류

제1장 "서론"에 언급한 바와 같이 비록 프로젝트들이 상기에 설명된 필수적인 요소들을 모두 공통적으로 가지고 있지만, 다음과 같은 여러 가지 종류의 프로젝트가 가능하다.

- "건전한 공동체란 무엇인가?"와 같은 철학적인 질문에 대한 탐색
- 역사적 사건, 특정 시대, 자연 현상에 대한 조사
- 실제적인 또는 가상의 문제 해결 상황
- 논쟁적인 문제에 대한 검토
- 실제적인 또는 컴퓨터에 기반한 인공물을 디자인하거나, 설계하거나, 사건을 만들어내는 도전 과제
- 작문, 멀티미디어, 예술 작품을 만들어내는 도전 과제

프로젝트를 시작하는 지점

가르치는 교과의 성취기준. 교육과정상의 성취기준에 대한 문서나 교육과정 해설을 읽으면서 스스로에게 물어보라. "학생들의 더 깊은 이해가 필요하거나 배운 것을 적용해야 하는, 더 복잡한 성취기준이 어떤 것일까?" 바로 이러한 것들이 프로젝트를 위한 최상의 후보군이다.

- 과학과 성취기준 (유치원 과정): "학생들은 물체는 이를 구성하는 물질과 물체의 물리적 성질에 근거하여 설명될 수 있음을 안다(예를 들어, 색, 크기, 모양, 무게, 질감, 유연성, 자성, 부력)."
  잠재적 프로젝트: 유치원 학생들은 일상의 물건을 구성하는 다양한 물질들의 물리적 성질과 특징을 보여주기 위하여, 장남감과 의류, 집에서 찾을 수 있는 평범한 물건을 사용하여 학교의 "과학의 밤"에 전시할 상호작용 가능한 전시물을 만들고 전시할 수 있다.

- 사회과 성취기준 (1학년): "학생들은 상품과 서비스의 개념을 이해한다. 학생들은 다음과 같은 것을 할 수 있다. 집, 학교, 사회에서 상품과 서비스의 예를 찾아내며, 사람들이 상품과 서비스를 교환하는 방법을 이해한다."
  잠재적 프로젝트: 학생들은 부모님을 인터뷰하고, 학교 근처의 다양한 가게들을 방문하여 사람들이 무엇을 어떻게 사고파는지 알고, 지역 사회의 다양한 가게의 위치를 보여주는 지도를 그려보고, 교실에서 벼룩시장을 열어 운용해본다.

- 과학과 성취기준 (2학년): "동물들이 어떻게 식물이나 다른 동물을 먹이나 보금자리로 이용하는지 방법을 설명할 수 있다."
  잠재적 프로젝트: 학생들은 가상적 시나리오의 과학자 역할을 맡아본다. 이 가상 시나리오에서는 지역 생태계의 다양한 식물종이 해충과 병으로 위협받고 있다. 학생들은 이 식물들이 멸종함으로써 생태계에 미치는 영향을 예측해본다.

- 수학과 성취기준 (3학년): "데이터로 처리될 수 있는 질문을 만들어내라. 그리고 이 질문에 답하기 위해 데이터를 수집하고 조직하고 관련된 데이터를 나타낼 수 있다."
  잠재적 프로젝트: 학생들은 다음과 같은 질문에 답하기 위하여 간이 풍속계를 설계하고 직접 만들어 학교 뒤 공터에서 바람을 측정한다: 이곳의 바람은 우리 교실에서 필요한 에너지를 충분히 생산해낼 수 있는 풍력 발전용 터빈을 돌릴 수 있을 만큼 강할까?

- 영어과 성취기준 (4학년): "다양한 문화권의 이야기, 신화, 민속 문학 등에서 유사한 테마나 주제(예를 들어 선악의 대립)를 다루는 방식과 사건의 유형(예를 들어 탐험)을 비교하고 대조할 수 있다."
  잠재적 프로젝트: 학생들은 그들이 만든 웹사이트에 다양한 문화권의 이야기들과 이를 서로 비교하고 대조하는 자신들의 논평을 함께 소개한다.

- 사회과 성취기준 (5학년): "이주민의 경험을 설명하기 위하여 자료를 이용할 수 있다."
  잠재적 프로젝트: 학생들은 스토리, 지도, 인터뷰, 일기 등에서 모아진 정보를 이용하여 미국으로 이민 온 어린이의 경험을 찾아내고 이를 이용하여 연극 대본을 쓰고 직접 연극을 해본다.

여러분의 지역사회. 스스로에게 질문해보라. "우리 지역사회에 학생들이 관심을 갖고 조사하고 학생들이 어떤 행동을 취하고자 할 만한 이슈가 있을까?" 이러한 이슈들이 교육과정상의 성취기준과 연계될 때 실천력이 강한 프로젝트의 주제가 될 수 있다. 예를 들어:

> 여러분의 지역사회에 학생들이 관심을 갖고 조사할 만한 이슈가 있는가?

- 이슈: 학생들은 길을 잃거나 버려진 고양이들과 그 새끼들로 인해 빈 주차장이나 공원과 같이 건강하지 않고 위험한 환경에서 살고 있는 고양이의 수가 증가하고 있다는 사실을 배운다.
  잠재적 프로젝트: 학생들은 늘어나는 고양이들이 겪는 문제점을 분석하고, 왜 사람들이 애완 고양이를 버리는지 조사하며, 자각심을 불러일으킬 캠페인을 하고, 고양이들을 도울 수 있는 방법을 제안해본다.

현장 교사로부터의 조언

프로젝트의 아이디어를 최근 일어난 실제 사건에서 가져오라

때때로 프로젝트를 할 기회가 저절로 생기기도 한다. 유명인의 사건이나 주요한 뉴스 내용, 또는 비극적 사고가 학생들의 관심과 집중을 크게 이끌어낼 수 있다. 이러한 실제 상황을 적극 활용하여 올림픽, 선거, 자연 재해, 광산 사고, 유명인의 지역 방문, 스포츠 팀의 승리와 같은 사건을 프로젝트와 연계하여 계획하자.

- 이슈: 많은 지역 주민들이 재활용을 하지 않는다.
  잠재적 프로젝트: 학생들은 재활용 정도를 나타내는 통계적인 자료를 분석한다. 그리고 공공장소에서 발표와 전시, 공공 서비스에 대한 안내 등을 통해 지역사회의 재활용 참여를 높이는 캠페인을 계획하고 수행한다.

- 이슈: 지역의 생태 보호 공원을 방문하는 초등학생이나 어린 자녀를 둔 가정이 많지 않다.
  잠재적 프로젝트: 학생들은 학부모, 교사, 어린이들이 생태 보호 공원의 동식물의 생활과 지질, 동굴 등을 탐험하는 것을 도와줄 수 있는 현장 가이드를 만들어본다.

- 이슈: 지역사회의 몇몇 역사적 건물이 재개발을 위해 철거될 것을 요구받고 있다.
  잠재적 프로젝트: 학생들은 건물들의 역사적 중요성을 분석하고, 경제적인 실익과 손해를 저울질해 봄으로써 건물들을 보존할 것인지에 대한 논쟁에서 자신의 입장을 정한다. 학생들은 지역 주민들과 공무원들을 대상으로 증거와 데이터에 기반하여 그들의 관점을 주장하는 웹사이트와 포스터를 만들고 발표를 한다.

- 이슈: 새롭게 지역사회에 들어온 가족의 경우, 특히 최근에 이민 온 사람들이 공원, 가게, 소방서, 경찰서, 병원, 교회, 대중교통 시설과 같은 장소에 대하여 더 아는 것이 필요하다.
  잠재적 프로젝트: 학생들은 다양한 장소의 지점을 표시하고, 설명할 수 있는 지도를 만들고, 이를 학부모 총회에서 발표하도록 한다.

학생들과 관련 있고 학생들의 관심을 끌 수 있는 것. 여러분의 학생들이 어떤 특정한 주제에 흥미를 보일지 스스로에게 질문해보라. 학생들의 실생활과 관련 있는 것은 무엇일까? 이는 여러분이 얼마나 여러분의 학생들을 잘 이해하고 있는지 알아볼 수 있는 좋은 척도가 된다. 토론이나 관심사 목록 만들기는 학생들이 무엇에 관심을 가지고 있는지를 더 면밀하게 살펴볼 수 있는 좋은 방법이 될 수 있다. 물론 주요 학습 목표에 따라 조정될 필요가 있지만, 이러한 주제들이 학생들의 학습 동기를 가장 잘 유발할 수 있다. 예를 들어:

- 우리 학급의 많은 학생들이 자동차에 푹 빠져있다.
  잠재적 프로젝트: 학생들은 가능한 한 빨리 달릴 수 있는 모형 자동차를 설계하고 테스트하고 개선시키는 과정을 통해 운동, 마찰 및 다른 여러 물리 개념을 배운다.

- 학생들은 세계의 다양한 나라에서 만들어진 장난감을 갖고 놀고, 텔레비전을 보며, 옷을 입는다.
  잠재적 프로젝트: 학생들은 세계 지도에 다양한 물자와 프로그램이 만들어지는 곳을

그리고 표시한 후, 그것들이 어떻게 미국 소비자에게 오는지에 대한 설명이 포함된 지도를 만든다.

- 우리 학급 정원에 심은 채소에 물을 주는 더 좋은 방법을 찾아내야 한다.
  잠재적 프로젝트: 학생들은 공학적 개념을 배우고, 수학을 사용하여 학교 건물 지붕 홈에서 정원으로 물을 이동하게 할 수 있는 배관 시스템을 설계한다.
- 우리 학급에서 키우는 쥐들은 죽기도 한다. 우리의 다른 애완동물과 동물원의 동물들도 마찬가지다.
  잠재적 프로젝트: 학생들은 적절한 영양 공급과 질병의 예방이 동물들의 수명에 어떠한 방법으로 도움을 주는지 배운다. 그리고 공개수업 때, 학생들은 가족들에게 자신들이 할 수 있는 것에 대하여 책자를 만들고 발표를 한다.

> **현장 교사로부터의 조언**
>
> ### 여러분이 개인적으로 관심 있어 하는 프로젝트를 구상하는 것은 좋지만, 조심하라
>
> 교육과정상의 성취기준과 21세기 기술에 더불어, 많은 교사들은 그들의 개인적인 경험 또는 교육 철학으로부터 비롯된 목표를 PBL에 포함시키길 원한다.
>
> 예를 들어, 어떤 교사는 학생들이 변화를 이끌어낼 수 있는 학생들 자신의 힘을 인식하도록 도와주기를 원하거나 혹은 학생들이 속한 지역사회를 넘어 더 큰 세상으로 안내하기를 원한다. 프로젝트는 이러한 종류의 목표를 성취하기 위한 좋은 수단이 될 수 있다.
>
> 만약 여러분이 어떤 주제, 활동, 이슈에 대해 열정을 갖고 그것을 여러분의 교육과정과 잘 연계시킨다면 이는 바람직하다. 이는 프로젝트에 불을 붙이는 열정을 만들어낼 수 있다. 하지만 예를 들어 정치 · 사회적 이슈와 관련하여 프로젝트를 여러분의 개인적 의견을 주장하기 위한 수단으로 만들 수도 있음을 주의하자. 몇몇 학생과 학부모들은 자신들과 다른 견해나 입장에 동조할 것을 강요받는 듯한 느낌을 받아 불쾌해할 수 있다.

- 쉬는 시간에 학생들이 너무 번잡하고 소란하다. 몇몇 학생들은 다치기도 한다.
  잠재적 프로젝트: 학생들이 쉬는 시간에 할 수 있는 안전한 게임과 놀이에 대해 조사하고, 연습해보고, 놀이와 게임의 규칙을 작성한다.

학교 바깥 세상에서 사람들이 하는 것들. 스스로에게 질문해보라. 사람들이 현실의 경제, 산업, 예술, 농업, 서비스, 직업, 정부 등에서 직면하는 여러 가지 문제들은 무엇일까? 예를 들어:

- 농부들은 기후, 토양, 필요한 비료, 필요한 자원, 자본 환경에 기반하여 작물을 재배한다.

잠재적 프로젝트: 학생들은 직접 유기농 정원을 만들고, 식물을 심고 가꾸는 과정을 통해 성공적인 식물의 성장을 위해 필요한 것들을 배운다.

- 건설 노동자나 시공사들은 어떻게 집과 아파트를 효율적으로 지을지 계획한다.
  잠재적 프로젝트: 학생들은 교실에서 판지로 간이집을 만들면서 어떤 순서로 일을 하고 필요한 재료를 어떻게 조립할지 결정하는 과정에 수학적인 기술을 적용한다.

- 토목 기사는 다리를 안전하게 만들기 위한 설계를 한다.
  잠재적 프로젝트: 학생들은 수학과 물리 개념을 사용하여 그들만의 나무 막대 다리를 설계해본다. 또한 무거운 물체를 매달아 강도를 시험하고, 설계를 수정함으로써 다리의 강도를 높이기 위해 노력한다.

- 치과 의사는 아이들의 치아를 관리하면서 어린이들이 규칙적으로 치실질을 하지 않는다는 것을 발견한다.
  잠재적 프로젝트: 학생들은 어린이들에게 치실질을 가르치고 이를 관리하는 방법을 담은 재미있는 교육용 비디오를 만들고 이를 유튜브에 올린다.

- 기업가들은 서비스와 제품을 생산하고 판매한다.
  잠재적 프로젝트: 학생들은 기업가 역할극을 해보고, 지역사회의 요구에 부합하는 새로운 사업 계획을 제안해본다. 그리고 이것을 미래의 잠재적 투자자의 역할을 맡은 어른들 앞에서 발표한다.

- 선출된 공무원들은 공공 정책을 결정한다.
  잠재적 프로젝트: 학생들은 놀이터 시설의 상태를 점검하고 지역 공원의 경관을 살펴본 후, 그 상태에 대한 보고서를 준비하여 공원을 개선시킬 수 있도록 시의회에 의견을 개진한다.

그 외 다른 곳에서 아이디어 찾아보기

만약 여러분의 아이디어가 고갈되었다면 여러분의 생각을 도약시킬 또 다른 방법은 다른 교사나 단체가 이미 가르쳤던 것 중 여러분의 프로젝트에 적합한 것을 찾아보는 것이다. 조금만 수정한다면 여러분에게 딱 맞는 프로젝트가 될 수 있다.

다음과 같은 방법을 시도해보자.

- **여러분의 동료**의 자료함에 훌륭한 프로젝트 아이디어가 들어있을지도 모른다. 또는 아이디어는 여러분 동료의 머릿속에 있을 수도 있다. 한번 동료에게 물어보자.

- **온라인 프로젝트 도서관**이 몇몇 주(states)나, 학구, 학교 개혁 네트워크, 교육 기관에 의해 설치되어 있다(40쪽의 게시판을 참고하라).

- **교사용 교과서** 또는 출판사에서 나온 다른 자료는 프로젝트로 시작될 만한 요소를 포함하고 있을 수 있다.

프로젝트의 범위 결정하기

물론, 여러분에게 매력적인 어떠한 주제에 대하여 가장 멋있는 프로젝트를 계획하고, 상상할 수 있는 모든 원천 자료를 사용하여 여러분이 원하는 시기에 그 프로젝트를 수행하며, 학생들이 도전의식에 충만해있다면 더할 나위 없이 좋을 것이다. 하지만 이러한 일은 일어나지 않는다. 현실성을 점검하자. 여러분이 처한 현실은 일을 복잡하게 만들고, 여러분 프로젝트가 생각만큼 야심차고 거창할 수 없도록 한계를 부여할 것이다. 만약 여러분이 이제 처음 PBL을 시작하는 거라면 거창한 아이디어를 축소하는 것이 필요하다. 그래야만 여러분의 첫 번째 프로젝트가 성공할 수 있다. 아이디어를 생각해낼 때 다음의 질문들을 고려하고, 프로젝트의 범위를 결정하라.

여러분이 따라야 하는 지침이나 규정은 무엇인가?

- 해당 지역의 교육과정 맵이나 교육과정 일정에 대한 지침(만약 후자가 매우 엄격하고 학교 수업 일수 전체에 대한 지침이 정해져 있다면, PBL을 실행하는 것은 거의 불가능할 것이다.)
- 각 교과 영역에 대한 시간 배분
- 학생들이 읽어야 하는 도서 목록
- 주(state)와 지역(혹은 국가 수준)의 교육과정 성취기준과 평가

여러분이 PBL을 실행할 시기는 언제인가?

- 공휴일, 휴가, 특별 행사, 시험일을 포함한 학사 일정과 교육청 일정
- 도서관, 컴퓨터실 또는 장비를 사용할 수 있는 시기

게시판 여러분만의 가상 도서관 이용증을 갖고 있는가?

프로젝트를 위한 아이디어를 찾고 있는가? 한 번에 여러 가지 도움을 받을 수 있는 방법으로 bie.org 사이트에 있는 BIE 프로젝트 검색 도구를 사용할 수 있다. 또는 다음의 프로젝트 도서관을 링크하여 찾아보자.

- West Virginia Department of Education Teach 21 Instructional Guides
  http://wvde.state.wv.us/instructionalguides/
  교과목과 학년 수준에 따른 검색이 가능한 K-12 프로젝트 모음집

- The Project Approach
  http://www.projectapproach.org/
  훌륭한 일반적인 PBL 사이트로 특히 다수의 프로젝트 예시가 있음.

- The Center for Innovation in Engineering and Science Education Collaborative Projects
  http://www.k12science.org/collabprojs.html
  공학과 과학 프로젝트 모음집

- Try Engineering
  www.tryengineering.org
  초등학교 3학년 이상을 위한 공학 · 과학 프로젝트

- Web Inquiry Projects Examples
  http://webinquiry.org/examples.htm
  수학, 과학, 인문학 프로젝트를 위한 교사와 학생 자료

- International Education and Resource Network(iEARN)
  https://media.iearn.org/projects
  온라인 프로젝트를 강조하는 비영리 조직으로 전 세계의 교사와 학생들을 연결함.

- WestEd
  http://www.wested.org/pblnet/exemplary_projects.html
  다양한 교과와 K-12학년 수준을 위한 여러 가지 프로젝트

- (프로젝트에 따라 필요하다면) 지역사회 자원이나 교외 인사의 활용 가능성
- 동료 교사가 여러분의 프로젝트에 참여하거나, 여러분과 같은 학교 시설과 장비를 사용하는 프로젝트를 계획하고 있다면, 그 동료 교사의 시간표

여러분의 교실은 어떠한가?

- 여러분은 최신의 첨단 시설을 갖춘 교육 환경에서 가르치고 있는가? 교실 공간이 협동 학습하기에 적당한가? 만약 그렇다면, 이러한 장점을 충분히 이용하는 프로젝트를 계획하라.

- 혹은 여러분은 작고, 누수가 있고, 창문도 없이 얇은 가벽만 있는 곳에서 가르치고 있는가? 여러분의 교실에 두 대의 구식의 컴퓨터만 있고, 인터넷 연결은 안 되며, 도트 프린터 한 대만 구비되어 있는가? 책상들이 여전히 교실 바닥에 붙어있는가? 그렇다고 해서 절망하지 마라. 여러분은 여전히 매우 효과적인 프로젝트를 운용할 수 있다. 하지만 그러한 제약을 염두에 두고 프로젝트를 계획하라.

현장 교사로부터의 **조언**

첫 번째 프로젝트인가? 너무 야심찬 거대 프로젝트보다는 적당한 수준의 프로젝트가 최고다!

너무 넓은 범위의 야심찬 프로젝트는 한 달 이상 길게 이어질지도 모른다. 그것은 여러 교과를 포함하고 복잡한 결과물과 지역 봉사활동, 많은 외부 청중 앞에서의 발표, 첨단 테크놀로지 등이 필요할 수 있다. 하지만 이번이 여러분의 첫 번째 프로젝트라면, 아직 그 정도로 할 필요는 없다. 처음에는 먼저 PBL의 기본 사항들에 익숙해질 필요가 있다.

여기에 적당한 수준의 첫 번째 프로젝트를 위한 조언이 있다.

- 기간은 2주 정도가 적당함.
- 하나의 교육과정 교과 영역에 초점을 둠(읽고 쓰고 말하고 듣기에 관한 통합 교과 성취기준 포함).
- 프로젝트의 복잡성을 제한하고 학생 결과물의 수를 제한함.
- 교실 내에서만 수행하고, 외부 견학 등은 포함하지 않도록 함.

여러분이 활용할 수 있는 자원은 무엇인가?

- 다른 교사, 학교 내의 다른 어른들, 학부모 자원봉사자, 고등학생, 지역사회 단체, 지역의 기업들과 같이, 여러분의 프로젝트를 도와줄 수 있는 인적 자원에는 무엇이 있는가?
- 시설, 장비, 기계, 테크놀로지, 고등학교, 중학교, 또는 공공 도서관과 같이 여러분이 사용할 수 있는 물적 자원에는 무엇이 있는가?

교육과정상의 성취기준과 21세기 기술에 프로젝트 초점 두기

프로젝트는 여러분의 지역이나 주(state)의 교육과정상의 성취기준에 제시된 학문 영역의 내용 지식과 기술을 가르치도록 고안되어야 한다. 또한 프로젝트는 학생들의 비판적 사고력과 문제 해결력, 협동력, 의사소통 능력을 높일 수 있도록 설계되어야 한다. 이러한 능력들은 종종 "21세기 기술"이라 불린다. 왜냐하면 학생들이 오늘날의 세계에서 일하고 삶을 준비하기 위해서 이러한 능력이 필요하기 때문이다. 많은 교육자들과 교육청, 주 정부, 기업체들은 이러한 기술들이 학교에서 명시적으로 교육되어야 한다고 주장하고 있다.

"프로젝트 개요"의 계획 수립 양식에 프로젝트에서 목표하고 있는 교육과정상의 성취기준과 21세기 기술을 기록하는 칸이 있다.

프로젝트의 교육과정상의 성취기준 선택하기

여러분은 교육과정상의 성취기준에서 프로젝트의 아이디어를 생각해냈을 수 있다. 이러한 경우 계속 그대로 진행하여도 좋고, 다음 섹션으로 바로 넘어갈 수 있다. 만약 여러분이 다른 방법으로 아이디어를 얻었고, 프로젝트 아이디어를 학생들이 배워야 하는 내용과 기술을 명시한 교육과정상의 성취기준에 맞춰보지 않았다면, 이제 프로젝트를 성취기준과 연계시켜야 할 때이다.

만약 여러분의 학교나 교육청에서 "필수 교육과정"과 같이 학생들에게 가장 중요한 성취기준을 공시했다면, 그것을 프로젝트의 중점 내용으로 사용하라. 이러한 성취기준들은 주(state)에서 실시하는 성취도 평가 시험에 빈번하게 나오는 항목들에 기반한 것이다. 만약 "필수 교육과정"이 공시되지 않았다면, 혼자 혹은 동일 학년 동료들과 함께 프로젝트에 포함되는 내용과 관련된 필수 교육과정 성취기준이 무엇일지 정하라.

현장 교사로부터의 조언

교육과정 구조도, 성취기준 상세서, 폭넓은 개념이 여러분의 프로젝트를 계획하는 데에 도움이 될 수 있다

새로운 학년을 시작하기 전, 프로젝트에 포함될 내용의 우선순위를 정하기 위하여 여러분의 교육과정을 구조화하라. 몇몇 지역에서는 다루어져야 할 성취기준의 순서와 계열을 요목화한 문서를 제공한다. 종종, 이러한 교육과정 안내나 범위, 순서에 대한 문서는 교육과정을 구체적이고 개별적인 기술과 지식 단위 수준으로 풀어서 설명한다. 여러분은 이 구체적인 안내사항을 교육과정상의 성취기준과 밀접하게 연계된 프로젝트 결과물, 평가 및 수업 단원을 설계하는 데에 사용할 수 있다.

린 에릭슨(Lynn Erickson)의 연구에 기반하여, 몇몇 지역에서는 '상호의존성', '갈등', '관점'과 같은 폭넓은 개념에 기초하여 성취기준을 만들었다. 프로젝트와 탐구 질문은 이러한 폭넓은 개념을 명시적으로 탐색하기 위하여 만들어질 수 있다. 예를 들어, 학생들이 지역사회의 역사를 탐구하는 프로젝트를 진행할 때, '변화'라는 개념에 맞추어 프로젝트를 조직하고 왜 그리고 어떻게 장소들이 변화해왔는지 학생들이 생각해보게 하라.

프로젝트의 목적에 부합하는 가장 필수적인 몇 개의 성취기준을 결정함으로써 프로젝트와 교육과정을 연계시키는 절차를 시작하라. 학생들이 프로젝트에 상당히 많은 시간을 소요하게 될 것이기 때문에 여러분은 아마 자연스럽게 가능한 한 많은 성취기준을 프로젝트에 포함시키려는 경향이 있을 것이다. 하지만 일반적으로 하나의 프로젝트는 해당되는 각 교과 영역에서 추출된 1~3개 정도의 성취기준에 초점을 맞춰야 한다. 만약 너무 많은 성취기준을 포함하려 한다면, 그것을 깊이 있게 가르치기 어려울뿐더러 그것에 대한 평가를 적절히 하는 것도 어렵다. 여러분이 PBL을 많이 경험할수록, 제7장 "우수 프로젝트 학습"의 "멸종위기의 새우 살리기"와 같이 보다 장기간의 거창한 프로젝트는 더 많은 성취기준을 포함시킬 수 있음을 알게 될 것이다.

✱유용한 자료

프로젝트와 관련된 4학년 교육과정 지도안(182쪽)

21세기 기술 선택하기

21세기 기술로서 가장 핵심적인 것은 의사소통 능력(communication), 협동력(collaboration), 비판적 사고력/문제 해결력(critical thinking/problem solving)에 해당하는 "3C"이다. 이 기술들에 대한 설명을 45쪽 게시판에서 확인하라. 이러한 기술들과 몇몇 추가적인 기술들은 PBL과 자연스럽게 잘 맞는다. 우리는 이러한 기술들이 프로젝트를 통해 가르쳐지고 평가되어야 한다고 생각한다. 단순히 도전적인 프로젝트를 한다고 하여 학생들이 이러한 기술들을 저절로 배울게 될 것이라고 생각하지 마라. 다음 단원에서 이러한 기술들을 어떻게 가르치고 평가해야 할지에 대해 구체적으로 다룰 것이다.

만약 이번이 여러분의 첫 번째 프로젝트라면, 다음의 두 가지만을 가르치고 평가하길 추천한다. 첫 번째는 발표를 할 때 요구되는 구술적인 의사소통 능력이다. 왜냐하면 모든 프로젝트가 청중들 앞에서 발표하는 것을 필수 요소로 포함하고 있기 때문이다. 발표 능력은 다른 능력에 비해 상대적으로 가르치고 평가하는 것이 간단하다. 그리고 이것은 영어 교과의 공통 핵심 성취기준으로 지정되어 있다(47쪽의 게시판을 확인하라). 다음으로 상대적으로 가르치고 평가하기 쉬운 기술은 협동과 협력하기이다. 많은 교사들이 모둠 활동과 협동학습에 익숙하기 때문에, 이미 여러분도 여러분만의 수업 도구로써 기본적인 협동학습 요소를 사용하고 있을 것이다.

학생들로 하여금 비판적으로 사고하고 문제 해결을 하는 방법을 가르치는 것은 조금 더 어려운 일이다. 이 복잡한 기술들은 여러 영역에 영향을 미치고, 대부분의 교사들은 사실적 지식과 절차적 지식을 강조하여 가르쳐본 경험만 있을 것이다. 비판적 사고력과 문제 해결력을 평가하는 것 또한 어려운 일이다. 왜냐하면 그것은 손쉽게 관찰 가능한 것이 아니며, 정답에 맞춰 답안을 점수로 채점하는 것도 어렵기 때문이다. 이에 대한 더 자세한 내용은 제3장 "프로젝트 내용 계획하기"의 평가 부분을 참고하라.

창의력이나 글로벌 인식처럼 프로젝트에서 다루어질 수 있지만 명시적으로 가르치거나 평가하기 어려운 능력들도 있다. 만약 여러분이 야심차고 이번이 첫 번째 프로젝트가 아니라면, 여러분의 목표 목록에 프로젝트 관리, 다양한 기술적 도구 사용, 범문화적 능력과 같은 여러 가지 능력을 추가하길 원할 것이다. 이러한 것들은 모두 가르칠 수 있고 평가 가능한 것들이다. 만약 다양한 21세기 기술을 하나 이상 가르치길 원한다면, 프로젝트를 하는 동안 이러한 기술들을 실행하고 평가하는 데에 충분한 시간을 할애하기 위하여 프로젝트가 더 길어질 수 있음을 유의하라.

게시판

21세기 기술

비록 핸드폰에 무료 앱을 설치하고 음악을 내려받는 방법을 아는 것이 21세기의 중요한 기술 같지만, 이러한 기술 외에도 많은 교육자들과 기업의 리더들은 포스트 산업 시회에 성공하기 위하여 사람들에게 필요한 능력에 대하여 논하고 있다. 더 자세한 내용은 "21세기 기술을 위한 파트너십(p21.org)" 사이트를 확인해보라.

우리는 21세기의 성공을 위하여 세 가지 능력이 특히 중요하다고 생각하며, 이러한 능력은 프로젝트를 통해 가르쳐지고 평가될 수 있다.

협동력:

- 자신이 담당하고 있는 일의 질과 제출기한에 대해 책임을 지고, 피드백을 활용하고, 모둠 활동을 할 때 주어진 임무에 집중한다.
- 모둠 활동 시 함께 하는 일에 대하여 책임을 공유하며, 일의 질적 개선과 다른 모둠원에 대한 이해를 위해 돕는다.
- 토론을 이끌어가고 중재하는 전략이나 의사 결정 전략을 적용하고 사용해본다.
- 프로젝트의 목표와 과업에 대하여 우선순위를 정하고 명확하게 파악하고, 일정을 세우고 관리하고, 자원을 조직하고, 진행 상황을 점검하는 것을 통해 프로젝트를 관리한다.
- 다른 모둠원의 아이디어, 의견, 능력, 가치관, 감정을 존중한다.
- 다양한 모둠원들과 잘 협력한다.
- 갈등 해결 전략을 사용하여 모둠의 응집력을 강화한다.

발표 시 의사소통 능력:

- 청중과 상황에 알맞은 아이디어와 내용을 구상한다.
- 효과적인 구두 발표 기술을 사용한다.
- 내용 전달을 강화하기 위한 미디어나 시각 자료를 사용한다.
- 발표에 대한 청중의 반응과 이해도를 점검한 후 발표를 적절하게 조정한다.
- 질문에 적절하게 대응한다.

(계속)

비판적 사고력/문제 해결력:

- 문제를 정확하게 인식하고 정의한다. 관련 있는 질문과 문제를 찾아내고, 그것들을 명확하고 정확하게 명시화한다.
- 다양한 원천으로부터 적절한 정보를 모으고, 정보의 출처, 신뢰성, 편향성과 같은 정보의 질을 평가한다.
- 합리적인 결론과 해결책을 이끌어내기 위하여 정보를 조직하고 분석 및 종합하며, 관련 있는 기준을 가지고 도출된 결론과 해결책을 평가한다.
- 대안을 고려하고, 가정과 시사점, 현실적인 결과 등을 인식하고 평가한다.

주요 결과물의 산출 내용과 발표 방법 결정하기

여러분이 프로젝트 아이디어를 구상할 때, 학생들이 프로젝트를 통해 완성하게 될 주요 결과물을 이미 결정했을 수도 있다. 때로는 "나의 학생들은 지역의 야생 동물에 대한 현장 가이드를 만들 것이다."와 같이 그 결과물 자체가 여러분이 시작하려는 지점이 될 수 있다. 다른 프로젝트의 경우 주제나 일반적 아이디어만 가지고 시작할 수도 있다. 예를 들어 "나의 학생들은 호수의 수질을 개선시킬 것이다." 또는 "우리는 자란다는 것이 무엇을 의미하는지에 대해 탐구할 것이다."와 같은 주제만으로 시작할 수 있다. 프로젝트의 주요한 결과물에 관한 여러분의 아이디어가 얼마나 명확하든 모호하든, 다음의 안내는 이에 대한 구체적인 결정을 내리는 데에 도움이 될 것이다.

주요한 결과물을 교육과정상의 성취기준과 연계시키고, 그것들을 평가 도구로 사용한다

학생들에게 만들어내도록 한 주요 결과물은 바로 학생들이 배운 것을 보여줘야만 한다. 결과물의 질을 평가함으로써, 학생들이 성취기준과 21세기 기술 면에서 목표에 도달했는지 판단할 수 있다. 프로젝트에서 글쓰기 과제나, 관찰, 구술 질문, 시험과 같은 평가 전략을 사용할 수 있지만 주요한 결과물은 프로젝트를 통해 학생들이 무엇을 배웠는가를 가장 잘 나타내준다.

게 시 판

유치원~5학년을 위한 발표 능력과 관련된 공통 핵심 성취기준

(corestandards.org 사이트에서 전체 문서를 확인하라.)

대학 · 직업 준비를 위한 영어 성취기준: 말하기와 듣기: 지식과 아이디어의 발표

유치원부터 5학년까지 연속적으로 구성

핵심 성취기준	유치원	1학년	2학년	3학년	4학년	5학년
4. 정보, 결과, 지지하는 증거 등을 발표함에 있어 청자가 논리의 흐름, 체계, 발전 과정을 따라갈 수 있도록 해야 하고, 과제의 성격과 목적, 청중에 맞는 스타일을 사용한다.	친숙한 사람, 장소, 사물, 사건을 설명하고, 도움과 지원이 주어지면 추가적인 세부 사항을 제공한다.	사람, 장소, 사물, 사건을 관련 있는 세부 사항과 함께 설명하고, 아이디어와 감정을 명확하게 표현한다.	적절한 사실과 관련 있는 묘사적인 세부 설명과 함께 이야기를 하거나 자신의 경험을 전달하고, 일관성 있는 문장으로 들릴 수 있게 말한다.	적절한 사실과 관련 있는 묘사적인 세부 설명과 함께 이야기를 하거나 자신의 경험을 전달하거나, 주어진 주제나 글에 대해 발표하고, 청자가 이해할 수 있는 속도로 명확하게 말한다.	주요 아이디어나 주제를 지지하기 위해 적절한 사실과 관련 있는 묘사적인 세부 설명과 함께, 체계적인 방식으로 이야기를 하거나 자신의 경험을 전달하거나, 주어진 주제나 글에 대해 발표를 한다; 이때 청자가 이해할 수 있는 속도로 명확하게 말한다.	주제나 글에 대해 보고하거나 자신의 견해를 발표한다. 이때 논리적 순서로 아이디어를 제시하고 주요 아이디어나 주제를 지지하기 위해 적절한 사실과 관련 있는 묘사적인 세부 설명을 한다; 이때 청자가 이해할 수 있는 속도로 명확하게 말한다.

(계속)

핵심 성취기준	유치원	1학년	2학년	3학년	4학년	5학년
5. 정보를 표현하거나 발표에 대한 이해를 돕기 위하여 디지털 미디어와 자료의 시각적 표현 등을 전략적으로 사용한다.	추가적인 세부 사항을 제공하기 위하여 필요할 경우 그림이나 시각 자료를 설명에 추가한다.	아이디어나 생각, 감정을 명료하게 하기 위하여 필요할 경우 그림이나 시각 자료를 설명에 추가한다.	이야기나 시의 녹음 자료를 만든다; 아이디어나 생각, 감정을 명료하게 하기 위하여 필요할 경우 그림이나 시각 자료를 이야기나 경험담에 추가한다.	이해할 수 있는 속도로 유창하게 읽을 수 있음을 보여주는 이야기나 시의 녹음 자료를 만든다; 특정 사실이나 세부 사항을 강조하기 위하여 필요할 경우 그림이나 시각 자료를 추가한다.	주요 아이디어나 주제를 좀 더 발전시키기 위해 필요한 경우 음성 녹음이나 시각 자료를 발표에 추가한다.	주요 아이디어나 주제를 좀 더 발전시키기 위해 필요한 경우 멀티미디어적 요소(예를 들어 그래픽, 사운드)와 시각 자료를 발표에 추가한다.
6. 다양한 맥락과 의사소통 과제에 따라 스피치를 조정하도록 제시되었거나, 조정하는 것이 적합할 경우 이를 조정함으로써 공식적인 영어 능력을 갖추었음을 나타낸다.	들릴 수 있게 말하고, 생각과 감정, 아이디어를 명확하게 표현한다.	과업과 상황에 적합한 완성된 문장을 만들어낸다.	요구되는 세부사항을 제공하거나 명료화하기 위해 과업과 상황에 적합한 완성된 문장을 만들어낸다.	요구되는 세부사항을 제공하거나 명료화하기 위해 과업과 상황에 적합한 완성된 문장을 말한다.	공식적인 영어가 요구되는 상황(예를 들어 아이디어를 발표하는 경우)과 비공식적 담화가 적합한 상황(예를 들어 소그룹 토론 등)을 구분한다; 과제와 상황에 적합할 경우 공식적인 영어를 사용한다.	과제와 상황에 적합한 공식적인 영어를 사용함으로써 다양한 맥락과 과제에 적합하도록 스피치를 조정한다.

여러분 학교의 영어과(국어과) 성취기준을 확인하라. 그 성취기준이 학년에 따른 다양한 쓰기 영역을 구체적으로 제시하고 있다면, 그것을 학생들이 프로젝트에서 만들어내야 하는 쓰기 결과물을 결정하는 기초로 활용할 수 있다. 예를 들어, 1~5학년의 쓰기에 대한 공통 핵심 성취기준은 의견을 담은 글과 정보를 전달하거나 설명적 글과 산문적 이야기를 제시하고 있다. 이러한 글쓰기 장르는 이 책의 몇몇 우수 프로젝트에서 요구하는 결과물과 연계되어 있다. 예를 들어 "멸종위기의 새우 살리기"에서 학생들이 쓴 설득적 편지나 정보를 담은 보고서, 그리고 "우리 고장 파크랜드(Parkland)의 문화유산 전시" 프로젝트에서 학생들이 쓴 소식지 등이 해당된다.

현장 교사로부터의 조언

실제적인 결과물에 대하여 전문가와 상담해보라

특정 영역에서 실제적으로 산출되는 결과물에 대하여 잘 모르겠다면, 공학 학회나 상회, 노동조합과 같은 전문 단체에 있는 사람들과 이야기를 나눠보라. 또는 실제 일상 작업이나 과제를 반영하는 프로젝트 결과물에 대한 아이디어를 얻기 위해 전문대학의 기술/기능 강사나 대학 교수에게 연락해 볼 수도 있다.

주요 결과물을 가능한 한 실제적으로 만든다

만약 학생들이 현실에서의 특정 역할을 담당하는 역할극을 하는 프로젝트를 계획하고 있다면, 실제적 상황에서 어떤 일이 정말 일어날지 상상해보라. 예를 들어, 학생들이 과학자 역할을 한다면, 과학자들은 광합성을 설명하기 위한 단막극을 하지는 않을 것이다. 실제 과학자들은 어떤 과정을 탐구하기 위하여 실험을 설계하고 수행한다. 그리고 실험 결과를 동료들 앞에서 발표하거나 보고서를 통해 공유한다.

예를 들어, "우리 고장 올드햄(Oldham)에 사는 동물들"이라는 우수 프로젝트에 참여한 학생들은 질문을 만들고, 답을 찾기 위해 연구하고, 연구 노트에 그들의 발견 내용을 기록하고, 청중들 앞에서 연구 내용을 발표하면서 거의 실제 과학자처럼 작업한다. "이 환자는 어디가 아플까요?"라는 우수 프로젝트에서 환자들을 진단한 5학년 학생들은 마치 의과 내학 학생들이 하듯이 구술 발표와 보고서 형태로 의사 패널들과 함께 자신들의 분석 결과를 공유한다.

모둠 결과물과 더불어 개인별 결과물을 만들고 평가한다

개인별 학습 정도는 여러분이 평가해야 할 무엇보다 중요한 것이기 때문에, 각각의 학생

게시판 실제적인 최종 결과물의 예시들

현실의 역할	현실의 결과물
건축가 또는 건설사	계획/설계, 건물이나 부지를 위한 설계나 모형 만들기, 예산 견적
기업가 또는 회사 사원	사업 계획안, 사업을 개선시키기 위한 제안서 작성, 사원들을 위한 일련의 가이드라인, 연간 보고서, 감독가나 투자자를 위한 서면 또는 구술 보고서
요리사	메뉴, 이벤트를 위한 계획, 음식 준비를 위한 요리 시범
시민	언론이나 정치인에게 보내는 편지, 정부기관에 의견 개진, 캠페인 발족
도시 계획가	토지 활용을 위한 계획, 도시 개선을 위한 제안서
컨설턴트	아이디어 제안을 위한 서면 또는 구술 발표
의사 또는 건강 관리사	건강 개선 혹은 유지를 위한 서면 또는 구술 제안 발표, 환자들을 위한 정보 책자나 웹페이지
엔지니어	기기, 구조물, 시스템 또는 실제물을 위한 그림이나 모형, 계획
농부	토지 사용, 재배할 작물, 사육할 동물, 사용할 자원 등에 관한 계획
역사가	정보 책자, 웹페이지, 역사적 장소를 소개하는 브로슈어
이익 집단 대표	사설, 정책이나 법 제안, 정치가를 대상으로 한 발표
법관, 판사	모의 재판
박물관 큐레이터	전시 또는 전시 제안서
과학자	실험 설계, 연구와 발견 사항에 대한 서면 혹은 구술 보고서, 정보 책자, 웹페이지, 자연 유산/관광지에 대한 브로슈어
교사	강의 또는 강의 계획
여행 가이드	관광지, 역사적 장소, 자연 경관, 도시, 지방, 시골로의 여행을 위한 계획이나 실제 여행 수행

이 무엇을 배웠는가를 보여줄 수 있는 많은 증거를 가지고 있어야 한다. 만약 주요 결과물이 모둠으로 함께 만든 것이라면, 누가 무엇을 배웠고 어느 수준까지 배웠는지 판단하기 힘들다. 이런 경우 여러분은 퀴즈, 테스트, 구술 인터뷰, 짧은 글짓기와 같은 도구를 사용하여 개별적인 평가를 할 수 있다. (평가에 관한 자세한 내용은 제3장 "프로젝트 내용 계획하기"를 확인하라.) 또는, 만약 여러분의 프로젝트에서 가능하다면 두 가지 주요한 결과물을 만들도록 하라. 하나는 모둠이 함께 만드는 것이고 다른 하나는 개별적으로 만드는 것이다. 예를 들어, "학교 규칙 만들기"라는 우수 프로젝트에서 다나 교사의 1학년 학생들은 모둠 단위로는 광고 영상을 만들고, 각각의 학생들은 프로젝트에서 다루는 개념을 이해했는지 보여줄 수 있는 포스터를 만들게 된다.

학생들이 그들의 작품을 청중들에게 발표하게 한다

청중들 앞에서 학생의 결과물을 발표하는 것은 여러 가지 이유에서 PBL의 필수적인 요소 중 하나이다. 첫 번째 이유는 간단하다. 학생들에게 21세기 기술을 연습하게 하는 것이기 때문이다. 발표는 의사소통 능력, 발표 매체를 사용하는 능력, 특정한 청중에게 메시지를 전달하는 가장 좋은 방법을 결정하기 위한 비판적 사고력을 요구한다. 또 다른 이유는 심리적인 것이다. 학생들은 일반적으로 교사나 평소 친구들 외에 다른 사람들에게 결과물이 공개된다고 할 때 더 수준 높은 결과물을 만들기 위한 동기부여가 된다. 마지막으로 축하하고 홍보를 하기 위한 이유도 있다. 학생들이 프로젝트를 열심히 한 후에, 발표는 학생들이 배운 것을 여러 사람들과 지역사회에서 보여주고 뽐낼 수 있는 좋은 기회가 될 수 있다.

유-2 길잡이

전체 학급 프로젝트가 잘 실행될 것이다

어린 학생들이 모두 각자의 결과물을 만든다면 모둠을 구성하여 운영하기 어렵다. 어린 학생들은 많은 안내가 필요하고 여러분은 한 번에 여러 곳에 있을 수가 없다! 예를 들어, "피자 가게와 일의 세계"라는 우수 프로젝트에서, 매콘빌 교사의 2학년 학생들은 모두 다 같이 협력하여 하나의 식당을 만들고 운영한다. "우리 고장 올드햄(Oldham)에 사는 동물들"에서는 각각의 학생 모둠이 서로 다른 동물들에 대해서 각기 다른 단원을 작성하여 학급 전체로 하나의 일러스트 책을 만든다.

학생들을 위해 이러한 잠재적인 청중들을 고려한다

- **학교의 다른 학생들.** 학생들로 하여금 학급의 다른 학생들이나 다른 반 학생들을 여러분의 반에 초대하여 발표하게 할 수 있다. 학교 캠퍼스에 작품을 전시하거나 학교 조회와 같은 특별한 이벤트 때에 발표하게 하라. 또는 글이나 문서를 출판하게 하라.
- **학교의 다른 어른들.** 교장 · 교감 선생님이나 다른 교사, 학교의 다른 교직원들을 초대하라.
- **학교를 방문한 다른 어른들.** 프로젝트의 내용상 필요하고 여러분과 학생들이 준비되어 있다면, 학부모, 교육청 인사, 위원회 위원들, 전문가, 인근 학교의 교사와 학부모, 지역사회 인사, 기업가, 지역 기관이나 정부 대표들을 초대하라.
- **지역 주민 또는 온라인상의 사람들.** 여러분은 학생들이 지역 주민, 기업가, 정부, 다른 학교와 같이 학교 울타리 밖 청중들에게, 또는 화상회의나 웹 세미나를 통해 더 먼 곳의 청중들에게까지 자신의 작품을 발표하고 전시하는 프로젝트를 할 수도 있다. 사람들 앞에서 직접 발표하는 대신 학생들은 온라인상에 글을 올리고 블로그 독자들과 토론을 하거나 웹사이트 방문객에게 피드백을 구할 수도 있다. (온라인에서 학생들의 작품을 발표하는 것에 대한 구체적인 아이디어와 도구에 대한 설명은 제3장 "프로젝트 내용 계획하기" 중 "프로젝트에서 테크놀로지 사용하기"에서 확인할 수 있다.)

탐구 질문 작성하기

탐구 질문(Driving Question, DQ)이 없는 프로젝트는 논지 없는 수필과 같다. 논지가 없어도 독자는 필자가 만들어내려고 하는 중심 요지를 찾아낼 수 있긴 하지만 논지가 있다면 글의 중심 요지는 틀림없어진다. 탐구 질문이 없다면, 학생들은 자신들이 왜 프로젝트를 하고 있는지 이해하기 어려울 것이다. 학생들은 부여된 일련의 활동이나 과제가 주제나 시기, 장소, 개념과 어떤 관련이 있다는 것은 알 수 있다. 하지만 여러분이 "너희들은 왜 이러한 활동과 과제를 하고 있니?"라고 질문한다면, 학생들은 아마 이렇게 대답할 것이다.

> "왜냐하면 선생님이 우리에게 하라고 하셨기 때문입니다."

"왜냐하면 우리들은 ______(예를 들어 이웃, 미국 혁명, 패턴, 계절, 혹은 그 무엇이든)에 대한 프로젝트를 하고 있기 때문입니다."

"모르겠습니다."

탐구 질문은 프로젝트의 목적을 명시함으로써 프로젝트 내의 다양한 보든 활동들을 조직한다.

학생들에게 있어 탐구 질문은 프로젝트의 핵심을 명확하게 포착하고, 주목하게 만들며, 학생들에게 도약의 발판과 방향을 제공한다.

교사에게 있어서도 탐구 질문은 매우 중요하다. 탐구 질문은 교사가 일관성을 유지하게 하며, 학생들이 답하는 데에 도움을 줄 활동, 자료, 수업을 계획할 때 안내하는 역할을 한다.

탐구 질문의 성격

탐구 질문을 기술할 때, 그것이 적합한지는 다음의 질문을 스스로에게 해봄으로써 점검한다.

1. 나의 학생들은 이 질문을 이해할까? 학생들이 이 질문을 흥미 있어 할까?

교사에게는 괜찮게 보이는 질문이지만 학생들은 "마치 선생님같이 들린다"라고 생각하지 않을까? 개념이나 단어가 학생들의 학년에 적합한 수준일까? 그것이 주제를 관통하고, 흥미로운 방식으로 도전 목표를 제공할까? 예를 들어, "동물들이 다양한 서식지에서 살아남기 위해 어떻게 적응하였을까?"와 같은 질문보다 "사막에서 개가 살아남을까?"와 같이 질문을 만들어라.

2. 이 질문에 대한 답을 얻기 위해 깊은 탐구와 고차원적 사고가 요구될까? "정답"이 여러 개이거나 과제를 수행하는 방법이 여러 개인 개방형 질문일까?

이것을 시험해볼 수 있는 좋은 방법이 있다. 스스로에게 질문하라. 학생들이 구글 검색을 통해 답을 찾아낼 수 있을까? 학교에서 학생들은 단순한 사실적인 질문에 대답하는 것에 익숙해있지만 PBL은 다르다. 탐구 질문에 대답하기 위해서는 시간과 생각이 필요하다. 비록 답이 "예" 또는 "아니오"로 나오더라도, 그 답에는 "왜냐하면…"과 같이 복합적인 설명이 뒤따라야 한다. 예를 들어 "우리 주(state)의 주요 산업은 무엇일까?"와 같은 질문 대신에 "왜 우리 주는 그러한 물건을 만들어낼까?"와 같이 질문하라. 왜냐하면 후자가 더 복잡한 답을 요구하기 때문이다. 또는 "우리 동네에 어떤 나무가 자랄까?"보다 "우리 동네 나무들에 대한 도감을 만들기 위하여 어떻게 하면 될까?"가 적합하다. 왜냐하면 후자의 결과물을 만드는 데에는 여러 가지 방법이 있으며 목적과 청중에 대하여 복합적인 사고를 요구하기 때문이다.

3. 이 질문에 대답하기 위하여 학생들이 내가 목적한 중요한 내용과 기술을 배울 필요가 있을까?

탐구 질문을 탐색하는 과정과 결과물을 완성하는 과정이 여러분으로 하여금 교과 내용 영역의 주요 성취기준을 가르치게 하는가? 학생들이 21세기 기술을 사용할 필요가 있는가? 예를 들어 "우리가 재미를 위해 하는 일 중 가장 좋아하는 것은 무엇일까?"와 같은 질문에 학생들이 "종이 콜라주"로 답하는 방식은 학생들로 하여금 어떤 영역에서 새로운 지식을 얻거나 새로운 중요한 기술을 배우게 하기 어렵다. 그렇다고 질문 자체에 내용이나 기술을 실제적으로 명명할 필요는 없다. 예를 들어, "우리가 놀이터를 설계하는 데에 기하학에 대한 지식과 측정 기술을 어떻게 사용할까?"와 같은 질문 대신 "어떻게 하면 우리가 좋은 놀이터를 설계할 수 있을까?"로 질문할 수 있다. 왜냐하면 후자에 대답하기 위하여 학생들이 측정과 기하학에 대하여 배워야 하기 때문이다.

모든 탐구 질문은 프로젝트의 목적을 나타낼 수 있어야 한다.

탐구 질문을 기술하는 다양한 방법의 예

모든 탐구 질문은 프로젝트의 목적을 나타낼 수 있어야 한다. 그것을 염두에 두고 있다면 여러분은 탐구 질문을 여러분만의 스타일이나 선호, 여러분 학생들의 성격과 흥미, 프로젝트의 성격에 기반하여 만들 수 있다.

탐구 질문의 기본적인 종류는 두 가지이다.

1. 만들어져야 하는 결과물과 해야 하는 과업, 해결해야 하는 문제를 구체화한다.
2. 철학적이고 논쟁의 여지가 있는 문제나 흥미를 돋우는 주제에 초점을 둔다.

위의 두 가지 종류의 탐구 질문은 각각 여러 가지 변형이 있을 수 있다. 다음의 예를 살펴보면, 프로젝트의 탐구 질문이 될 수 있는 것에 대한 생각의 문을 열 수 있다. 각각의 예에 대하여 이러한 종류의 탐구 질문이 사용될 수 있는 때와 방법에 관한 고려 사항을 함께 설명하도록 한다.

1. 만들어져야 하는 결과물, 해야 하는 과업, 해결해야 하는 문제를 구체화하는 탐구 질문

다음의 탐구 질문들은 구체적인 목표를 명시하고 있으며, 또한 결과물의 목적과 기준을 명시하고 있다. 이것은 쓰기 쉬운 종류의 탐구 질문이며 특히 어린 학생들에게 적합한 간단한 것들이다. 왜냐하면 이러한 탐구 질문들은 매우 구체적이며, 상세한 과업을 상술하고 있기 때문이다.

- ▶ 어떻게 하면 (유치원의 우수 프로젝트인) 올드햄 지역에 서식하는 동물들의 생애 주기에 대한 그림책을 만들 수 있을까?
- ▶ 어떻게 하면 교실 내에 농장을 만들 수 있을까?
- ▶ 어떻게 하면 어린이들이 읽을 만한 좋은 책을 추천하는 웹페이지를 만들 수 있을까?
- ▶ 어떻게 하면 우리 지역사회에 오래전에 살았던 사람에 관한 이야기를 역사적으로 정확하게 쓸 수 있을까?
- ▶ 어떻게 하면 식당의 쓰레기를 줄일 수 있는 가장 좋은 방법을 설득하기 위한 편지를 학교 이사회에게 쓸 수 있을까?
- ▶ 어떻게 하면 세 가지 다른 일련의 음과 똑같은 음을 만들어내는 악기를 만들 수 있을까?
- ▶ 어떻게 하면 안전하고, 너무 비싸지 않고, 5살짜리 아동이 좋아할 만한 새로운 장난감을 고안할 수 있을까?

현장 교사로부터의 조언

탐구 질문을 작성하기 위하여 다음과 같은 틀을 사용하라

학생들이 맡을 역할과 학생들이 만들어야 하는 실제적인 결과물을 구체화하는 탐구 질문을 작성하기 위하여, 다음의 틀을 사용하여 세부 사항을 간단하게 넣어 볼 수 있다.

"현실에서 이것을 하는 사람은 누구일까?"

"설득하거나, 정보를 제공하거나, 해결책을 제안하거나, 만들어질 결과물이나 행동의 목적은 무엇일까? 그리고 청중은 누구일까?"

우리가 (어떤 역할)**로서**, (목적과 대상)**을 위하여** (해야 하는 과업이나 만들어야 할 결과)**를 어떻게 할 수 있을까**?

"이러한 역할을 하는 사람들에 의해 만들어진 결과물이나 취해지는 행동은 무엇일까?"

예를 들어:

우리가 요리사**로서**, 우리 레스토랑에 온 관광객에게 우리 지역에서 만들어지는 음식을 보여주기 **위하여**, 저녁 메뉴 계획**을 어떻게 할 수 있을까**?

우리가 신문 기자**로서**, 역사적으로 보호되어야 하는 지역사회 건물을 설명하기 **위하여** 기사 쓰기**를 어떻게 할 수 있을까**?

다음의 탐구 질문들 또한 해야 하는 과업과 해결해야 할 문제, 만들어져야 하는 실제적인 결과물을 상세화한다. 하지만 이 탐구 질문들은 학생들에게 가상의 시나리오에서 역할극을 하게 한다. 또한 이와 같은 탐구 질문은 현실 세계의 역할을 해보길 좋아하는 고학년뿐만 아니라 저학년에게도 적합하다. 이것은 학생들에게 다양한 직업에 종사하는 어른들이 어떤 일을 하는지 보여줄 수 있는 좋은 방법이다.

- 어떻게 하면 여행 안내자로서, 우리 도시에서 무엇을 보고 무엇을 할 수 있는지를 관광객에게 알려주는 여행을 계획할 수 있을까?
- 어떻게 하면 영국에 있는 한 마을의 어른으로서, 신대륙으로 갈 배에 탑승할 사람을 정하고, 가져가야 할 물건을 정하여 성공적인 식민지 개척자가 될 수 있을까?
- 어떻게 하면 간호사와 의사로서, 환자의 응급 정도를 구분하여 그들을 빠르게 도와줄 수 있을까?
- 뉴욕 주 남부의 레나페족(the Lenape Indians)이라는 인디언의 문화를 전시하기 위하여, 박물관 큐레이터로서 어떤 유물을 선택하여야 할까?
- 어떻게 하면 농업 연구원으로서, 기업의 마케팅 부사장에게 어떤 회사의 씨앗이 가장 빨리 자라는지 보여줄 수 있는 실험을 고안할 수 있을까?
- 어떻게 하면 도로 설계자로서, 동물의 서식지를 해치지 않는 새로운 도로 설치 장소를 사장에게 프레젠테이션할 수 있을까?

2. 철학적이고 논쟁의 여지가 있는 문제나 흥미를 돋우는 주제에 초점을 두는 탐구 질문

다음의 탐구 질문들은 매우 상세할 수도 있고, 광범위할 수도 있는 철학적인 질문에 대한 문제나 주제에 초점을 맞추지만, 결과물이나 과업, 문제 해결에 대하여 명시하고 있지는 않다. 이러한 종류의 탐구 질문에 대한 결과물의 형태로는 일반적으로 글이나 멀티미디어, 질문에 대해 답하는 학생들의 구술 발표가 있다. 이러한 종류의 탐구 질문은 고학년들이 흔히 사용하지만, 몇몇은 저학년들에게도 적합할 수 있다.

- 우리들의 놀이터가 변화하여야 할까?
- 우리 학교 건물의 쥐에 대해서 어떤 조치가 이루어져야 할까?
- 우리가 잠자는 시간의 양이 문제가 될까?
- 공원, 아파트, 혹은 다른 것이 우리 지역사회의 빈 공간을 차지해야만 할까?
- 이야기 속의 동물들은 실제 동물들이 하는 것처럼 생각하고 행동할까?

- ▶ 좋은 친구가 된다는 것은 어떤 의미일까?
- ▶ 예술가들은 어떤 방식으로 그들의 작품을 통해 감정을 표현할까?
- ▶ 애틀란타(Atlanta)의 오늘날과 과거의 모습의 주요한 차이는 무엇일까?
- ▶ 우리 조부모님들이 어렸을 때의 삶은 어땠을까?
- ▶ 왜 유럽의 신대륙 탐험가들은 목숨에 대한 위험을 감수했을까?

현장 교사로부터의 조언

탐구 질문을 학습자의 상황에 직접적으로 연계시키고 주도적인 행동을 유발하라

프로젝트가 학생들의 삶과 관련 있고 학생들이 취해야 할 행동에 대한 직접적 책임이 주어질 때, 학생들은 프로젝트에 보다 열심히 참여할 것이다. 탐구 질문을 기술할 때 이것을 염두에 두면서 다음의 예를 참고하라. 아래의 탐구 질문에 대답하기 위해서는, 비록 초점이 약간 상이하더라도, 학생들이 동일한 학문적 지식을 배워야 할 필요가 있다는 것을 기억하라.

원 질문: 사람들의 행동을 바꾸도록 설득시키는 효과적인 방법은 무엇일까?
수정 질문: (학습자 상황에 직접 연계되고 주도적인 행동을 요구하는 질문) 학교를 보다 안전하게 만들기 위하여 자동차에서 자녀를 내려주는 구역을 어떻게 설정할 수 있을까?

원 질문: 지역사회의 사람들에게 영향을 주는 결정은 누가 내릴까?
수정 질문: (학습자 상황에 직접 연계된 질문) 우리 지역사회의 리더는 누구일까?
수정 질문: (주도적인 행동을 요구하는 질문) 어떻게 하면 우리 지역사회의 리더인 사람들에게 감사하기 위한 특별한 이벤트를 계획하고 열 수 있을까?

원 질문: 어떻게 생태계가 균형을 유지할 수 있을까?
수정 질문: (학습자 상황에 직접 연계된 질문) 우리 지역의 생태계는 어느 정도의 균형을 유지하고 있을까?
수정 질문: (주도적인 행동을 요구하는 질문) 우리 시의 숲 생태계를 보호하기 위하여 우리가 도울 수 있는 것은 무엇일까?

게시판 PBL과 '설계를 통한 이해하기'

핵심 아이디어(Big Ideas), 목표에 도달하기 위한 이해(Enduring Understanding), 핵심 질문(Essential Questions): 이상의 Grant Wiggings와 Jay McTighe의 '설계를 통한 이해하기(Understanding by Design, UbD)'의 3가지 핵심 요소가 PBL에 적용될까? 대답은 "쉽게 적용된다"이다. 프로젝트는 학생들을 위한 탐구 질문을 통해 UbD 과정과 교수학적 개념을 구조화할 수 있는 효과적인 방법이다. 예를 들어:

사회과:

핵심 아이디어 = 지역사회

목표에 도달하기 위한 이해 = 지역사회는 사람, 정부기관, 사업체, 기관을 포함한 상호 의존적인 요소들로 이루어져있다.

핵심 질문 = 건강한 지역사회는 무엇인가?

탐구 질문 = 어떻게 하면 건강한 지역사회에서 산다는 의미를 보여줄 수 있는 이야기를 쓸 수 있을까?

과학과:

핵심 아이디어 = 오랜 시간에 걸친 지구의 변화

목표에 도달하기 위한 이해 = 지구는 침식, 화산 활동, 지각 변동, 기후 변화로 인해 변화한다.

핵심 질문 = 어떻게 지구는 변하해왔는가?

탐구 질문 = 우리가 살고 있는 곳은 백만 년 전에 어떤 모습이었을까?

(참고: 프로젝트의 결과물은 온라인 박물관 전시물을 만드는 것이다.)

예시가 보여주는 것처럼, 탐구 질문은 학생들이 이해하고 있는 개념을 보여주고 설명하게 한다.

참고: 만약 여러분이 프로젝트 계획 양식에 대 주제, 목표에 도달하기 위한 이해, 핵심 질문을 포함시키려 한다면, 탐구 질문 바로 아래에 줄 하나를 첨가하라.

"프로젝트 개요" 양식 점검하기

여러분이 이번 장을 읽으면서 프로젝트 계획을 기록하기 위해 프로젝트 개요 양식을 사용했다면, 아래 그림에 보이는 부분만큼 작성했을 것이다.

프로젝트 개요				1쪽
프로젝트 이름			**기간:**	
과목/코스		**교사:**	**학년:**	
다른 과목과의 연계(옵션)				
프로젝트 아이디어 주요 이슈, 도전 사항, 탐구, 시나리오, 문제에 대한 요약:				
탐구 질문				
내용 성취기준 (교수와 평가를 위한)				
21세기 기술 (교수와 평가를 위한)	협력	☐	기타	☐
	의사소통 능력(구두 발표)	☐		☐
	비판적 사고력/문제 해결력	☐		☐
주요 결과물과 수행물	**집단**		**발표 청중** ☐ ☐	

다음 장에서 프로젝트의 보다 상세한 사항에 대한 계획을 세워보자!

제3장

프로젝트 내용 계획하기

지금까지는 자신이 어떤 프로젝트를 할 것인가에 대한 아이디어를 개발해왔고, 약간 큰 범위에서 프로젝트의 모습을 결정해왔다고 한다면, 이제는 내용을 계획할 때가 되었다. 다음 쪽에서 전형적인 프로젝트의 흐름에 관한 일반적인 단계를 보여주는 다이어그램을 볼 것이다. 이 장에서는 각 단계를 계획하기 위해서 교사들로 하여금 다음과 같은 것들을 하도록 할 것이다:

- 평가기준표와 함께 균형 잡힌 평가 계획 개발하기
- 자신의 프로젝트에 분해 영역 포함시키기
- 자신의 프로젝트에 교육공학 활용하기
- 도입 활동과 함께 프로젝트 시작하기
- 일일 교수-학습 과제 배정하기
- 프로젝트 일정 만들기
- 학생들의 팀 구성하기
- 학부모와 소통하기
- 자료 찾기와 정리하기

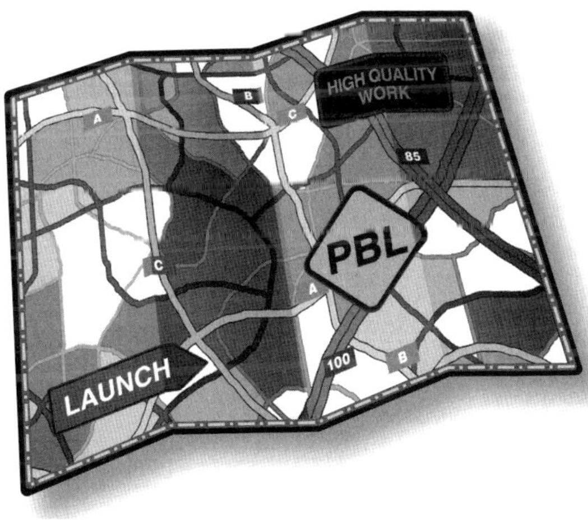

프로젝트의 흐름도

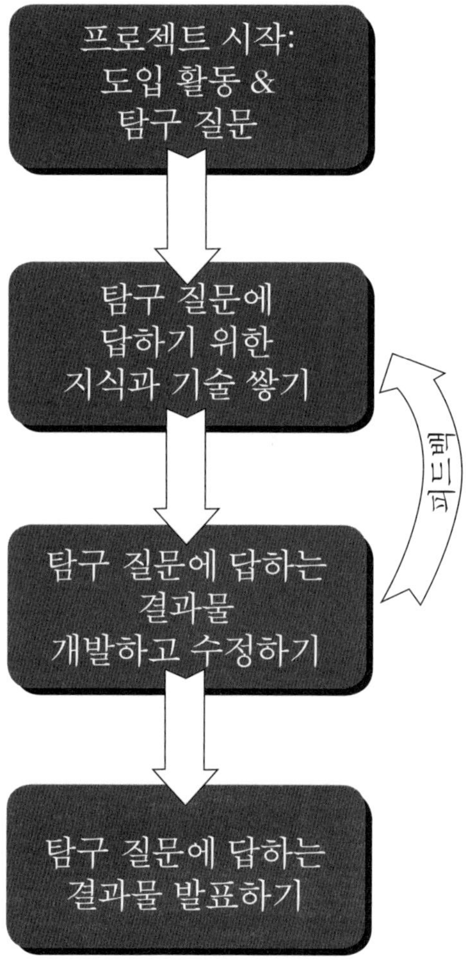
프로젝트 시작:
도입 활동 &
탐구 질문
탐구 질문에
답하기 위한
지식과 기술 쌓기
피드백
탐구 질문에 답하는
결과물
개발하고 수정하기
탐구 질문에 답하는
결과물 발표하기

이 장을 살펴보면서 프로젝트 계획 양식 사용하기

이 장의 각 단계를 거치면서 교사들은 마지막 장에서 완성해야 할 프로젝트 개요 양식에 자신의 프로젝트에 관해 계속해서 자세한 내용을 기록해야 한다.

만약 이미 그렇게 해오지 않았다면, 이 책의 제6장 "프로젝트를 위한 유용한 자료"에 제시된 "프로젝트 교수학습 가이드" 또는 온라인 www.bie.org/tools/useful에 있는 두 프로젝트 계획 양식들을 복사하기 바란다.

- 프로젝트 교수–학습 안내서
- 프로젝트 일정

프로젝트의 흐름도

왼쪽에 있는 디이어그램은 BIE 모형에 있어서 전형적인 프로젝트의 기본 단계를 나타내고 있다. 각 단계에 걸리는 상대적인 시간은 다양하다. 예를 들어, 시작 단계는 하루 또는 며칠이 걸릴 수도 있다(79쪽 유-2 길잡이 참고). 이 장에서는 계획에 대한 세 가지 일반적인 영역을 다룬다. 이어 각 단계에 대비하여 계획해야 할 것들을 교사들에게 구체적으로 안내한다. 제4장 "프로젝트 운영하기"에서는 각 단계마다 활용할 수 있는 구체적인 전략을 추가로 제시할 것이다.

현장 교사로부터의 조언

프로젝트 자료는 함께 보관하라

이 장에서 만들려고 하는 프로젝트 계획서를 비롯하여 자신의 프로젝트를 위한 자료를 수집할 때는 중요한 문서, 참고자료, 평가기준표, 평가자료, 사례 등 모든 자료들을 하나의 폴더 또는 플라스틱 통에 보관하거나, 컴퓨터 또는 서류함 등 책상 위에 적어도 한 서류철로 보관해야 한다.

균형 잡힌 평가 계획 개발하기

전통적인 교육에서는 교실에서의 평가가 주로 교사에 의해 이루어졌다. PBL에서는 평가 과정에서 학생들이 보다 큰 역할을 한다. 종종 자기 자신의 학습과 동료들의 학습에 대해 평가한다. 때에 따라서는 다른 성인들이 참여하기도 한다. 예를 들면, 외부 전문가들과 학생들, 그리고 대중들이 함께 자신들의 학습을 평가한다. 전통적인 교육에서는 읽기, 쓰기, 수학 활용 등과 같은 사실적인 지식과 기술이 전형적으로 평가의 중점이 된다. PBL에서는 비판적 사고/문제 해결, 협력과 소통 등과 같은 21세기 기술들이 평가에 포함된다.

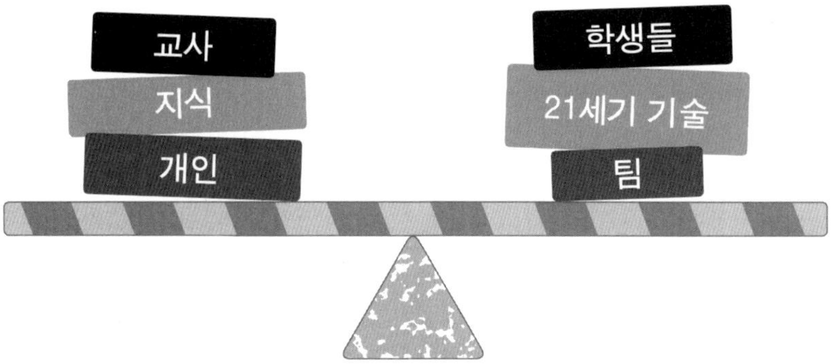

균형이 잘 잡힌 평가 계획

그리고 전통적인 평가에서는 팀에 의해 산출된 결과물이 아닌 개인적인 학습만을 평가하는 것이 실제이나, PBL에서는 둘 다 평가한다. 이와 같은 모든 상황에서 효율적인 PBL 교사가 되기 위해서는 균형 잡힌 평가 계획이 필요하다.

내용 영역 지식, 기술 개념 이해 평가하기

교사는 자신의 프로젝트에서 목표로 하고 있는 지식, 기술, 개념들을 학생들이 학습을 하고 있는지를 결정하기 위해 아직까지는 전통적인 방법을 활용할 수 있다. 만약 저학년 학생들을 가르친다면 학생들을 관찰하고 그들의 말을 들어보고, 교사가 보고 들은 것들을 기록하며, 그들에게 질문을 하고, 그들이 쓰고, 그리고, 그 외 활동들을 지켜봐야 한다. 만약 고학년 학생들을 가르친다면, 앞서 말한 것들과 더불어 쓰기 과제, 퀴즈, 시험과 같은 전통적인 방법을 활용할 수 있다. 그러나 PBL에서는 학생들이 만들고 발표한 학습 결과물로 내용 지식, 기술, 개념적 이해 등과 같은 것을 평가하여야 한다. 이러한 것들은 평가기준표를 통해 평가할 필요가 있다. 조만간 자신의 프로젝트를 위해 평가기준표를 어떻게 활용할지에 대해 언급할 것이다.

현장 교사로부터의 조언

중요한 자료를 평가하라

포스터, 박물관 전시, 홍보지, 파워포인트 슬라이드와 같은 학생들의 학습 결과물을 평가할 때에는 주요 학습 목표에 비중을 두어야 한다. 대개, 글씨를 얼마나 잘 썼느냐 또는 얼마나 멋있게 보이느냐보다는 내용 지식과 개념 이해에 더 큰 비중을 두어야 한다. (그렇지 않으면 미술 프로젝트이다!)

예를 들어, 이 책에 실린 우수 프로젝트 "학교 규칙 만들기"에서 다나 교사는 자신이 가르치는 1학년 학생들이 만든 비디오와 그들의 구두발표를 통해 용어의 정확한 사용뿐만 아니라 개념적 이해를 평가하였다.

> **게 시 판** **비판적 사고 평가를 위한 질문들**
>
> 비판적 사고 기술을 평가하기 위해서는 학생들의 사고 과정을 드러나게 만드는 것이 핵심이다. 학습 결과를 반영한 일지와 프로젝트 결과물, 또는 그림일기와 저학년 학생들과의 회의 등은 유용한 도구가 될 수 있다. 드러난 것에 대한 사고와 문제해결 기술들을 촉진시키는 나이에 맞는 질문을 만들어야 한다. 다음과 같은 질문에 어떻게 반응할지에 대한 모형에 소리 내어 생각하기를 적용한다:
>
> - 이 프로젝트에서 해결했어야 할 문제의 사례들을 제시하고 어떻게 풀었는지 설명하시오.
> - 이 프로젝트를 다시 한 번 생각해 보시오. 다르게 할 수 있는 선택들이 있었습니까? 왜 그런지 설명하시오.
> - 이 프로젝트에서 문제를 해결하거나 (결과물)을 만들기 위해서 다른 아이디어들을 적용해 보았습니까? 설명하시오.
> - 자신의 주제를 연구할 때, 찾고자 하는 정보의 자료에 대해 어떤 질문들을 하시겠습니까?
> - 자신의 견해와 다른 사람들이 이 프로젝트에서 탐구하고자 하는 쟁점에 대해서 무엇이라 하겠습니까?
> - 자신의 팀이 한 것과 다른 팀들이 한 것들을 어떻게 비교하시겠습니까? 다른 팀들은 탐구 질문에 대한 결과물, 해결책 그리고 답을 어떤 방식으로 같거나 다르게 했습니까?

다나 교사는 학생들이 법과 규칙의 차이, 규칙의 중요성, 그리고 교육과정에 주어진 사회 교과 개념들에 대해 이해하였는지 평가하였다. "우리 고장 파크랜드(Parkland)의 문화유산 전시" 우수 프로젝트에서는 모핀 학교(Maupin Institute) 3학년 학생 팀에게 자신들이 작성한 지역 유명 인사들의 자서전적 설명이나, 도보여행 안내서, 신문 기사를 읽게 함으로써 학생들의 사회과 교과 내용 지식, 즉 그 과목의 쓰기 기술을 평가하였다. 교사들은 또한 학생들 팀의 박물관 전시물들과 그들의 발표를 들으면서 평가의 근거를 찾고 있다. "이 환사는 어디가 아플까요?"라는 우수 프로젝트에서 아론(Aaron) 교사는 학생들의 환자의 장애에 대한 분석 발표를 듣고, 파워포인트 자료를 보고, 또한 초청 전문가들이 질문한 것들에 대한 반응을 보고 과학 내용 지식과 개념적 이해를 평가하였다.

21세기 기술 평가하기

21세기 기술을 평가하기 위해서는 쓰기와 같은 기술을 평가할 때와 같은 접근법을 사용한다. 확실한 학습 목표 세트와 함께 시작하고, 학생들이 그들의 기술을 어떻게 드러낼

21세기 기술의 평가

21세기 기술	프로젝트에서 학생들이 기술을 입증할 기회	기술의 평가 방법
협력	탐구하고 주요 결과물을 만들기 위해서 팀을 이루어 공부한다. 진행되고 있는 학습에 대해 서로 피드백을 제공한다. 아이디어와 지식을 서로 공유한다. 교실 밖의 성인 멘토, 전문가, 다른 사람들과 함께 공부한다.	평가기준표나 점검표를 사용하여 팀을 이루어 공부할 때 학생들을 관찰한다. 팀 대표들과 만나고 팀의 협력 기술의 활용에 대해 보고할 것을 요청한다. 자신들과 자기 팀원들을 평가하기 위한 평가기준표를 활용하도록 한다. 학생들로 하여금 일지를 쓰도록 하거나 팀에서 어떻게 협력하는가에 대해 이야기한다.
비판적 사고력/ 문제 해결력	어떤 자료들을 사용할지, 그 자료 중에서 어떤 정보가 가장 유용한지를 결정한다. 한 분야에서 배운 것을 다른 분야에 적용하도록 한다. 어떤 하나에 대해 결정하기 전에 문제에 대한 다양한 해결책의 질을 평가한다. 자신의 용어로 복잡한 아이디어를 설명 한다(예를 들자면, 물의 순환 또는 독립기념일을 왜 기념하는가.). 다른 학문들의 전문가들처럼 생각한다. 예를 들어: ■ (과학자) 질문에 대답하기 위해 과학적 방법이 어떻게 사용될 수 있는지 설명한다(예: "무거운 물체가 가벼운 물체보다 빨리 떨어지는가?). ■ (역사가) 역사적 사건을 보다 잘 이해하기 위해 원 자료로 된 문서로부터 얻은 증거를 해석한다. ■ (독자들) 자신의 이야기의 해석을 입증하는 글에서 증거를 찾는다.	학생들로 하여금 자신들이 사용한 자료에 대해 기록하도록 하고 왜 일부 자료는 다른 자료에 비해 가치가 있는지 설명하도록 한다. 학생들과 이야기하거나 그들이 배운 것이 다른 것들과 어떻게 연계되어 있는지 설명하기 위해 일지에 쓰도록 한다. 학생들로 하여금 구두로, 글로 써서 설명하도록 한다. 그리고/또는 발표를 하는 동안 자신들이 고려했던 문제에 대한 다양한 해결책들을 설명하도록 하고 왜 그것을 선택했는지 설명하도록 한다. 학생들로 하여금 발표하는 동안 질문을 하도록 함으로써 학생들이 보다 깊이 있게 설명할 수 있도록 한다.
의사소통 능력 (구두 발표)	발표를 한다.	발표하는 동안 평가기준표를 사용하고, 적절하다면 다른 학생들과 초청인사/전문가들로 하여금 말로 또는 글로 써서 기술의 증거들을 기록하도록 한다.

것인가를 결정한다. 기술을 가르치고 학생들에게 연습할 기회를 제공한다. 그리고 한 가지 이상의 증거를 활용하여 그들의 기술을 평가한다.

앞의 〈21세기 기술의 평가〉 차트는 프로젝트가 학생들에게 세 가지 가장 중요한 21세기 기술들을 입증할 기회를 어떻게 제공하는지를 보여주고, 학생들이 기술들을 얼마나 잘 사용했는지를 평가할 수 있는 증거를 교사가 어떻게 모으는지를 보여준다. (어떤 기술을 입증하기 위한 단 하나만의 기회를 제공할 수 없고, 한 가지 평가 전략만을 사용할 수 없으며, 이러한 것이 적절하지 않다는 것에 주의하라. 시간의 흐름과 함께 기술들을 효율적으로 습득하는 피드백과 반성적 사고들이—말하자면 전체적인 패키지가—결합된 경험들이다.)

평가기준표 제작과 활용하기

PBL에서는 명확하게 진술된 구체적인 기준에 의해 학습 결과물과 발표물을 평가한다. 교사가 기대한 것에 대한 일반적인 설명은 학생들을 안내하는 데 충분하지 않다. 평가기준표들이 필요하다. 요즘엔 거의 모든 교사들이 평가기준표에 익숙하다. 전통적인 시험으로는 적절하게 측정할 수 없는 기술들에 대한 '수행평가'를 위해 필요하기 때문이다. 또한 평가기준표는 학생들에게 의미 있는 피드백과 비평을 제공하는 데 꼭 필요한 도구이다. 그렇게 되어야 학생들의 학습의 질을 향상시킬 수 있는 것이다.

상급학년 학생들을 위해서는 보다 상세한 분석적인 평가기준표를 추천한다. 이러한 형태의 평가기준표는 대개 다양한 수준의 학습의 질이 여러 측면에 따라 어떤 모습이어야 하는지를 설명하는 표 형태로 사용된다. 저학년 학생들을 위해서는 고학년들의 평가기준표와 유사하지만 보다 단순한 기준표를 사용해야 한다. 협력과 발표 기술에 대한 평가기준표의 사례들은 제6장 "프로젝트를 위한 유용한 자료"에 제시된 사례들을 참고하기 바란다.

✱유용한 자료

프레젠테이션/협력 학습 평가기준표(162~166쪽)

PBL에 있어서 평가기준표에 대해 기억해야 할 핵심 요소:

- 교사의 프로젝트에 대한 각각의 주요 학습 결과물 또는 수행은 그 자체 나름의 평가기

준표를 필요로 한다.

- 평가기준표는 점검표와는 각각 다른 목적을 가지고 있기에 다르다. 점검표는 학습 과제의 완성 여부를 평가하는 것이지 평가기준표처럼 질을 평가하는 것은 아니다.

- 협력과 발표와 같은 21세기 기술들은 내용 지식과 교과 영역 기술과는 별도로 평가한다. 평가기준표에 분리된 줄을 만들거나, 만약 이렇게 하는 것이 너무 복잡하면, 두서너 개의 분리된 평가기준표를 만든다.

- 학생들에게 친근한 용어를 사용하고, 프로젝트를 시작하는 초기에 평가기준표를 보여주어 그들의 학습이 안내되도록 한다. 학생들에게 기대하는 완성된 결과물과 같은 사례와 비교함으로써 학생들이 확실하게 평가기준표를 이해했는지 확인한다. 학생들과 함께 평가기준표를 만들 수도 있다.

- 평가기준표를 형성평가 도구로 사용하고 교수 · 학습 과정의 일부로 활용한다. 학생들로 하여금 자신들의 학습 결과물을 만드는 동안 자신들의 학습 활동이 학습 과제 수행의 연속선상에서 어느 시점에 있는지를 평가할 수 있도록 평가기준표를 사용할 수 있게 안내한다. 자신들의 학습 결과물들을 수정할 수 있게 피드백에 반영하는 방법을 가르친다.

평가기준표에 대한 피로 예방

일부 교사들은 한 프로젝트에 대해 여러 개의 평가기준표를 써야 하는 업무에 압도당한 느낌을 말하기 위해 '평가기준표 피로'라는 용어를 사용한다. 이러한 느낌을 예방하기 위해서는 학교 전체가 사용하는 평가기준표를 활용하거나 다양한 프로젝트들을 위해 활용될 수 있는, 학년 수준 집단에서 사용하는 평가기준표를 활용한다. 학교 전체가 사용하는 평가기준표들의 사례들은 다음과 같은 것들을 포함하고 있다:

- 21세기 기술을 평가하기 위한 평가기준표:
  - 협력 평가기준표
  - 발표 평가기준표

- 일반적인 프로젝트 결과물을 평가하기 위한 평가기준표:
  - 연구 일지 평가기준표
  - 구체적인 장르(정보, 설득 등의 보고)를 위한 평가기준표
  - 그래픽 디자인, 파워포인트 슬라이드, 비디오 등을 위한 평가기준표

프로젝트에 문해 포함시키기

교사나 또는 다른 사람이 문해와 21세기 PBL에 대한 패러다임을 전환시킬 필요가 있다고 판단되면, 다음과 같이 전환할 것을 제안한다:

> …에서: "프로젝트를 할 시간적 여유가 없다. 기초적인 문해 기술을 먼저 가르칠 필요가 있다."
>
> …로: "프로젝트들을 위해 시간을 만들어내야 한다. 프로젝트들은 읽기, 쓰기 및 학생들이 교과서를 이해하는 데 필요한 내용 지식을 쌓게 하는 의미 있는 이유를 제공한다.

초등학교에서는 잘 설계된 프로젝트들이 문해를 가르치는 수단의 역할을 한다.

조점을 맞춘 주제 영역이나 하루 중 대부분의 수업이 이루어지는 시간과도 상관없이 모든 프로젝트들은 배경 지식을 향상시키고 자신들의 질문들에 대한 해답을 찾기 위해 다양한 교과서를 읽을 수 있는 학생들에게 기회를 제공해야 한다. 학생들은 각 프로젝트마다 적어도 하나의 잘 다듬어진 글로 표현된 결과물을 만들어야 하고, 이는 학년 수준 교육과정의 쓰기 장르에 일치해야 한다. 완전 통합 PBL 모형을 사용하는 교사들에게 있어서는 프로젝트들이 문화를 가르치는 주요 수단들이다. 부분 통합 또는 분리된 PBL 모형을 사용하는 교사들에게 있어서는 과학 교과 또는 사회과 교과에 초점이 맞추어진 프로젝트가 독해에 영향을 주는 내용 지식을 쌓아가면서 두 배 용량의 문해를 제공할 수 있다. 버거(Ron Berger)가 프로젝트들이 기초 문해(와 수학) 기능들을 가르칠 수 있느냐에 대한 질문을 받았을 때, 자신의 책 『우수성의 윤리(An Ethic of Excellence)』에서 말한 바와 같이:

> 그것은 단순히 이 공부가 많은 읽기와 쓰기를 수반하는 것이 아니라 공부하는 과정에서 읽기와 쓰기 기술을 분명하게 공식적으로 가르치는 것이다. 문해 기술들을 가르칠 유용한 시간을 제한하기보다는 이 접근은 하루 종일 문해 수업을 통해 문해 기술들을 가르치는 것이다.

만약 일반적으로 프로젝트들이 오후에 이루어지게 되면, 학생들로 하여금 오전의 문해 시간과 오후에 하는 프로젝트와의 관계를 파악할 수 있도록 도와야 한다. 예를 들면:

- 소설이나 비소설을 과학 교과나 사회과 교과에 초점을 맞춘 프로젝트들과 결합시킬 때에는 오전 문해 시간 동안 가르쳤던 문해 전략들의 사용을 모델 삼는다. 이때에는

신문이나 팜플렛, 다이어그램, 웹사이트 등과 같이 일반적으로 교실에서 찾아보기 어려운 자료들을 포함시킨다.

- 프로젝트와 관련된 어휘들을 이해시키기 위해서는 어휘 향상 전략들을 분명하게 가르친다. 이때는 문해 시간에 사용하였던 것과 똑같은 어휘 향상 전략들을 사용한다.
- 만약 문해 시간에 쓰기 과정을 비계학습하기 위해서 저자의 워크숍을 활용했다면 글로 쓰인 결과물 중에서 가장 잘 된 결과물들을 쓰는 과정과 유사한 비계학습 과정을 사용한다.
- 교사가 준비한 프로젝트와 관련해서 소설과 비소설 읽기 과정을 위한 하나의 조직체로서 문학 동호회(literature circles) 모임들을 사용한다. (이와 관련된 방법에 대해서는 다음 쪽에 있는 "현장 교사로부터의 조언"을 참고하기 바람.)

이 책에서 제시한 우수 프로젝트들은 어떻게 문해가 프로젝트와 결합되는지에 대한 몇 가지 사례들을 보여준다. "피자 가게와 일의 세계"에서 2학년 학생들은 직장(그리고 피자 만드는 집)에서 일하는 사람들에 대한 이야기를 읽거나 음식점 메뉴나 요리법과 같은 비소설 내용을 읽는다. 가족들이나 피자 레스토랑에서 일하는 사람들과 인터뷰한 내용을 적은 것을 요약한다. 그리고 광고, 메뉴, 직업 소개, 일지에 포함된 내용들을 쓴다. "우리 고장 파크랜드(Parkland)의 문화유산 전시" 프로젝트에서는 학생들이 직접적인 자료 문서나 잡지 기사들을 읽음으로써 그들의 지역사회의 역사에 관해 배운다. 노트를 정리하는 방법이나 자신들이 쓴 글을 세련되게 다듬는 방법을 연습하는 가운데 요약하는 글, 신문 특정 기사, 박물관 전시물의 표제, 정보가 담긴 보고서 등을 쓴다. 이러한 모든 것들은 3학년 교육과정의 중요한 요소들을 다루고 있다.

현장 교사로부터의 조언

탐구활동을 촉진하기 위해 문학 동호회를 활용하라

초등학교 상급 학년 학생들을 위해 프로젝트에 문학을 연계시키기 위한 한 가지 방법은 문학 동호회를 활용하는 것이다. 문학 동호회는 어른들이 할 수 있는 독서 토론 클럽과 같은 것이지만 보다 초점이 맞추어져 행해진다. PBL에서는 다음과 같은 다양한 형태로 잘 행해진다.

1. 학생들로 하여금 자신들의 프로젝트 팀에서 활동하도록 한다.
2. 프로젝트의 주제와 연관된 글을 선정한다. 이 글은 짧을 수도 있고 길 수도 있으며, 소설, 비소설, 시, 논문, 또는 다른 어떤 형태의 글도 좋다. 만약 여러 팀들이 다른 하위 주제에 초점을 맞추어 공부한다면, 일반적인 글에서 학생들이 초점을 맞추어 공부하는 주제를 다루는 구체적인 글로 전환하도록 한다.
3. 각 팀에게 해당 글을 여러 장 복사해서 나누어준다.
4. 학생들에게 문학 동호회를 진행하는 과정을 가르친다.
5. 탐구하는 질문을 먼저 살펴보고, 학생들로 하여금 답을 찾아보고자 하는 추가적인 질문을 자신들의 연구 공책에 기록하도록 한다.
6. 읽기를 하는 동안 학생들로 하여금 문해 전략들을 읽고 적용해보도록 한다. (예를 들어, 만약 교사가 읽기를 하는 동안 연관된 것들이나 질문들을 기록하기 위해서 접착 메모지 사용을 고려한다면, 학생들로 하여금 이 전략을 사용하도록 한다.)
7. 학생들로 하여금 자신의 연구 공책에 자신들의 질문들에 대한 답이나 떠오르는 새로운 질문들을 기록하도록 한다.
8. 학생들이 글에서 발견한 것이 무엇이고, 그것을 프로젝트에 어떻게 적용할 것이며, 학습 결과물을 만드는 데 어떻게 활용할 것인지에 대한 토론을 촉진시킨다. 자기 그룹이 글을 모두 다 읽고 마칠 때까지 읽기-기록하기-토론하기의 과정을 계속하도록 한다.

프로젝트에 공학 사용하기

공학은 학생들로 하여금 자신들의 공부를 관리할 수 있도록 도와줄 뿐만 아니라 학습 결과물을 만들고 발표하는 데도 도움이 된다. 더 나아가 교사들이 하나의 프로젝트를 관리하는 데도 도움을 줄 수 있다.

PBL에 있어서 공학이 필수적인 것은 아니다. 낮은 공학 기술이 구비된 교실에서도 놀랄 만한 프로젝트들이 가능하다. 만약 교사가 공학을 포함시킨다면, 공학은 하나의 유용한 도구이지 프로젝트의 핵심은 아니라는 것을 기억해야 한다. 공학을 그 자체로 중요한 것이 아니라 탐구, 소통, 협력, 프로젝트 관리 및 학습 결과물 개발 등을 위한 하나의 도구로 생각해야 한다.

흔히 말하는 바와 같이, 공학은 학생들의 학습 결과물의 질에서부터 그들의 학습 효과에 이르기까지 프로젝트들을 여러 가지 방법으로 향상시킨다. 휴대용 컴퓨터, 카메라, 그리고 온라인 도구들을 사용함으로써 학생들이 프로젝트에 더욱 적극적으로 참여할 수 있게 한다. 오늘날에는 공학이 학생들의 삶에 통합된 일부이다. 학생들은 '디지털 원주민'들이다. 그러므로 가장 많은 학생들이 좋아하는 것의 강점을 취할 수 있는 프로젝트들을 계획해야 한다. 그래야 학생들로 하여금 가장 높은 질의 공부를 할 수 있도록 동기를 부여할 수 있다. 실세계에서 유사한 과제를 수행하는 전문가들에 의해 실제적으로 사용된 공학 도구를 사용하였을 때, 관련성을 이해하고, 프로젝트 활동이 의미 있다는 것을 알게 된다.

게 시 판 **공통 주 교육과정에서의 교육공학**

대부분의 전문가들은 교육공학 기술을 별도로 가르치는 것보다는 공통 교육과정에 접목시키는 것에 찬성한다. 이러한 생각은 공통 주 교육과정의 수학이나 언어예술 교과에 반영되어 있다. 이러한 교과들은 대학이나 일선 직업에 대비하기 위해서 학생들이 다음과 같은 것들을 반드시 알아야 한다고 강조한다:

- 교육공학과 멀티미디어를 통해 기술을 배운다.
- 다양한 과제들을 수행하는 데 도움이 되는 도구들을 구분한다.
- 문제들을 해결하기 위한 도구들로서 교육공학을 사용한다.
- 글을 창작하고 출판하기 위해 공학을 사용한다.
- 협력하기 위해 공학을 사용한다.
- 다양한 미디어와 형태로 발표된 정보를 평가한다.
- 디지털 미디어를 사용하여 발표물을 만든다.

공학 도구들을 선정함에 있어서 세 가지 기본적인 기준

첫째, 쉽게 사용할 수 있는 것—학생들이 간단히 쉽게 사용할 수 있는가? 직감적으로 사용할 수 있는가?

둘째, 오래도록 사용할 수 있는 것—웹사이트나 응용 소프트웨어 등이 어느 정도의 기간 동안 관리되고 수리되면서 사용될 수 있는가?

셋째, 적정 가격인 것—같은 값으로 충분한 양을 구입할 수 있는가?

학생들을 위한 교육공학

학생들의 공학 기술을 향상시키고, 교사가 제시한 프로젝트를 하는 동안 과제를 관리하는 데 도움을 주기 위해서는 다음에 제시한 아이디어들을 고려한다. 어린 학생들이 무엇을 활용할 수 있는가와 어떤 것들이 적절한가에 대한 교사의 판단을 활용하며, 학교의 정책도 물론 참고해야 한다.

탐구의 수행:

- 전문가들과 비디오 화상회의를 할 때에는 스카이프(Skype.com)나 우부(Oovoo.com)를 활용하고, 학생들로 하여금 질문들을 만들도록 한다. 이와 같은 서비스의 새로운 특성들로 전문가 패널과 같은 많은 사람들이 다중 화상회의를 할 수 있게 된다.
- 교사의 지도 아래, 전문가들에게 질문을 제시하거나 직원이나 기관을 접촉하기 위해서는 이메일을 활용하도록 한다. 또는 학급 이메일 계정을 만들어 사용한다.
- 학생들이 인터넷을 활용할 경우, 자신들의 질문들에 대한 대답을 찾도록 지도한다. 그들이 찾은 정보의 타당성을 평가하는 데 교사의 도움이 필요하다. (예를 들어, 위키사전(Wikipedia)이라고 해서 항상 신뢰할 수 있는 자료는 아니다.) 인터넷에 게시된 많은 정보는 어른들에게 있어서도 압도적으로 많을 수 있다. 교사는 어떤 웹사이트들이 가장 유용하고 적절한지를 확인한 후 학생들이 접근할 수 있는 웹사이트들을 선별할 수도 있다.

학생들 자신의 학습 관리:

- 학생들로 하여금 학습 결과물 초안에 대해, 상대방의 작업에 대한 논평, 연구 기록들과 자료들의 수집, 또는 프로젝트 과제 목록과 일정을 유지하고 갱신하는 등의 공동 작업을 위해 문서를 온라인에 올려놓을 수 있도록 구글 문서(docs.google.com)와 같은 공유된 파일 시스템을 활용하도록 한다.

- 만약 학생들이 워드 문서를 사용한다면, 프로젝트를 하는 동안 자신들의 작업 내용을 수집하고 보관하기 위해 전자 서류함(Dropbox.com)을 사용하도록 한다. 전자 서류함은 학생들로 하여금 다수의 초안들을 추적할 수 있도록 하고, 또 문서를 보관하는 안전한 장소이다. 이러한 문서들은 결코 집에 놔두고 올 수 없다(그리고 개가 물어 뜯을 수 없다!).

- 위키(Wikispaces.com) 팀을 만드는 것도 작업한 부분들을 수집하고, 문서를 추가하며, 자료들을 연결시키기 위한 하나의 좋은 도구이다.

- 결과들을 시각화하고 다양한 방식으로 자신들의 자료를 볼 수 있도록 도와주는 스프레드시트나 그래프 소프트웨어와 같은 공학을 응용한 소프트웨어들을 사용함으로써 자신들이 수집한 자료를 정비하고 분석하도록 한다.

> **현장 교사로부터의 조언**
>
> **교육공학 도구를 평가하기 위해 무료 사용 기간을 이용하라**
>
> 많은 온라인 제품들은 새로운 버전에 대한 30일 동안의 무료 시험 기간을 제공한다. 어떤 제품을 구매할 것인지를 결정하기 전에 학생들에게 그 제품을 (29일짜리 프로젝트 내에서) 사용해보도록 한다.

학습 결과물과 발표물 제작하기

- 똑같은 옛날 종이 포스터들 대신에 글로그스터(Glogster.com)를 사용하여 포스터를 디자인하고 온라인에 올리거나 인쇄를 한다.

- 영상을 모으고 글을 더해서 모든 연령대의 책들을 협력하여 만들기 위해 스토리버드(Storybird.com)를 사용한다.

- 프레지(Prezi.com) 또는 보이스스레드(VoiceThread.com)와 같은 웹기반 멀티미디어에서 학생들로 하여금 발표물을 위한 내용을 조직하게 함으로써 기본적인 파워포인트 슬라이드 이상을 만들도록 한다. 또는 파워포인트 발표물에 음성을 더하기 위해서는 슬라이드로켓(SlideRocket.com)을 활용한다.

- 온라인으로 프린트하거나 전시하기 위해서는 워들(Wordle.net) 사이트에 워드 클라우드를 만든다.
- 웹사이트를 만들기 위해 에듀블로그(Edublog.org), 구글사이트(sites.google.com), 키드블로그(Kidblog.org), 또는 위블리(Weebly.com)와 블로거(Blogger.com) 등을 사용하고, 이러한 곳에서 학생들이 만든 학습 결과물들을 전시하거나 공부한 것을 디지털 포트폴리오로 만들도록 한다.
- 디지털 포트폴리오에 프로젝트 활동물을 저장한다. 이러한 디지털 포트폴리오는 가장 좋은 발표물을 만들어 청중과 공유할 수 있다.
- 학생들은 종종 글로 쓰인 전통적인 학습 결과물의 실제적인 대안으로서, 점점 증가하는 무료의, 사용자 친화적인 소프트웨어들을 사용하여 멀티미디어 결과물을 만든다. 예를 들어:
  - 행사에 대한 정보 제공적 보고서를 쓰는 대신에, 학생들에게 대본을 쓰도록 하고 비디오 카메라나 키즈비드(kidsvid.4teachers.org) 또는 유튜브(youtube.com)와 같은 온라인 비디오 편집 프로그램을 사용하여 뉴스 프로를 만들도록 한다.
  - 어떤 장소에 대한 설명적 에세이들을 쓰는 대신에, 학생들로 하여금 룰루(lulu.com)와 같은 온라인 출판 도구인 디지털 영상을 활용한 삽화가 들어있는 현장 안내서를 만들도록 한다.
  - 단락 쓰는 방법을 쓰는 대신에, 학생들로 하여금 최종 학습 결과물의 다이어그램들과 영상물로 글을 쓰는 방법을 안내하는 한 쪽 분량의 웹페이지 내용을 개발하도록 한다.
  - 책에 대한 보고서를 보완하기 위해 아마존과 같은 사이드들을 검토하도록 한다.
  - 주어진 주제에 대해 설득하려는 에세이를 쓰는 것에 덧붙여, 학생들로 하여금 공적인 서비스 안내를 위한 슬로건과 대본을 써보도록 한다.

교사를 위한 교육공학

교사 자신의 프로젝트를 관리하는 데 도움을 받기 위해서는 다음의 아이디어들을 고려해야 한다:

- 프로젝트를 하는 동안 다음으로 이동하기 전에 학생들의 내용 지식을 형성적으로 평가하기 위해서는, 질문들과 프롬프트들에 대한 즉각적인 반응을 생성시키는 폴에브리웨어(PollEverywhere.com)를 활용한다.
- 전자서류함(Dropbox.com)을 사용하여 학생들이 공부한 것들을 수집하고 보관한다.
- 학생들의 과제를 제작하고 배포하며 평가하기 위해, 또 학생들과 디지털 내용을 공유하고 다른 교사들과 연락하기 위해 에드모도(Edmodo.com)를 사용한다.

게 시 판 **교사를 위한 온라인 공동 협력**

아래의 웹사이트들은 다른 교사들과 협력을 하고, 자료와 프로젝트 아이디어들을 공유하기 위해 연결할 수 있는 좋은 웹사이트들이다.

- **edupln.ning.com**
  (교사의 개인적인 학습 네트워크)
- **globaleducation.ning.com**
  (지구촌교육협의회의 사회적 네트워크)
- **classroom20.com**
  (웹2.0과 사회적 매체에 관심 있는 교사들을 위한 네트워크)
- **ncssnetwork.ning.com**
  (특별히 사회과 교사들을 위한 네트워크)
- **cilc.org**
  (Center for Interactive Learning and Collaboration, 상호 학습 및 협력 센터)

만약 트위터 계정을 갖고 있는 교사라면 다음을 활용하기 바란다.

- **#edchat**
  (화요일 오후 7시에 열리는 일반적인 교육에 대한 대화방)
- **#elemchat**
  (토요일 오후 5시에 열리는 초등학교 교사들의 대화방)

- 프로젝트 문서들을 위해 교사의 웹사이트에 프로젝트 페이지를 만든다.
- 학생들의 학습 결과물 초안을 비평하기 위해, 학생들로 하여금 그들이 공부한 것을 교사 또는 전문가에게 이메일로 제출하거나 프로젝트 블로그 또는 위키에 올려서 피드백을 받게 한다.
- 학생들로 하여금 트위터(twitter.com) 또는 텀블러(tumblr.com)를 사용하여 그들의 프로젝트 진행 현황을 갱신하여 보고하도록 한다.
- 구글 문서들을 실행하는 도구인 구글 양식(Google Form)들을 활용하여 단답형과 선다형 질문들, 또 네모에 표시하기 등을 포함한 다양한 평가 문항들을 만들도록 한다. 이메일을 통해 학생들에게 평가 문항들을 보낼 수 있고, 그러고 나서 학생들의 반응들에 대한 요약을 쉽게 내려받을 수 있다.

도입 활동으로 프로젝트 시작하기

많은 교사들은 프로젝트를 시작하는 것을 마치 어떤 다른 큰 과제나 활동을 제시하는 것처럼 가정할 수도 있다. 즉, 교사가 기본적인 주제와 학습 목표를 설명하고, 학생들에게 무엇을 해야 하는지 말하고, 시간을 어떻게 활용할 것인지 등을 말하는 것이다. 그러나 학생들의 마음과 정신을 사로잡을 수 있는 행사와 함께 프로젝트를 시작하면 학생들이 보다 적극적으로 참여하고 학습의 주인의식을 갖게 되는 것이다. 여러 가지 측면에서 도입 활동은 수업의 준비 활동과 같은 것이다. 유혹적인 영화 시사회, 또는 누군가와 함께 깜짝 여행 가기 등을 생각해보라. 이러한 것들은 주의를 끌게 되고, 질문을 하게 만들고, 몇 단계 더 살 수 있게 만든다. 도입 활동은 두 가지 기본적인 목적이 있다. 하나는 학생들의 흥미와 호기심을 유발하는 것이고, 다른 하나는 학생들로 하여금 질문들을 하도록 유도함으로써 탐구 과정을 시작하는 것이다.

서론에서, PBL에서는 프로젝트가 주 요리이지 후식이 아니라고 말했던 것을 기억하라. 이 말은 프로젝트가 교육과정과 수업의 조직자라는 것이다. 학습 제재를 가르친 후에 하는 하나의 '활동'이 아니다. 그러므로 교사의 도입 활동은 무엇보다도 먼저 해야 한다. 프로젝트의 구체적 내용 지식이라는 측면에서 알아야 필요가 있는 것들을 학생들에게 먼저 가르쳐서는 안 된다. 학생들에게 주제에 초점을 맞출 수 있을 정도로 일반적인 안내를 해줌으로써 조금씩 준비시키는 것이다. 예를 들어, "이제 기후에 대한 프로젝트를 시작하도록 하겠습니다. 비, 맑음, 눈, 바람 등등 아시지요?"라고 말한 후에 도입 활동을 한다. (아주 어린 학생들을 위한 도입 활동에 대한 현장 교사의 조언은 다음 쪽에 제시한 "유-2 길잡이"를 참고하기 바람.)

사전 행사는 여러 형태로 개최할 수 있다:

- 뉴스에 나온 관심이 있는 문제나 사태에 대해 토론하도록 한다.
  - ▶ 학생들은 지형, 날씨, 기후와 같은 프로젝트와 연관되게 지역에서 일어난 최근의 홍수와 관련된 이야기를 서로 이야기한다. 학생들이 지구의 다른 지역들에서 일어나는 홍수 위험 등을 비교한다.
  - ▶ 학교 건물 내에서의 생쥐들의 발견은 학생들의 반응과 질문에 대한 학생들의 생생한 토론으로 이어진다. 이러한 토론은 학교에서 취해야 할 행동들을 권장하고, 다양한 해결책에 대한 찬반을 고려하도록 함으로써 동물들을 공부하는 프로젝트를 시작한다.
- 현장 체험 학습을 간다(또는 구글 지도 여행을 만들어 가상 현장 체험 학습을 해도 좋다).
  - ▶ 2학년 학생들이 학교 주변의 가게, 식당, 다른 사업체들을 방문하여, 다양한 물건과 서비스들을 어떻게 파는지 관찰하고, 그들 자신의 교내 상점들과 서비스들을 만들어봄으로써 프로젝트를 시작한다.
  - ▶ 학생들은 학교 가까이 있는 공원이나 자연보호 지역을 방문하고, 그들이 볼 수 있는 쓰레기의 종류나 형태 등을 기록한다. 이는 쓰레기를 줄이는 활동에 대한 관심사를 이끌어낸다.
- 시범이나 활동을 보여준다.
  - ▶ 소리 효과가 들어있는 녹화된 이야기를 듣고 나서, 다양한 물건들을 가지고 상상놀이를 하면서 지역의 원주민 미국인들의 문화에 대한 프로젝트를 소개한다.
  - ▶ 학급 학생들은 다양한 스무디(과일 · 주스 · 우유 · 요구르트 · 아이스크림 등으로 만든 부드러운 음료)를 맛보고, 각각에 무엇이 얼마만큼의 비율로 들어있는지 추측하면서 비율과 요리에 관련된 프로젝트에 연계시킨다.

유-2 길잡이

한 가지 도입 활동으로는 충분하지 않을 수 있다

프로젝트를 시작하기 위한 단 한 번의 도입 활동으로는 하급 학년 학생들이 상급 학년 학생들처럼 빠르게 프로젝트를 파악하고 초점을 맞추지 못할 수도 있다. 주어진 주제에 대한 경험이 없을 수도 있고, 그것에 관심이 없을 수도 있으며, 사전 지식의 정도도 매우 넓고 다양할 수 있다. 다섯, 여섯, 일곱 살 학생들은 교사가 생각하고 있는 학습 결과물을 만드는 일을 상상하지도 못할 수 있다. 뿐만 아니라 3주나 뒤에 있는 발표는 먼 미래라고 느낄 수도 있다.

만약 교사가 하고자 하는 프로젝트와 학생들에게 있어서 이러한 것이 사실이라고 생각되면, 어떤 특정한 학습 결과나 최종의 발표/활동을 위한 보다 집중적인 공부에 들어가기 전에, 학생들로 하여금 일부를 직접 해보게 하는 경험을 통하여 주제를 탐구하도록 하는 것이 좋다. 프로젝트를 시작할 때 최종 목표를 언급하는 것도 좋으나, 교사가 학생들에게 요구하는 것을 이해하기 위한 경험을 충분히 공유한 후에 다시 한 번 더 집중하도록 한다.

예를 들어, 만약 지역의 자연보호 구역에 대한 정보용 표지를 만드는 프로젝트를 한다면 학생들을 그 곳으로 데리고 가서 시작한다. 학생들로 하여금 그들이 관찰한 것에 대해 그림을 그리고, 글을 쓰고, 이야기를 나누고, 서로 인터뷰를 하게 한다. 이러한 경험을 가진 후에 프로젝트에 대한 도움을 청하기 위해 자연보호 구역의 전문가를 초청한다. 그런 후에 학급으로 하여금 학습 결과물과 발표에 대한 보다 집중된 공부를 하도록 한다.

또 하나 더 사례를 든다면: 2학년 학생들의 우수 프로젝트인 "피자 가게와 일의 세계"를 시작하는 첫날, 매콘빌(Laurel McConville) 교사는 교사가 되기 이전에 자신이 가졌던 직업들에 대해 이야기했다. 학생들이 자영 피자 사업을 하기로 결심한 후에, 선생님은 학생들로 하여금 상상적인 연극을 하도록 하였다. 이 시간 동안에 학생들은 일을 한다는 것이 무엇인지 탐구하고, 피자 사업을 운영하는 데 관련된 공유된 지식을 쌓아갔다. 그런 후에야 최종적인 과제에 매진할 준비가 되었다.

- 도전을 청하는 편지(실제 또는 가상)를 학생들에게 제시한다.
  - (실제) 교장 선생님으로부터 온 메모 요청으로 학교에서 시행할 "올림픽 날"행사 계획을 세우도록 한다.
  - (가상) 지역 관광청 직원으로부터 온 이메일 요청으로, 마케팅 상담원들의 역할로서, 지역 사적지를 널리 홍보할 자료를 만들도록 한다.
- 웹사이트들을 방문한다.
  - 학생들은 새로운 결과물을 만드는 데 있어서 프로젝트에 맞는 혁신적인 새로운 결과물에 대한 아이디어들과 관련된 영상을 찾을 수 있는 웹사이트들을 찾아보도록 한다.
  - 학생들은 자신들과 자기 고장들의 정보를 어떻게 교환할 것인지에 대한 아이디어들을 만들어보면서, 다른 나라들의 학교 웹사이트들을 방문해본다.
- 초대 손님을 초청한다(또는 초대 손님과 화상 회의를 한다).
  - 한 은퇴한 농부가 교실을 방문하여 가정 공예품과 사진들을 공유하고, 지역 농가에서의 어린 시절 생활에 대해 토론한다. 이 활동은 고장에서의 과거와 현재 생활을 비교/대조하는 탐구 프로젝트와 연계된다.
  - 스카이프(Skype.com)를 활용하여 해당 주에서 변화하는 기상 형태를 연구하고 있는 근처 대학의 교수로부터 듣는다. 이 교수는 학생들로 하여금 학교 주변에 다양한 측정 기구를 만들고 설치하기 위해 자료를 수집하도록 한다.
- 영화, 소설 또는 기록물을 통해 비디오나 장면들을 보여준다.
  - 1학년 학생들은 파닉스에 대한 자신의 비디오를 만드는 프로젝트에 대해 흥미를 돋우기 위해서 TV 프로그램 '세사미 스트리트'의 우스운 장면들을 본다.
  - 4학년 학생들은 근대 중국의 소작농에 대한 프로젝트에서 그들의 흥미를 돋우기 위해 중국 미아오 지방의 환경이 배경이 된 '빨간 망토' 영화를 본다.
- 도발적인 글을 읽는다(또는 듣는다).
  - 교사는 펭귄과 순록이 그려진 한 '연하 카드'의 그림을 보여줌으로써 지형과 거주지에 관한 프로젝트를 시작한다. 그리고 펭귄은 실제적으로 남극 가까이에서만 산

다고 한 손님이 카드를 만드는 사람에게 불평을 하면서 보내 온 이메일을 읽는다.

- ▶ 지역의 바다거북 수의 감소에 대한 글은 학생들의 관심사를 북돋아주며, 이를 통해 바다거북 보호 프로젝트를 시작한다.

- 깜짝 놀랄 만한 통계나 헷갈리게 하는 문제를 제시한다.
  - ▶ 학생들의 비만율 상승과 다른 건강 문제들을 보여주는 자료는 영양에 대한 프로젝트를 출발시킨다.
  - ▶ 학생들은 목장 땅의 다양한 계획을 위해 최소한 얼마나 많은 담장이 필요한지에 관련된 수학 도전 문제를 제시받음으로써 측정 프로젝트를 시작한다.

- 사진들이나 예술 작품들을 전시하거나 노래를 들려준다.
  - ▶ 유치원 학생들은 산, 사막, 강, 대양, 산맥, 그리고 지역의 다른 지형들의 그림들(프린트물과 온라인으로)을 공부하고 분류해보면서 프로젝트를 시작한다. 이 프로젝트에서는 학생들이 각 환경에서 사는 동물들의 이야기들을 만들어내고 실행해본다.
  - ▶ 5학년 학생들은 토마스 나스트(Thomas Nast)의 노예 그림들을 보기 위해 미술관을 방문한다. 이때는 "Follow the Drinking Gourd" 노래를 들으면서 노예폐지 프로젝트를 시작한다.

도입 활동을 위한 서류의 견본(초대 손님이 소리 내어 읽는다. 우수 프로젝트 "우리 고장 올드햄(Oldham)에 사는 동물들")

사랑하는 유치원 학생들에게,

제 이름은 샤나(Shauna)입니다. 저는 올드햄 카운티의 환경보호국에서 일하고 있습니다. 우리는 우리 고장의 땅을 어떻게 관리할 것인지를 보여줌으로써 우리 고장의 사람들을 돕습니다. 세인트 프란시스 학교 유치원 학생들은 제가 하는 일을 위해 필요한 것들을 도와줄 수 있는 위대한 과학자들이라고 들었습니다.

저는 올드햄 카운티에 사는 사람들을 가르치기 위해 이곳에 사는 몇몇 동물들이 생할 주기에 관한 그림책을 만들고자 합니다. 여러분들은 여러분의 책에 들어갈 정보를 찾기 위해 함께 약간의 연구와 공부를 해야 할 것입니다. 또한, 여러분은 저자와 삽화가가 되어야 합니다. 아마 어려울 수도 있겠지만, 여러분은 해낼 수 있을 것으로 압니다. 저를 도와줄 수 있다고 생각하나요?

감사합니다.
샤나 B.
지역 프로그램의 책임자

일일 교수 · 학습 과제 계획하기

지금까지는 교사가 자신의 프로젝트의 결과를 구상해왔고(학생들 자신이 배운 것을 주 결과물과 발표를 통해 어떻게 드러낼 것인가), 그 시작(도입 활동)을 계획해왔다. 이제는 이 둘 사이에 일어날 것들을 계획할 때다. 여기서 말할 수 있는 것은 프로젝트를 계획하는 것은 전형적인 교실 수업 활동들의 순서를 계획하는 것과 다르다는 것이다. 수업 활동들은 그날그날 계획할 수 있고, 수업 전날 밤에 계획할 수도 있다. 그러나 프로젝트는 그렇게 해서는 안 된다. 모든 활동들이 적합하여야 하기 때문이다. 교사가 제공하는 각각의 수업이나 비계학습과 학생들이 수행하는 각각의 과업들은 프로젝트가 제공하는 조직 구조에 반드시 들어맞아야 한다. 교사가 얻고자 하는 것, 즉 양질의 학습 결과물과 발표물을 얻기 위해서는 그 과정의 각 단계가 계획되어야 한다.

그날그날의 시간 사용에 대한 계획은 PBL의 가장 어려운 부분의 하나이다. 도입 활동과 최종 반성회 사이의 기간에는 학생들의 독자적인 공부시간, 교사 지도하의 활동들, 그리고 때에 따라서는 옛날 방식의 직접 교수 등이 혼합되어 있고, 모든 것들이 프로젝트의 맥락에서 진행된다.

주요 학습 결과물과 발표로부터 거꾸로 계획하기

교사가 프로젝트의 하루하루의 교수 · 학습 과제들을 계획하는 하나의 좋은 방법은 양질의 학습 결과물을 창출하고 프로젝트의 마지막을 장식하는 발표물을 만들기 위해서 학생들에게 필요한 지식과 기술의 목록을 만드는 것이다. 그렇다면, 탐구를 위한 배경 지식을 쌓게 하고, 탐구 과정을 도와주고, 학생들이 자신의 공부를 마치는 데 필요한 정보와 도구들을 제시하는 데 필요한 학습 경험들을 생각함으로써 최종 결과로부터 거꾸로 계획을 해야 한다.

예를 들면, 이 책에서 제시한 우수 프로젝트인 "우리 고장 파크랜드(Parkland)의 문화유산 전시"에서처럼, 역사적 사건, 시간, 또는 장소에 관한 박물관 전시가 교사가 계획하는 프로젝트의 주요 결과라고 가정해보자. 학생들이 그 결과물을 만들어 방문자들에게 발표하기 위해 알아야 할 필요가 있는 것과 할 수 있는 것들에 대해 생각해보자. 아마 교사의 목록에는 다음과 같은 것들이 들어있을 것이다:

- 어떤 사람, 장소, 행사가 중요한가?
- 언제 어디에서 주요 행사가 일어나야 하는가?
- 박물관 전시는 어떤 모습이어야 하는가?
- 효과적인 전시는 어떻게 설계되어야 하는가?
- 박물관 전시의 목적이 무엇인가?
- 대표적이고 흥미로운 영상들과 공예품들을 어떻게 선정할 것인가?
- 표제와 다른 짧은 정보 제공용 글귀는 어떻게 쓸 것인가?
- 구두 소통 기술은 어떻게 활용할 것인가?

그러고 나서 학생들이 알 필요가 있는 것들과 할 수 있는 것들이 담긴 교사의 목록에 있는 것들을 학생들이 각각에 대해 어떻게 배울 것인가를 결정한다. 예를 들어, 고장의 역사에 관해 배우기 위해서, 학생들이 현장 학습을 했고, 초청 인사로부터 이야기를 들었으며, 직접적인 자료와 간접적인 자료들을 읽었고, 교사가 실시하는 수업에 참여하였다. 박물관 전시품들을 만드는 것에 대해 배우기 위해서, 학생들은 전시를 하기 위해 공동으로 평가기준표를 만든 다양한 박물관들의 웹사이트들을 방문했고, 미술 교사가 그래픽 설계에 대해 직접 가르쳐주었다.

교사가 거꾸로 계획하는 데 도움을 주기 위해 제6장의 "프로젝트를 위한 유용한 자료"에 "프로젝트 교수 · 학습 가이드"라는 간단한 양식을 제공하였다. 또한 이 양식을 실제로 적용한 우수 프로젝트 "우리 고장 올드햄(Oldham)에 사는 동물들"을 제6장의 179쪽에 제시했으니 참고하기 바란다. 프로젝트 일정을 정하기 전에 교수 · 학습 가이드를 작성함으로써 교사는 모든 것들이 일목요연하게 정리되어 있고, 학생들이 주요 결과물들을 만들고 발표들을 하기 위해 준비하는 데 필요한 중요한 무엇인가를 놓치지 않았다는 것을 확인할 수 있다. 이 단계를 마친 후에는 언제 교수 · 학습 과업들이 일어날 것인지에 대해 정확하게 기록하기 위해서 프로젝트 추진 일정을 활용한다.

✱유용한 자료

프로젝트 교수 · 학습 가이드(159쪽)

프로젝트 추진 일정 만들기

이 앞 장에서 학교의 연간 학사 일정과 교육과정 표를 검토했을 것이며, 자신의 프로젝트

게시판 PBL에서 워크숍 모형 활용하기

많은 초등학교 교사들은 독자와의 워크숍과 저자와의 워크숍 형태에 친숙해져 있다. 그리고 수학 워크숍들도 점차 유행하고 있다. 프로젝트에서는 일반적인 워크숍 형태를 어떤 교과에도 적용할 수 있다. 워크숍 모형은 하나의 수업 계획 틀로서 PBL과 같은 탐구 중심 교육과정 설계 모형에 적합하다. 워크숍들은 탐구하고, 질문하고, 소통하고, 협력적으로 지식을 구성할 수 있는 여건들을 만들기 때문이다.

워크숍은 필요에 따라 매일 또는 일주일에 한 번씩 활용될 수 있다. 워크숍 계획들은 형태에 있어서 다양하나, 보통 다음과 같은 요소들을 포함하고 있다. 이러한 것들도 길이에 있어서는 다양하다:

- **미니 레슨.** 명확하게 진술된 목표와 함께 주어져야 하고, 구체적인 기술에 초점을 맞추어야 하며, 학생들이 보고 배울 수 있도록 또는 학습 결과물을 만들 수 있도록 교사가 그 기술을 시범 보여야 한다. (예를 들어, 연구 보고서 쓰는 법과 프로젝트 결과물 만드는 법 등)
- **적용.** 학생들은 교사가 시범을 보인 것을 연습해보고 적용해볼 수 있는 시간을 가져야 한다.
- **비평과 수정.** 학생들이 공부한 것들을 공유하는 초안을 가지고 교사는 형성평가를 함으로써 비평과 수정이 이루어진다.
- **보고 청취 시간.** 학습 결과와 무엇을 배웠는지 토론하는 보고 청취 시간을 갖는다. 보고 청취 시간의 내용은 하나의 참고 사항으로 쓰이는 '앵커 차트'에 기록된다.

보다 많은 정보를 위해서는 베네트(Samantha Bennett) 교사의 『That Workshop Book』을 참고하기 바란다. 이 책은 교육과정 전반에 걸쳐 어떻게 워크숍을 활용할 것인지에 대해 알고자 하는 교사들에게 매우 훌륭한 자료이다.

를 가르칠 수 있는 적절한 시간대를 선택했을 것이다. 자신의 프로젝트의 상세 내용들을 계획하는 이 시점에서는 교수 · 학습 가이드를 활용하여 각각의 날짜에 어떤 활동들을 해야 할 것인가에 관한 일정을 만드는 일이다. (만약 전자 버전을 사용하고 있다면, 교수 · 학습 가이드에 있는 요소들을 잘라내어 자신의 프로젝트 일정 위에 직접 붙일 수 있다.)

프로젝트가 시작된 후에는 프로젝트 일정 또는 그것을 단순화시킨 일정을 학부모와 공유할 수 있다. 상급 학년 학생들에게는 이 일정을 프린트해서 나누어주어야 한다. 하급 학년 학생들에게는 정기적으로 일정을 보여주어 프로젝트의 검토 시점들과 진행 과정을 상기시킨다.

프로젝트 일정은 상당히 간단하다. 자신의 일정을 사용해도 되고 이 책의 후반부에 있는 일정의 사본을 활용해도 된다. 이 책의 우수 프로젝트 중 하나를 선별하여 완전한 일정의 견본을 제시하였다.

✱유용한 자료

프로젝트 추진 일정 양식(160~161쪽)
완성된 프로젝트 추진 일정의 견본(180~181쪽)

교사의 일정에는 다음과 같은 사항들을 기록한다.

- 프로젝트를 시작시키는 도입 활동
- 매일매일의 교수 · 학습 과제들
- 프로젝트 단계들의 완성 시점들
- 발표 연습
- 발표 일정
- 주요 결과물의 완성 마감 날짜
- 만약 학년 수준에 적용된다면, 시험 또는 다른 형성평가
- 프로젝트의 마지막에 있을 반성회나 축하를 위한 시간

한 교사가 $3\frac{1}{2}$주의 학습 기간 동안에 수업과 프로젝트를 날마다 어떻게 수행했는지에 관한 사례는 제3장에 이어지는 "PBL 운영하기: 자화상"을 참고하기 바란다.

현장 교사로부터의 조언

전문가와의 효율적인 활동 계획

학생들이 PBL을 하면서 경험할 수 있는 가장 가치 있는 것 중의 하나는 현장에서든 교실에서든 성인 전문가들과 함께 공부하는 것이다. 이러한 전문가들은 주제에 관한 정보를 제공해주고, 기술들을 가르쳐 주며, 프로젝트 과제와 결과물들을 도와줄 수 있다. 전문가들은 학생들과 직접 같이 공부할 수도 있고, 아니면 이메일이나 스카이프, 또는 다른 도구들을 통해 온라인으로 공부할 수도 있다. 이러한 과정을 효율적으로 수행하는 방법은 다음과 같다:

- 전문가를 만나기 전에 좋은 질문을 만드는 법과 노트 정리하는 법에 대해 토론하도록 한다.
- 전문가에게 물어볼 질문들을 학생 스스로 만들어보게 한다.
- 전문가가 학생들과 관계를 유지할 수 있는지와 학생들이 이해할 수 있는 수준으로 말을 하는지 확인한다. (필요하다면 전문가를 지도해준다.)
- 학생들에게 구체적인 아이디어를 가질 수 있도록 도와주기 위해서 전문가로 하여금 결과물의 예를 보여주고, 자신들이 날마다 하는 것을 설명하도록 한다.
- 전문가들이 만든 결과물들을 비평하기 위해 사용된 기준에 대한 정보를 공유하도록 한다.
- 전문가들로 하여금 진행되고 있는 학생들의 학습에 대해 미리 피드백을 주도록 한다.
- 발표를 위해 전문가를 청중의 일부로 초청한다.

학부모와 소통하기

프로젝트를 계획할 때 교실에서의 수업이 어떻게 이루어지고 있는지에 대해 학부모들에게 알리는 방법에 관한 사항들을 놓치지 않는 것이 중요하다. 부모들에게는 PBL이 친숙하지 않기 때문이다. 대부분의 학부모들은 전통적인 학교교육 경험에 익숙해져 있기 때문에 학습지, 시험을 대비한 외우기, 책 보고서, 입체 전시물이나 포스터 같은 것을 만드는 것 등은 알고 있고 또 기대하고 있을 수도 있다. 그러나 만약 자기 자녀들이 집에 와서 '내 팀' 또는 '탐구 질문'이나 '발표' 등을 이야기하면, 학부모들이 질문을 할 수도 있다. 또한 학부모들도 자기 자녀들이 프로젝트 활동을 가정에서 할 때 도와줄 필요가 있을 수도 있다. 따라서 학부모들과 조기에 명확하게 소통할 필요가 종종 있다.

새로운 프로젝트를 시작하기 전에 교사는 학생들의 가정에 통신문 보내기, 학급 홈페이지나 학교 웹사이트에 메시지 올리기, 학교를 방문했을 때 이야기하기, 이메일 보내기, 또는 이 모든 것들을 한다. 학교 전체가 프로젝트를 시행하는 학교라면, 학부모들은 이미 PBL이 무엇이고 왜 해야 하는지에 대해서 들었을 수도 있다. 만약 그렇다면, 특정 프로젝트에 대해서 학부모와 소통하는 데 포함할 필요가 있는 것은 PBL을 생각나게 할 수 있는 간단한 것이다. 하지만, 만약 대부분의 학부모들이 PBL에 대해 아는 바가 없고, 교사가 하는 것이 학생들에게 있어서 첫 번째 프로젝트라면, PBL이 무엇인지와 왜 이런 교수 방법을 사용하는지에 대해 상세한 설명을 해주어야 한다. 이때는 PBL을 사용한 교육의 결과로 학생들이 배울 수 있는 기술들을 강조하여야 한다.

✱유용한 자료

학부모에게 보내는 편지의 견본(167쪽)

학부모들에게 프로젝트에 대해 알리기 위하여:

- 프로젝트의 개요를 보낸다. 개요에는 주된 아이디어, 탐구 질문, 주요 결과물 등이 포함되어야 한다. 학부모들에게 학생들이 내용, 지식, 그리고 다른 목표들 측면에서 무엇을 배울 것인지를 알려준다.
- 학생들이 완성시킬 프로젝트의 과정을 설명한다. 이 과정에는 팀을 구성한 활동, 조사 활동, 더 나아가 교외 활동 또는 외부 어른들이나 외국 기관에서의 활동들이 포함된다.
- 자녀들이 프로젝트 활동을 함에 있어서 학부모들이 노출 수 있는 방법들을 설명한다. (어떤 '탐구'이며, 탐구 질문에 대해 '정답'이 꼭 한 개만 있는 것이 아니라는 것과 답 중에도 틀릴 수 있고 적절하지 않을 수 있다는 것에 대해 설명하는 것을 잊지 말아야 한다.)
- 주요 학습 결과물에 대한 평가기준표를 제공한다.
- 만약 학부모들이 참여하기를 원한다면, 언제 그리고 어디에서 프로젝트 전시회와 발표회를 갖는지 등에 대한 일반적인 시기를 알려준다.
- 프로젝트를 하는 동안 학생들의 진행 정도를 새롭게 알려준다. 그리고 프로젝트가 끝나면 어느 정도 성공했는지에 대해서도 알려준다. (물론, 잘 되었다고 가정하면서!)

학생 팀 구성하기

프로젝트를 시작하기 전에, 프로젝트 작업을 위해 학생들을 어떻게 팀으로 구성할 것인지를 결정하여야 한다. 이런 결정은 프로젝트의 특성, 학생들이 만들어야 할 필요가 있는 결과물, 또한 교실의 문화와 학생들에 대한 교사의 지식 등에 달려 있다.

유-2 길잡이

팀으로 할 것인가 말 것인가?

만약 초등학교 학생들을 가르친다면, 종종 프로젝트를 전체 학생들이 함께 하도록 하는 것이 좋다는 것을 느낀다. (고등학교 프로젝트들을 할 때도 이렇게 하는 것이 좋을 때가 있다.) 어린 학생들은 프로젝트의 기간 내내 팀으로 하는 것보다는 짧은 시간 동안, 구체적인 과제에 대해 팀을 이루어 활동하는 것이 좋을 수도 있다.

누가 팀에 학생을 배정할 것인가?

누가 어느 팀에 배정되어야 할 것인가는 교사가 결정하여야 한다. 이것은 실세계에서도 마찬가지이다. 실세계에서는 프로젝트를 할 때 일반적으로 팀 구성원들이 팀원들을 선정하지 않는다. 지도자 위치에 있는 사람들이 이러한 결정을 한다. 지도자들은 구성원 개인 각자가 가지고 있는 강점에 대한 지도자의 지식에 근거하여 팀을 구성하고, 생산적이고 단결을 강화시키는 그룹을 만드는 궁극적인 목표에 누가 가장 적합할지에 대한 느낌으로 구성한다. 교사는 학생들에게 팀 구성원을 선택하는 데 의견을 반영할 수 있는 기회를 줄 수도 있지만, 팀의 목표는 프로젝트를 잘 완성시키는 것이지 친구들과 즐기는 것이 아니라는 것을 상기시켜 주어야 한다. 또한, 교사는 항상 팀원들을 바꾸어 다른 팀에 배치할 수 있는 권한을 가졌음을 상기시켜 주어야 한다.

가장 이상적인 팀원의 수는 몇 명으로 할 것인가?

PBL 교사들은 가장 이상적인 팀원의 수는 4명이라고 보고한다. 팀원의 수가 증가하면 모든 팀 구성원들이 공유하고 있는 활동에 기여하고 있는지와 팀 토론에 모두가 하나의 단결된 목소리를 내는지 확인하기가 어려워진다. 세 명이 한 팀을 이루는 것도 효율적이다.

이때는 팀원들이 해야 할 일이 많아지며, '둘은 친구요, 셋은 군중이다'라는 옛말처럼 사회적 관계가 작용할 수도 있다. 일부 프로젝트들은 둘씩 짝을 지어 이루어질 수도 있다. 그러나 많은 수의 팀들에서 하는 협력과 같은 것을 배우지는 못한다. 그리고 발표하는 날을 간과할 수는 없다. 14개 팀들이 모두 발표를 마칠 때까지 앉아 있어야 한다.

어떻게 팀에 배정되어야 할 학생을 결정할 것인가?

많은 교사들이 학생들을 팀에 배치하는 자기 나름의 경험을 갖고 있다. 따라서 여기에서는 절대적으로 옳은 하나의 방법을 말하지 않겠다. 교사들은 누가 활동을 할 것이고, 다른 학생들과 함께 잘 학습할 것인지에 대해 신중하게 생각할 필요가 있으며, 확신이 서면 시도해볼 필요가 있다. 만약 교사가 학생 배치에 실수를 하거나 잘 풀리지 않았을 때에는 팀원들을 언제든지 바꿀 수 있어야 한다. 필요하다면 프로젝트를 하는 도중에 바꾸거나, 더 나아가 다음 프로젝트에서 팀원을 바꾸어야 한다. 팀을 구성하는 완전한 절차는 없다. 그러나 이 책에서는 PBL 교사들로부터 얻은 몇 가지 조언을 제공하고자 한다:

- 이질 집단 팀이 이상적이다. PBL은 많은 기술에 의지하기 때문에 부여된 과제를 고려하여야 하고, 재능들이 섞여 있어야 한다.
- 지배적으로 활동하는 것보다는 서로 지원할 수 있는 학생들을 선택적으로 그룹 지어야 한다.
- 만약 영어를 배우는 학생들이라면, 그들의 언어를 말하는 누군가를 필요로 할 것이다. 또는 적어도 소통을 매우 잘 하는 팀원을 필요로 할 것이나. 따라서 그들을 포함시킬 수 있는 방법을 모색해야 한다.
- 팀들에 따라 다루는 주제나 탐구 질문들이 다른 일부 프로젝트들에서는 학생들의 흥미에 따라 그룹을 나눈다. 예를 들어, "PBL 운영하기: 자화

> **현장 교사로부터의 조언**
>
> **학생들의 강점에 대한 설문조사**
>
> 기술과 재능들이 혼합된 팀으로 학생들을 배정하는 것을 돕기 위해 학생들에게 질문지나 점검표를 나누어주고 실시한다.
>
> 학생들에게 팀을 위해 활용할 수 있는 자신의 강점들이 무엇인지를 말하도록 물어본다. 예를 들어:
>
> - 예술가
> - 저술가
> - 지도자
> - 잘 만들거나 잘 짓는 사람
> - 컴퓨터 기술
> - 연구자
> - 글을 읽어주는 사람
> - 지시를 잘 따르는 사람
> - 잘 정리하는 사람

상"에 제시된 "우리의 동물 친구들 만나기" 프로젝트에서 교사는 학생들에게 공부해야 할 동물들을 대상으로 자신들이 선호하는 동물들의 순서를 매기도록 한 후에 팀을 구성한다.

자료 찾기와 정리하기

프로젝트 수행은 자료에 집중하는 과정일 필요는 없지만, 그렇게 될 수도 있다. 교사가 제시한 프로젝트에서 도서, 미술 도구, 차트 용지, 결과물을 만들기 위해 필요한 모든 것들과 같은 자료들이 필요할 수도 있다. 또한, LCD 프로젝터, 비디오 카메라, 휴대용 컴퓨터와 같은 장비도 필요할 수 있다. 고장 사람들, 다른 교사들, 또는 온라인으로 접촉한 전문가 등을 포함한 인적 자원들도 필요할 수 있다.

몇 가지 예를 들기 위해 우수 프로젝트들을 살펴보기로 한다. "핸드폰 요금제 고르기"에서, 지나(Gina) 교사는 인터넷 접속이 가능한 컴퓨터, 그래프 용지, 파워포인트 소프트웨어가 필요했다. 또한 핸드폰 서비스 회사에 근무하는 초대 손님, 핸드폰 가입 방법에 대한 5학년 학생들의 인터뷰에 응해주고 발표를 들어줄 학부모나 보호자가 필요하였다. "학교 규칙 만들기" 프로젝트에서 다나(Dana) 교사와 그녀의 1학년 학생들은 인터넷 접속이 가능한 컴퓨터, 비디오 카메라와 모니터, 포스터 용지가 필요하였다. 이와 더불어 그 학교 교장 선생님과 경찰관도 필요하였다. "멸종위기의 새우 살리기"를 위해서는 자료 목록이 여러 달 동안 광범위하게 더 늘어났다. 이는 로렛(Laurette) 교사와 그녀의 4학년 학생들이 여러 기관의 전문가들을 만났고, 들에서 일을 하기 위한 농기구와 도구들을 모았고, 종이와 컴퓨터, 비디오 카메라, 티셔츠를 사용하여 결과물을 만들었고, 여러 장소에서 발표를 하였기 때문이다.

제6장 "프로젝트를 위한 유용한 자료"에 제시된 "프로젝트 개요"에서 교사에게 필요한 자료들을 열거할 수 있는 곳을 볼 수 있다. 이 주제에 대해서는 간단하지만 중요한 제안을 하나 제시한다:

☑ 모든 것을 미리 잘 정리하기

고려해야 할 인적 자원

- 중학교와 고등학교를 포함한 상급 학교 학생들
- 프로젝트와 관련된 특별한 전문성, 관심사, 취미, 또는 기술을 가진 학부모
- 특별한 전문성을 가진 다른 교사, 관리자, 직원들
- 미술, 음악, 드라마, 테크놀로지, 체육 등에 전문성을 갖춘 학교 또는 교육청 전문가
- 지역의 (타 지역 또는 온라인으로 접속한) 비영리기관의 전문가들
- 지역 상가 또는 산업체의 사람들
- 지역 정부 직원들과 지역 의회, 경찰서, 소방서의 직원들
- 기술학교, 대학과 대학교 교수

'문서 세트'로서 물적 자원

문서 세트는 교사의 프로젝트 주제와 연관된 자원들의 수집품들이다. 이들은 상자, 통, 또는 다른 용기에 수집한다. 이러한 문서 세트는 주어진 주제에 대해 학생들의 흥미를 갖게 하고, 질문을 이끌어내며, 배경 지식을 쌓도록 하기 위해 설계되었다. '문서'라는 용어가 넓은 의미로 사용되었기 때문에 문서 세트는 다양한 품목을 포함할 수 있다. 문서에는 소설과 비소설이 포함될 수 있고, 지도, 정보가 담긴 소책자, 시집, 웹 문서, 학생 백과사전 등의 항목이 포함될 수 있다.

글로 쓰인 재료는 독서 난이도에 따라 다양해야 하고 내용은 주어진 주제와 관련 있는 다양한 흥미를 가진 학생들에게 매력이 있어야 한다. 그러나 '문서'도 설득력이 있는 영상, 미술품, 또는 물체여야 한다. 학생들이 만져보면서, 프로젝트 주제에 연관된 문제들에 대해 조사하고 궁금해하는 것은 호기심을 불러일으키는 좋은 방법이다. 예를 들어, 만약 학생들이 지형을 공부한다면 다양한 종류의 작은 암석들을 수집하여, 이를 밀봉 봉투 또는 투명 용기에 넣고, 각 물체를 설명하는 글을 써 넣는다.

문서 세트는 프로젝트 전반을 통해 다양한 방식으로 사용될 수 있다:

- 프로젝트 초기부터 주제에 대한 학생들의 호기심을 불러일으키고 차후 탐구를 위한 초기의 질문들을 기록하기 위해 학생 팀들이 문서 세트를 통해 비공식적으로 살펴볼 수 있도록 허용한다.
- 묵독을 위해 학생들의 책상에 문서 세트들을 올려놓는다.

- 독자적인 활동을 마친 후에 재료들을 살펴볼 수 있도록 한다.
- 독자와의 워크숍의 적용 단계를 하는 동안에 활용할 문서 세트에서 "정확한 문서"를 찾을 수 있도록 학생들을 도와준다.

유-2 길잡이

입문기 독자들을 위한 파워포인트 자료 찾기

이제 막 읽기를 시작했거나 입문기에 있는 독자들에게는 적절한 자료를 찾는 것이 어려울 수 있다. 특히 비소설은 더욱 그렇다. 웹 브라우저에서 다음과 같은 것을 찾아보기 바란다.

"(프로젝트와 관련된 단어) + PowerPoint"

예를 들면:

"서식지 + PowerPoint"

또는

"북극 곰 + PowerPoint"

이와 같이 하면 교사가 제시한 주제와 관련된 흥미 있는 파워포인트 슬라이드를 많이 찾을 수 있을 것이다. 이러한 파워포인트 슬라이드들은 문서와 호기심을 유발하는 영상들이 조합되어 있다. 만약, 그 수준이 글을 읽는 학생들에게 너무 어렵다면, 문서를 보다 적절하게 학생들의 수준에 맞추어 편집할 수 있다. 프린트하였을 때는 이러한 파워포인트들이 학생들을 위한 비소설 '책'으로서 역할을 한다. 수준이 높은 독자들을 위해 파워포인트 원본을 저장해 놓는다. 이렇게 하면, 교사는 하나의 주제에 대해 다양한 독서 수준에 따라 두 개의 비소설 '책'을 갖게 되는 것이다.

게시판 문서 세트 자원에 대한 온라인 자료

교사는 위키(Wiki)와 같은 공유된 작업 공간에 게시하기 위하여 인터넷에서 자료들을 찾아 '디지털 문서 세트'를 만들 수 있다. 초등학교 고학년 학생들은 이러한 자료에 접근할 수 있다. 저학년 학생들을 위해서는 이러한 자료들을 인쇄하여 교실에 있는 문서 세트 상자에 넣어 나누어줄 수 있다. 다음은 교사들이 추천한 몇몇 웹사이트들이다:

비소설 읽기:

- **biguniverse.com**—**Big Universe learning** (사용료 있음) 온라인 일기 및 쓰기 커뮤니티
- **en.childrenlibrary.org**—국제적인 학생 디지털 도서관

비소설 인쇄용 파워포인트:

- **tes.co.uk/teaching-resources**—TES Connect 교사들을 위한 많은 자료 확보. ESL 교육연구소의 후원을 받음. 영국의 유명 교육 출판사.

지도:

- **nationalgeographic.com/xpeditions/atlas**—National Geographic Xpeditions Atlas
- **infoplease.com/atlas**—InfoPlease는 지도, 지역정보, 통계 등을 보유

시:

- **poetryfoundation.org**—Poetry Foundation(시 재단)이 보유한 문서, 뉴스, 논문 등의 검색 가능
- **poets.org**—미국 시인협회에서 운영하는 시인, 시, 주제 등의 문서 보유

영상 이미지:

- **nationalgeographicstock.com**—National Geographic stock photos
- **worldimages.sjsu.edu**—캘리포니아 주립대학교 WorldImages 데이터베이스
- **corbisimages.com**—Corbis Images 기록보관소 (워터마크 무료 인쇄)
- **timelifepictures.com**—미국 역사에 대한 Time & Life Magazines의 사진

원자료 문서와 일지:

- **gilderlehrman.org**—미국 역사에 대한 Gilder Lehrman Institute
- **memory.loc.gov**—미국 국회 도서관 기념 프로젝트
- **chroniclingamerica.loc.gov**—미국 국회 신문 기록보관소

미술 작품:

- **artcyclopedia.com**—Artcyclopedia는 광범위한 검색용 데이터베이스임
- **abcgallery.com**—Olga의 갤러리는 많은 검색용 자료를 소장하고 있음

학생 사전 목록:

- **kids.britannica.com**—어린이용 브리태니카 사전(사용료 있음)

"프로젝트 개요" 양식 점검하기

이 장을 거쳐 오면서 프로젝트를 기록하기 위해 프로젝트 개요 양식을 사용했다면, 지금까지 다음 정도는 양식에 채워졌어야 한다:

프로젝트 개요 1쪽

프로젝트 이름			**기간:**
과목/코스		**교사:**	**학년:**
다른 과목과의 연계(옵션)			
프로젝트 아이디어 주요 이슈, 도전 사항, 탐구, 시나리오, 문제에 대한 요약:			
탐구 질문			
내용의 성취기준 (교수와 평가를 위한)			

DONE

21세기 기술 (교수와 평가를 위한)	협력	☐	기타	☐
	의사소통 능력(구두 발표)	☐		☐
	비판적 사고력/문제 해결력	☐		☐

주요 결과물과 수행물	**집단**		**발표 청중** ☐ 학급 ☐ 학교 ☐ 지역사회 주민 ☐ 전문가
	개인		

프로젝트 개요 2쪽

탐구의 시작과 학생 활동 개시를 위한 **도입 활동**	

평가	**형성평가** (프로젝트 수행 도중)	퀴즈/시험	☐	프레젠테이션 연습	☐
		학습저널/학습일지	☐	메모/기록	☐
		사전계획/개관/원형(프로토타입)	☐	체크리스트	☐
		초고	☐	개념지도	☐
		온라인 시험/교실 시험	☐	기타: ________	☐
	총괄 평가 (프로젝트 완료 후)	평가기준표에 비추어본 기록된 결과물: ________	☐	평가기준표에 비추어본 기타 결과물/수행물: ________	☐
		평가기준표에 비추어본 구두 발표:	☐	동료 평가	☐
		선다형/단답형 시험	☐	자기 평가	☐
		논술 시험	☐	기타: ________	☐

DONE

필요한 자료	**현장 인력/시설**	
	장비	
	자료:	
	지역사회 자원	

반성적 사고 방법	**개인/집단/학급 전체**	학습저널/학습일지	☐	포커스 그룹	☐
		학급 전체 토의	☐	동료 모델(fishbowl) 토론	☐
		조사	☐	기타:	☐

제6장 "프로젝트를 위한 유용한 자료"에서 "피자 가게와 일의 세계" 우수 프로젝트로부터 나온 완성된 프로젝트 개요 양식을 볼 수 있을 것이다.

제자리! 준비! 달려! — 이제 교사가 준비한 프로젝트를 어떻게 관리할 것인지를 논의할 시간이다. 프로젝트를 교사가 어떻게 관리하는가에 대한 상세하고도 매일 매일의 모습을 얻고 싶으면, 이 장 뒤에 이어지는 "PBL 운영하기: 자화상"을 읽기 바란다. 제4장 "프로젝트 운영하기"에는 안내와 도구 및 조언들이 포함되어 있다.

현장 교사로부터의 조언

자신의 계획을 돌에 새기지 마라

자신의 프로젝트 계획의 세세한 내용까지 너무 집착해서는 안 된다. 즉, 융통성을 부여해야 한다. PBL을 결코 완전하게 예측할 수 없기 때문에 프로젝트가 취하는 경로는 어느 정도까지는 변경할 수 있다. 교사는 프로젝트의 방향을 조정할 필요가 있음을 보게 될 것이고, 학생들도 일부 결정에 의견을 제시하고, 일정에 영향을 줄 수 있는 독자적인 선택을 할 것이다. 또한, 학생들은 프로젝트를 늦추면서 교사가 예상하지 않았던 정보를 필요로 하거나 도움을 요청할 것이다.

PBL 운영하기:
자화상

제4장 "프로젝트 운영하기"로 넘어가기 전에, 잠시 실제 교실 현장에서 프로젝트가 어떻게 구현되는지 살펴보자. 이어지는 이야기는 가상의 상황이다. 초등학교 2학년이 1학년 및 유치원의 특징을 공유하기 때문에 2학년 학생들의 프로젝트를 선정하였지만, 고학년 교사들도 자신의 교실에서 이것이 어떻게 적용될 수 있을지 살펴볼 수 있을 것이다. 이 학교는 부분적으로 통합된 PBL을 사용하며, 대부분 오후 시간에 진행되는 과학과 사회 수업에 초점을 둔 프로젝트이지만, 경우에 따라 소리 내어 읽기나 교사의 지도에 따라 읽기와 쓰기 수업을 하는 오전 영어 시간에 PBL을 사용하기도 한다.

프로젝트: 우리의 동물 친구들 만나기

장소: 미국의 모든 장소

세부 사항: 초등학교 2학년, 과학과 국어, $3\frac{1}{2}$주

아이디어와 결과물: 학교 홈페이지에 탑재될 학교 근처에 사는 야생 동물에 대한 글과 그림 만들기

요구되는 성취기준:

- 동물들을 분류하고 동물 그룹 간에 비교하고 대조하기(예를 들어 곤충, 새, 물고기, 포유류 등)와 동일한 그룹 내의 동물들이 서로 더 비슷한지 다른 그룹 내의 동물들과 더 비슷한지 살피기
- 유기체의 서식지가 어떻게 유기체의 기본적인 필요를 충족시키는지 밝히기
- 동물들의 행동과 신체적 적응이 동물의 생존을 어떻게 도와주는가에 대해 조사하고 이해하기

탐구 질문: 우리 학교 근처에 사는 동물에 대해 사람들에게 알리기 위한 학교 홈페이지를 어떻게 만들면 좋을까?

프로젝트 착수하기(1~2일)

교사의 첫째 날과 둘째 날의 목표는 프로젝트를 소개하고, 학생의 흥미와 질문을 유발하며, 주제에 대한 지식을 쌓는 것이다.

교사는 4월의 어느 월요일 점심 식사 후 프로젝트를 시작했다. 교사는 2학년들에게 "우리 학교 근처에 얼마나 다양한 야생 동물들이 살고 있을까?"라는 질문으로 시작하였다. "야생"이라는 단어의 의미와 "근처"라는 용어가 어느 정도의 거리를 뜻하는지에 대한 토론이 끝난 후에, 학생들은 동물들의 이름을 말하기 시작했다. 학생들은 처음에는 조류와 설치류 등을 언급하였으나 학생들이 1학년 때 배웠던 사실 즉, 거미류와 곤충류도 "동물"이라는 것을 재확인한 후 거미류, 곤충류까지로 학생들의 답변이 확장되었다. 교사는 "함께 찾아보자! 우리는 학교 근처 동네를 걸어 볼 겁니다. 나는 여러분이 가능한 한 다양한 동물들을 찾으려고 노력하기를 바래요."라고 말했다. 교사와 학생들은 둥지, 거미줄, 땅다람쥐 구멍, 깃털과 분비물 등 어떤 동물의 증거를 찾아야 할지 이야기했다. 교사는 학생들에게 각각 "동물/증거"라고 T자로 쓰인 차트를 클립보드에 끼워주고, T차트를 어떻게 사용하는지에 대한 예시를 문서 카메라(실물화상기)로 보여주었다.

스키너 교장 선생님으로부터

친애하는 학생들,

저는 여러분이 우리 학교 홈페이지에 새로운 무언가를 올렸으면 합니다! 사람들에게 우리 학교 주변의 공동체에 대해 말해주었으면 합니다. 저는 사람들이 궁금해하는 것 중 하나가 "우리 학교 근처에 어떤 동물들이 살까?"라고 생각합니다. 저는 여러분의 학급이 동물에 대한 글과 그림을 이용하여 우리 학교의 홈페이지에 새로운 페이지를 만들었으면 합니다.

여러분이 기억하듯이 우리에게는 우리 학교와 매우 다른 곳에 위치한 자매학교가 있습니다. 자매학교의 2학년 학생들도 그 학교의 홈페이지에 똑같은 웹페이지를 만들 것입니다. 자매학교 친구들이 여러분이 만들 웹페이지를 보게 될 것이기 때문에 이 일을 잘 해내는 것은 중요합니다! 3주 뒤에 여러분이 만든 웹페이지를 제게 보여주세요. 감사합니다.

진심을 담아,
스키너 교장 선생님

산책을 하는 도중에 학생들은 근처의 공원에 들러 그들이 관찰한 것을 글과 그림으로 기록하였다. 교사는 학생들이 공책에 적은 것을 검토하고, 추가 질문을 하고, 제안을 하면서 지도하였다.

다음날 오후, 교사는 교장 선생님으로부터 온 메모를 학생들에게 보여주며 소리 내어 읽었다.

학생들이 학교 홈페이지를 본 적이 있긴 하지만, 교사는 학생들에게 스마트 보드로 학교 홈페이지를 다시 보여주었다. 교사는 길 건너에서 바라본 학교의 사진과 짤막한 설명만 담겨있는 "우리 공동체"라는 섹션을 클릭하여 보여주었다. 다시 홈페이지로 돌아와서 교사는 자매학교의 링크를 클릭했고, 자매학교의 홈페이지를 열었다. 자매학교의 홈페이지는 매우 다른 공동체에 대한 비슷한 섹션을 가지고 있었다. 그 후 교사는 잠시 멈춘 후, 말려있는 커다란 차트 종이를 집어 교실 앞에 테이프로 붙여서, 탐구 질문이 드러나도록 하였다.

우리 학교 근처에 사는 동물에 대해 사람들에게 알리기 위한 학교 홈페이지를 어떻게 만들면 좋을까?

교사는 "이것이 우리가 이 프로젝트를 하면서 답하게 될 질문입니다."라고 말하고 질문을 큰 소리로 읽었다. 학생들에게 프로젝트에 관해 궁금한 것을 질문하도록 독려하면서 교사는 학생들이 현장 체험 학습을 계속할 것이고, 인터넷을 사용할 것이며, 기술 교과 선생님과 함께 디지털 카메라로 사진을 찍고 홈페이지에 올릴 것이라고 이야기함으로써 학생들이 관심을 가지도록 하였다.

동네를 걸으면서 작성했던 클립보드를 학생들에게 다시 나누어준 후, 교사는 "생각을 짝과 나누기" 토론을 진행하였다. 학생들은 자신들의 노트와 그림을 본 다음, 짝을 이루어 짝과 함께 산책을 하면서 보았던 것에 대해 이야기를 나누고, 궁금한 질문을 만들도록 하였다. 이후 교사는 학급 전체가 함께 "알고 있는 것(Know)/알고 싶은 것(Want to Know)/알게 된 것(Learned)"(KWL) 차트를 작성하는 것을 지도하면서 학급 전체 학생들이 관찰한 것과 질문들을 공유하도록 하였다. 학생들은 자신들이 지역의 동물에 대해 알고 있는 것(K)과 알고 싶은 것(W)에 대한 리스트를 작성하였고, 세 번째 칸을 공백으로 남겨 프로젝트를 진행하면서 학생들이 알게 된 것(L)을 기록하도록 하였다. 한 여학생은 나무에 있었던 새의 둥지에 대해 본 것을 바탕으로 토론을 시작하였다. 교사는 그 여학생이 새의 둥지에 대해 "아는 것"에 대해 물어보았다. 그 학생은 "어떤 새들은 나무에 둥지를 틀지만, 어떤 새들은 건물에 둥지를 튼다"고 말하고(K), 어떠한 종류의 새가 나무에 둥지를 트는지 알고 싶어하였다(W). 학생들이 직접 관찰한 것과 더불어, 어떤 학생들은 곤충이나 거미와 같이 건물이나 땅에 "숨어 있는" 동물들도 포함해야 한다고 주장하기도 하여, 동물 목록은 직접 관찰한 것 이상으로 확대되었다. 어떤 학생들은 개구리, 도롱뇽, 거북이, 뱀이 그리 멀지 않은 곳에 있다는 것을 알고 있었기 때문에 그러한 것들도 동물 목록에 포함되었다. 교사는 학생들이 홈페이지에 올리고 싶어하는 동물들의 이름을 종이에 적어 주머니 차트에 붙였다.

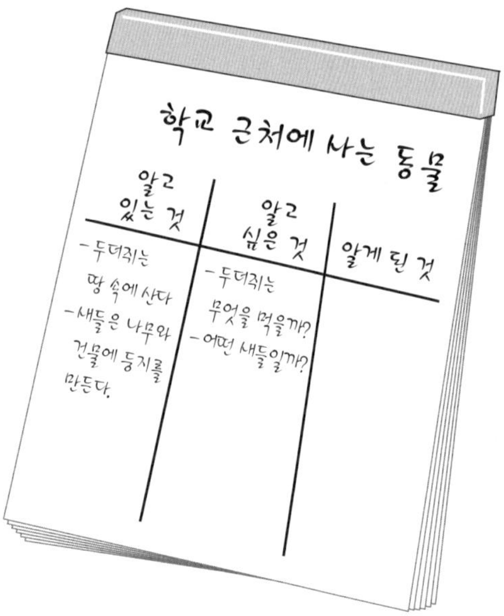

일반적인 지식 쌓기(3~6일)

이어지는 다음 며칠간, 교사는 학생들이 동물에 대한 일반적인 지식을 쌓는 것을 문해력을 강화시키는 활동과 결합시켰다.

셋째 날, 교사는 각 학생에게 연구 공책을 주었다. 연구 공책은 안쪽에 2칸으로 나뉘어있고, "내가 알고 싶은 것"과 "내가 알게 된 것"을 적도록 되어있는 여러 장의 종이로 이루어진 폴더이다. 교사는 왼쪽에는 동물에 관한 질문을 기록하고, 오른쪽에는 알게 된 것에 관한 메모를 적고 그림을 그리고 사진을 첨부하는 연구 공책 사용법에 대한 시범을 보여주었다.

오후에 있는 "프로젝트 작업 시간"에, 교사는 동물의 서식지와 적응에 대한 정보와 지역의 동물에 대한 다양한 자료들이 적혀 있는 프로젝트 "읽기 자료 세트"를 학생들의 탁자 위에 놓아두었다. 동물에 대한 자료에는 다양한 물체(예를 들어 깃털, 알, 다람쥐가 씹어 놓은 솔방울)와 그것들에 대해 적힌 설명, 소설과 비소설 서적들, 동네의 지도, 시, 사진, 그림, 신문기사 발췌문, 웹사이트, 어린이용 백과사전 등이 있었다. 그런 자료들에서 학생들의 호기심을 유발할 만한 몇 개의 예시를 보여준 후, 교사는 학생들에게 '조용히 책 읽기' 시간에 읽기 자료 세트 중에서 자신이 읽고 싶은 것을 선택하도록 하였다. 읽기 자료 세트를 살펴보면서 학생들은 자신들의 연구 공책에 적혀있는 "알고 싶은 것"(W)과 "알게 된 것"(L)을 찾은 경우 질문과 답을 기록하였다.

오전에 있는 '독자 워크숍'시간에 교사는 학생들이 주제에 대한 더 많은 지식을 얻도록 돕는 소리 내어 읽기 책과 안내된 독서 책을 포함시켰다. 그 책들은 2학년 과학 성취기준과 관련된 동물의 특성과 서식지에 대한 지식과 개념들로 구성되어 있다. 교사는 점진적으로

학교 근처에 사는 곤충, 새, 거미와 작은 포유류 등에 관한 더욱 구체적인 읽기 자료들을 포함시켰다.

교사는 교실 벽에 "동물(Animal), 적응(Adaptation), 이익(Advantage)"라고 제목을 붙였고 각 제목 아래에 학생들은 관련된 글과 그림을 기록하기 시작하였다. (예를 들어, 학생들은 "동물—회색 다람쥐; 적응—앞니가 길다; 이익—딱딱한 음식을 씹을 수 있다"라고 적었다.)

교사는 짧은 과학 수업을 통해 학생들이 성취기준에 제시된 주제에 관련된 지식을 쌓도록 하였다. 교사는 학생들이 KWL 차트에 적어놓은 질문과 수업을 연결시켰다. 예를 들어, 학생들에게 다양한 종류의 서식지에 대한 적응을 가르치기 위하여 땅다람쥐를 예로 제시하였다. 학생들은 땅다람쥐가 입주머니에 음식을 어떻게 넣어 운반하는지(구조), 어떻게 위험의 출현을 목소리로 소통하는지(행동), 겨울에 살아남기 위하여 어떻게 겨울잠을 자는지(생리) 배웠다. 오후 시간에 있는 학급 전체 토론 시간 때마다 학생들은 그들이 배운 것을 KWL 차트에 인용하거나 덧붙이면서 기록하였다.

학생들이 동물에 대한 보다 깊이 있는 조사에 착수하게 될 프로젝트의 다음 국면을 준비하기 위해 교사는 학부모들에게 편지를 보냈다. 편지를 통해 프로젝트에 대해 설명하고, 학부모들이 발표회 때 참석하도록 초대하였으며, 학부모들이 학생들의 숙제를 도와주도록 요청하였다. 교사는 학부모들에게 그들의 자녀가 어떤 특정 동물을 연구하고 있는지 물어보고, 그것을 관찰할 때 학부모가 해줄 수 있는 도움을 주도록 부탁하였다. 예를 들어, 만약에 자녀가 뒷마당이나 공원에 있다면 땅다람쥐 구멍을 찾거나, 새를 찾아서 연구 공책에 기록하도록 하였다. 또한, 교사는 학급 홈페이지에 그 편지를 게시했고, 학부모들에게 지속적으로 프로젝트의 최신 소식을 전달하였다.

모둠과 과제 조직하기(6~7일)

이 프로젝트에서의 첫 주의 마지막에 교사는 학생들이 자신의 초점을 좁혀나갈 준비가 되었다는 것을 알 수 있었다. 학생 관찰과 학생들이 이해하고 있는지를 확인할 수 있는 다른 방법들을 통해 교사는 학생들이 각자 웹페이지에 올릴 하나의 특정 동물에 대해 더 깊은 연구를 할 만큼 그 주제에 대한 충분한 일반적인 지식을 갖추었음을 확인하였다. 교사는 모둠을 구성하고, 협력을 위한 규범을 세우며, 연구를 시작하는 것을 둘째 주의 목표로 삼았다.

교사는 4명씩 6개의 모둠을 구성하도록 계획하였다. 교사는 학생들이 작성한 주머니 차트에 배치한 동물의 목록을 살펴본 후 이를 곤충류, 조류, 거미류, 파충류, 양서류, 포유류의 6개 범주로 분류하였다. 교사

는 차트의 제목으로 붙일 이름표를 만들고, 학교 주변에는 오직 몇몇 종류만 있기 때문에 파충류와 양서류를 하나의 모둠으로 합쳤다. 둘째 주 월요일의 프로젝트 시간이 거의 끝나갈 무렵에, 교사는 5종류의 동물에 대한 주머니 차트를 게시했고, 학생들에게 모둠을 이루어 이 중 한 종류의 동물에 대해 연구하여 웹페이지를 작성할 것이라고 말했다. 교사는 학생들에게 "투표 용지"를 나누어주고, 선택하고 싶은 순위를 매기도록 하고, 화요일에 모둠을 발표할 것이라고 하였다. 그 결과 많은 학생들이 조류를 선택했고 주변에 다양한 새들이 있었기 때문에 2개의 조류 모둠을 만들었다. 교사는 도움을 더 필요로 하는 모둠원들이 적절한 지원을 받도록 균형 있게 모둠을 구성하였다.

화요일에 교사는 모둠을 발표하고 모둠별로 책상에 앉도록 한 후 모두 함께 잘 일하는 것이 얼마나 중요한지 설명하였다. 교사는 각 모둠은 웹페이지에 무엇을 포함시켜야 할지에 대한 중요한 결정을 해야 한다고 설명하였다. 학생들은 어떤 동물들로 페이지를 구성할지, 그리고 모둠원 중 누가 각 파트에서 책임을 맡을지 결정해야 했다. 교사는 각 모둠원들의 아이디어를 경청하고 모둠으로서 결정을 내려야 하기 때문에 협동심이 요구된다고 이야기하였다. 교사는 "모둠원들이 함께 잘 일하는 것이 어떤 모습이고, 어떤 이야기가 오고 가는가?"라는 주제에 대해 학급 전체 토론을 하도록 하고, 주제에 대한 학생들의 의견을 칠판에 열거하였다. 학생들은 "모든 학생들이 누군가가 이야기할 때 잘 귀 기울여 듣는다", "모든 학생들이 해야 할 일을 한다", "누구도 일을 어지럽히지 않는다"와 같은 협력을 위한 규범의 예를 제시하였다.

교사는 스마트 보드에 협력 기술에 관한 평가기준표를 제시하고 학생들에게 읽어주면서 토론을 바탕으로 추가할 것이 있는지 물었다. 몇 가지를 수정하고 추가한 후에 교사는 "예시를 가지고 이러한 협력 기술을 사용하는 것을 연습해 봅시다"라고 말했다.

교사는 모둠 과제로 모둠 계약서를 작성하는 것을 이용하여 협력 기술을 사용하는 시범을 보이기 위한 어항 토론을 계획하였다. 교사는 방의 중앙에 위치한 탁자에서 진행될 어항 토론에 참여할 각 모둠의 대표자를 뽑도록 하고, 남은 학생들을 관찰자로서 둥그렇게 어항 주위에 앉혔다. 교사는 관찰자들에게 평가기준표를 활용하여 어항 모둠이 함께 잘 활동하는지에 대한 증거를 찾도록 하였다.

교사는 어항 토론 활동을 다시 설명하였다. 교사는 어항 모둠에게 그들이 모둠 활동을 할 때 지켜야 할 사항들에 대한 계약서를 작성하는 과정을 시범 보이도록 하였다. 한 학생이 진행자로 또 다른 학생은 기록자로 임명되었다. 교사는 벽에 적혀있는 모든 소그룹 활동을 할 때 사용되는 역할에 따른 임무 목록을 가리키면서 각 역할에 따른 임무를 재확인시켰다. 교사는 특히 진행자는 "밀어붙이는 지도자"가 되기보다는 "모둠이 집중하도록 돕는 역할"을 해야 한다고 말하였다. 어항 모둠은 다음과 같은 단계를 따랐다.

1. 학급 토론에서 나온 협력에 관한 규범 목록 검토
2. 다른 규범을 추가해야 할지에 대한 토론
3. 모둠원이 원한다면 1~2개의 추가적인 규범 결정
4. 규범에 대해 "우리는 ~할 것을 약속합니다."와 같은 진술문으로 계약서 작성
5. 계약서에 이름을 적고 서명

이후 교사는 관찰자 역할의 학생들이 관찰한 협력 기술에 관해 토론하고 과제에 대해 확인 질문을 하는 토론을 진행하였다.

각 모둠은 자신들의 탁자로 돌아왔고, 교사는 학생들이 작성하게 될 모둠 계약서 양식을 나눠주었다. 또한 각 모둠은 파란색의 "기록자" 카드와 빨간색의 "진행자" 카드를 한 장씩 받았다. 교사는 각 모둠의 기록자와 진행자를 정하고, 그 학생들이 자신들의 카드를 각자 자리 앞에 두어 모둠원들의 결정을 보여주도록 하였다. 각 모둠은 어항 모둠이 보여준 과정을 반복하였고, 규범에 동의하면서 계약서를 작성하고 서명하였다. 만약 한 모둠이 다른 모둠보다 먼저 끝내면, 교사는 학생들에게 프로젝트 읽기 자료 세트에서 하나의 항목을 선택하여 조용히 읽도록 하였다. 교사는 교실을 돌며 모둠들과 의논하고, 계약서를 재확인하였다.

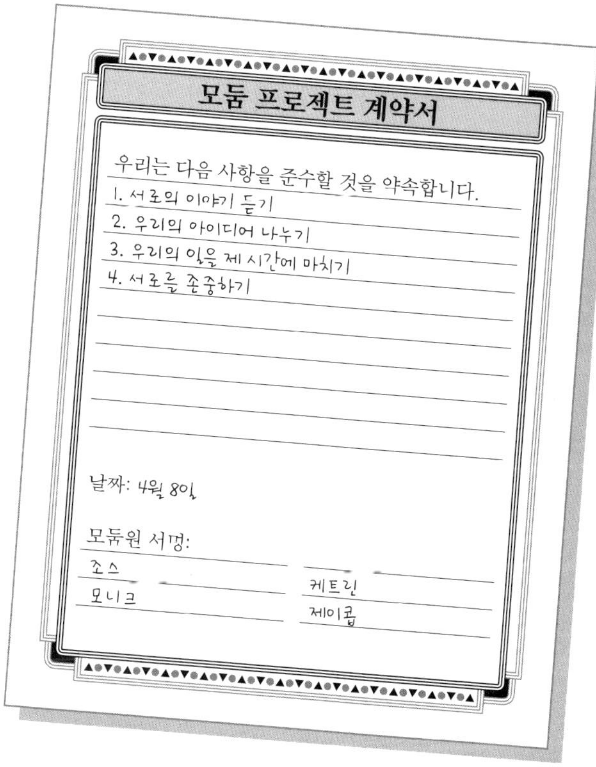

모둠 프로젝트 계약서

우리는 다음 사항을 준수할 것을 약속합니다.

1. 서로의 이야기 듣기
2. 우리의 아이디어 나누기
3. 우리의 일을 제 시간에 마치기
4. 서로를 존중하기

날짜: 4월 8일

모듐원 서명:

조스　　케트린

모니크　　제이콥

나머지 프로젝트 기간 동안 교사는 각 모둠 내의 단결력과 독립성을 기르기 위한 전략을 계속해서 펼쳤다. 예를 들어, 모둠의 첫 번째 과업은 각 모둠의 동물과 관련된 모둠 모토를 정하는 것이다. 교사는 정기적으로 어항 모둠을 진행하고, 몇 가지 모둠 협력 활동을 포함시키고 각 모둠 및 전체 학급과 학생들이 그들의 협력 규범을 잘 지키고 있는지에 대해 지속적으로 상담하였다. 모둠 내 효과적인 의사소통 능력을 향상시키기 위한 학생들이 가장 좋아하는 모둠 협력 활동의 하나는 이야기 만들기 활동이다. 이 활동은 교사가 잘라진 만화 장면 쪽지를 나눠주고 학생들로 하여금 무작위로 부분을 그리도록 하고, 모둠이 함께 협동하여 만화를 순서에 맞게 재배열하는 것이다. 이러한 활동이 끝난 후 학급은 모둠 내의 모둠활동, 의사소통 능력, 비판적 사고력, 문제 해결력의 역할에 대해 토론하였다.

집중 탐구와 구체적 내용 지식(7~11일)

학생들의 모둠이 구성되고 협동할 준비가 되었기 때문에, 교사는 특정 동물에 대한 질문에 답을 찾아가는 것을 지도하였다. 교사는 탐구 과정에서 학생들이 필요로 하는 도구를 제공하고, 관련된 성취기준과 연계된 특정 과학 주제에 관한 강의와 읽기 활동 과제를 진행하였다.

이제 학생들은 웹사이트에 올리려고 하는 구체적인 동물이 무엇인지와 그 동물에 대해 무엇을 알아야 하는 지의 두 가지 사항에 집중해야 할 시점이다. 교사는 프로젝트의 완성을 위한 타임라인을 정하기를 원하였고, 그래서 학생들에게 스마트 보드에 있는 프로젝트 달력을 보여주었다. 그 달력에는 웹페이지 원고의 초안과 그림, 웹페이지 계획, 발표 연습과 실제 발표일 등 중요한 체크 포인트가 표시되어 있다. 교사는 학생들이 프로젝트가 어디까지 진행되었는지 알려주기 위해 이 달력을 매일 보여주었다.

교사는 학생들이 학교 근처를 산책할 때 관찰해온 동물 목록을 보여주고, 교사가 동물을 각각의 범주에 넣었다는 것과 정확히 식별하기 힘들었던 몇몇 동물의 정확한 이름을 덧붙였다는 점을 짚어주었다. 각각의 학생 모둠은 10분 동안 모여서 어떤 동물을 웹페이지에 포함시킬지 결정하였다. ('조류' 모둠을 예로 들면, 큰 어치, 까마귀, 찌르레기, 벌새를 골랐고, 또 다른 '조류' 모둠은 다른 종류의 목록을 만들었다.) 학생들은 어떤 모둠원이 어떤 동물을 심도 있게 공부할지, 그리고 누가 웹 사이트에 올릴 그 동물에 대한 그림을 준비할지 등의 "과제 목록"을 작성하였다. 교사는 교실을 걸어다니면서 학생들의 협력 기술과 결정 과정을 지켜보고 필요하면 조언을 주었다.

교사는 학생들에게 그들이 학교 근처를 탐구한 다음에 만든 목록을 보여주었다. 이 목록에는 웹페이지 방문객들이 동물에 대해 알고 싶어하는 것들이 포함되어 있었다. 교사는 학생들에게 목록에 추가하고 싶은 것이 있는지 10분간 논의하게 하였다. 왜냐하면 학생들은 지난 주 동안 주어진 주제에 대한 지식이 늘어나 더 많은 아이디어를 가지고 있었기 때문이다. 교사는 각 동물에 관해 제공되어야 할 정보의 목록을 만들고 모두가 동의하기 위한 학급 전체 토론을 진행하였다. 교사는 학생들이 포함시키고 있는 정보가 2학년 수준의 생물 교과 성취기준에 연계된 주제와 관련되어 있는지 확인하는 데 주의를 기울였다.

예를 들어, 학생들은 "동물의 생김새가 어떤지", "크기가 어떤지" "어디서 사는지"에 대한 정보를 포함시킬 것을 제안하였다. 이들은 각 동물군의 비교와 대조, 서식지, 적응에 관련된 성취기준에 부합했다. 뭔가 빠진 것 같다면 교사는 질문을 던져 학생들이 성취기준에 이르도록 하였다. 예를 들어 계절에 따라 서식지가 어떻게 변하는지에 대해 아무도 말하지 않았다면 "겨울은 어떨까? 겨울엔 동물의 서식지가 변하지 않을까?"하고 물어보는 것이다. 이 질문은 겨울잠, 조금 더 긴 털, 이동 등과 같은 적응과 관련된 의문을 학생들에게 불러일으켰다. 학생들은 아래와 같이 웹페이지에 올릴 각 동물에 대한 정보 목록에 합의하였다.

- 동물의 이름
- 어떻게 생겼는지(색, 크기, 털, 깃털, 피부 등)
- 무엇을 먹는지
- 한 해 동안 계절별로 어디서 사는지(서식지)
- 서식지가 동물 생김새와 동물의 행동에 어떤 영향을 주는지
- 기타 해당 동물에 대해 몇 가지 흥미로운 점들(선택 사항)

며칠에 걸쳐서 교사는 학생들이 웹페이지를 만드는 데에 필요한 정보와 연계된 과학 수업을 진행하였다. 학생들은 이 시간에 집에서 작성한 동물 관찰 일지도 가지고 왔다. 학급은 한 번 더 학교 근처를 살펴보기로 하였는데, 이번에는 학생들의 연구 일지에 적어둔 구체적인 질문을 염두에 두고 학생들이 동물의 서식지와 동물 개체나 동물의 흔적을 관찰할 수 있도록 지도하였다. 기술 교과 선생님이 디지털 카메라로 사진을 찍는 것을 도와주기 위해 동행하였다.

교사는 학생들에게 웹페이지를 위한 글의 초안을 작성하고 그에 관련된 그림을 모으거나 직접 그릴 수 있는 시간을 주었다. 확인 시점마다 교사는 학생들이 자신의 것은 물론 다른 사람의 과제 수행 결과에 대해 동료 평가를 하도록 하였다. 교사는 각 모둠을 찾아가서 의견을 듣고 피드백을 주었는데, 이때 각 모둠은 얼마나 모둠원들끼리 잘 협력했는지 반성하기 위해서 협력 평가기준표와 그들이 작성한 계약서를 이용했다. 모둠별 피드백 시간 때때로, 그리고 프로젝트 전 과정에 걸쳐서 교사는 학생들이 훌륭한 비판적 사고가일 때와 문제 해결가일 때를 짚어주었으며 "소리 내어 생각하기" 과정의 시범을 통해 비판적 사고력과 문제 해결력 등의 사용을 도와주었다.

주제와 관련된 글을 읽고 그에 대해 토론하기 위해 둘러앉아 읽기 시간(literature circle)을 활용하여 문해력을 프로젝트와 통합하였다. 처음에는 교사가 각 모둠에게 할당된 범주 안에 있는 동물들과 관련된 글들을 선택했다. 이후 교사는 간단한 "읽기 자료 요청" 양식을 이용함으로써 모둠이 동물에 대한 자료를 요청할 수 있게 하였다. "읽기 자료 요청" 양식에서 학생들은 원하는 구체적인 정보를 지정할 수 있다. 교사는 양식을 이용하여, 만약 모둠에서 자료를 필요로 한다면 학생들이 그 특정한 자료에 다다를 수 있게 이끎으로써 각 모둠 프로젝트가 얼마나 잘 진척되고 있는지를 평가하였다.

결과물 만들기(11~14일)

학생들이 특정한 동물에 대한 충분한 지식을 얻고 핵심 질문에 대한 답을 연구 노트에 작성한 후 교사는 모둠들이 웹페이지를 만드는 과제에 집중하도록 하였다.

셋째 주의 첫째 날에 교사는 기술 선생님이 글과 사진을 갖고 웹페이지를 어떻게 만들 것인지를 보여주도록 학생들을 컴퓨터실로 데리고 갔다. 교사는 토종 동물에 대해 설명하는 다양한 주립 공원의 웹페이지의 예를 보여준 다음에 학생들이 브레인스토밍을 하고 웹페이지를 어떻게 구성할 것인지에 대한 아이디어를 기록하게 하였다. 학생들은 "읽기 쉽다", "다른 부분들이 있다", "정확하고 흥미로운 정보와 사진들이 있다", "그림에 대한 설명이 있다", "다채롭다", "너무 빽빽하지 않다" 등과 같은 특징들을 말함으로써 "좋은 웹페이지는 어떤 모습일까?"라는 목록을 만들었다. 기술 선생님은 학생들에게 좋은 웹페이지에 관한 평가기준표를 보여주었고, 필요하다면 토의를 통해 평가기준표를 바꿀 수 있게 하였다. 각 모둠은 웹페이지를 만들기 위한 단계를 학생들에게 친근한 용어로 풀어 쓴 설명서를 받았다.

교실로 돌아간 후 교사는 일련의 글쓰기 워크숍을 통해 웹페이지를 위한 글의 최종본을 쓰는 것을 지도하고, 모델링과 적용, 피드백, 수정을 위한 시간을 주었다. 기술 선생님의 도움으로 모둠들은 글과 그림을 웹페이지에 올렸고, 자신들의 작업 결과에 만족할 때까지 평가기준표를 통해 스스로를 점검했다.

발표와 성찰하기(15~18일)

마침내, 모둠들은 발표를 연습할 준비가 되었고, 웹페이지를 교장 선생님, 학부모, 자매학교에 보여주었다. 이러한 궁극적인 이벤트가 끝난 후 교사는 학생들이 프로젝트 과정에서 무엇을 배웠고 어떻게 작업을 했는지 성찰하게 하였다.

이제 학생들의 웹페이지가 완성되었고, 학생들은 작업 결과를 보여줄 준비가 되었다. 교사는 교장 선생님이 교실을 방문하게 하고, 학부모들도 초청하였다. 학생들이 학년 초에 공식적인 자리에서 말하는 기술을 배우기는 했지만, 학생들은 실제 발표에 앞서 연습을 해야 했다. 교사는 재미있는 방식으로 결함이 있는 1분짜리 발표를 시범 보였고, 학생들에게 평가기준표에 맞춰서 교사에게 피드백을 주도록 했다. 그런 다음에 훨씬 나아진 발표를 보여주었고 학생들은 평가기준표에 따라 훨씬 높은 점수를 주었다.

교사는 "발표 계획 양식"을 나눠주어 어떻게 사용하는지 보여주고, 학생들에게 작업할 시간을 주었다. 교사는 모둠을 돌면서 어떻게 발표를 조직하고, 전달 과정을 어떻게 좀 더 매끄럽게 손질해야 할지 알려주었다. 모둠들은 서로를 상대로, 그리고 교실 전체 앞에서 연습을 했고, 일대일로 피드백을 주고 수정을 하며 다음 날까지 이 과정을 계속하였다. 학생들은 약간의 초조함과 홍분감에 휩싸이기 시작했다.

발표하는 날 교실에는 교장 선생님, 기술 선생님과 학부모들이 왔다. 각각의 모둠은 웹페이지를 보여주고 질문에 답했다. 선생님, 청중, 그리고 다른 모둠은 각각의 발표에 대해 평가기준표에 점수를 매겼다. 교장 선생님이 엄지를 치켜든 다음 학생들은 컴퓨터실에 가서 웹페이지를 학교 웹사이트에 업로드하였다.

다음 날 학생들은 자매학교 학생들이 그들의 웹사이트에 무엇을 올렸는지 살펴보고, 각 지역에 사는 동물들이 어떤 점이 비슷하고 어떤 점이 다른지에 대해 토의하였다. 교사는 이 과정을 핵심 과학 개념과 어휘에 대한 학생들의 이해를 확립하는 데에 이용했다.

각 모둠은 마지막으로 한 번 더 만나서 협력에 관한 평가기준표를 다시 살펴보면서 스스로에게 총괄적인 평가를 내리고, 교사에게 모둠의 장점과 개선할 점에 대한 짧은 글을 제출했다. 교사는 잘된 점과 개선할 점을 포함하여 프로젝트의 전반적인 성과에 대해 학급 전체가 성찰하는 프로젝트 브리핑 토론을 진행하였다. 마지막으로, 그 주의 초반에 있었넌 학생들의 요청을 받아들여서, 교사는 공원으로 가는 현장 체험 학습을 계획하였다. 그곳에서 학생들은 점심을 먹고 그들의 프로젝트 종료와 성취를 축하하였다.

제4장

프로젝트 운영하기

이 장의 목표

준비가 다 되었는가? 당신은 프로젝트에 대한 아이디어를 가지고 있고, 그것을 계획하고 준비해왔으며, 이제 그것을 시작할 준비가 다 되었다. 이 장에서는 프로젝트를 어떻게 효과적으로 적용하고 운영할 것인가에 대해 논의할 것이다. 이 장의 목표는 다음과 같다.

- 학급에서 탐구 문화 만들기
- '도입 활동(entry event)' 후에 탐구과정 시작하기
- 협동 기술과 학생 팀 운영 방법 익히기
- 학생들에게 비판적 사고를 어떻게 할 것인가 교수하기
- 형성평가를 활용하고 체크 포인트 설정하기
- 대중 앞에서 프레젠테이션 준비하고 활용하기

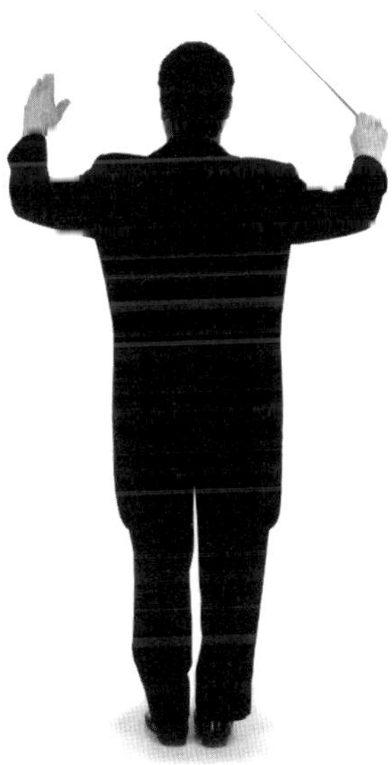

학급에 탐구 문화 만들기

우리가 이야기해 왔듯이, PBL의 가장 중요한 특징 중 하나는 '탐구'이다. 이것은 단지 학생들이 참고문헌 혹은 웹사이트를 참고해서 질문 목록을 제시하는 것 이상을 의미한다. PBL에서 탐구란 학생들이 자기 자신만의 질문을 만드는 것을 의미하는데, 명확한 답은 아닐지라도 학생 스스로 다양한 자료를 사용해서 답을 구하거나 그들이 찾고자 하는 것을 반성적으로 생각하고 보다 깊은 질문을 형성하는 것을 의미한다. 이것은 항상 프로젝트에서 '탐구 질문(driving question)'에 의해 유도된다.

교사는 프로젝트를 설계하고 운영할 때, 학생들에게 탐구시키기 위한 기회를 제공하고 있는지 그리고 그러한 문화를 만들기 위해 노력하고 있는지 다음과 같은 질문을 바탕으로 점검해보아야 할 것이다.

- 나는 학생들에게 그들 자신들만의 조사 질문을 생산하도록 허락하고 있는가?
  학생들과 '탐구 질문'을 나누어 갖고 프로젝트를 시작한 후에, 그것과 관련된 다른 질문들을 브레인스토밍해 보라. 학생들은 프로젝트를 전개하고 그 주제(topic)에 관한 배경지식을 형성하기 시작할 때, 그들 자신만의 질문으로 이러한 목록을 다듬을 수 있다. 학생들은 종종 PBL에서 극도의 흥미를 발전시키고 그것들을 탐구한다.

- 나는 학생들에게 지금 하고 있는 프로젝트가 전면적으로 열려있다는 것을 인식시키고 있는가?
  어떤 교사들은 탐구를 용이하게 하기 위한 시도로서 사전에 결정할 수 있는 안(path)을 제한하는 쪽으로 유도하는 경향이 있다. 왜냐하면 그것이 프로젝트를 보다 통제하기 용이하게 보이기 때문이다. 학생들은 그들이 프로젝트 과정에서 주어진 주인의식에 반하는 통제가 주어질 때 아주 민감하게 느낀다. 여러분의 언어와 행동으로 그 프로젝트는 창의성이 충분히 허용되는 융통성 있는 것이라는 것을 분명히 알려라. 만약 학생들이 어떤 방향으로 프로젝트를 이끌어 가기 원하면서 여러분이 예상하지 못한 문제를 제기한다면 핵심적인 준거에 터한 것일 경우 그대로 허용해야 한다.

- 나는 탐구를 위한 많은 조사 방법과 정보 자료들을 사용하도록 코치하고 있는가?
  여러분이 프로젝트를 할 때 학생들로 하여금 인터뷰, 관찰, 조사, 조망(viewing), 실험 및 비판적 글 읽기 등과 같은 도구들을 사용하도록 설계하라. 학생들이 다양한 자료들로부터 얻은 것들을 종합하고 그 결과 창의성과 비판적 사고가 나올 수 있도록 코치하라.

■ 나는 학생들에게 궁금해하도록 하고, 조사하도록 하고 그리고 학습 집단과 그것을 공유하도록 하는 기회를 주고 있는가?

탐구는 학생들이 친구들과 함께 이야기를 나눌 때 그리고 교사가 학습 도우미로서 학생들과 대화할 때 더 잘 이루어진다. 학생들은 그들이 탐구할 문제를 토론하고 노트한 것과 결론을 비교하고 경험을 나누고 새로운 질문을 만들고 나눌 때 자신들의 사고가 더 넓어지고 깊어진다.

협동적 탐구로도 학생들의 흥미와 집중을 이끌어낼 수 있다. 학생들에게 다른 사람들의 아이디어를 듣고 또 집단의 이해에 기여하는 것이 매우 중요하다는 것을 주지시켜라.

■ 나는 학생들이 프로젝트를 통한 학습 내용에 관하여 반성적으로 생각할 기회를 주고 있는가?

반성적 사고는 탐구 과정에서 필수적인 부분이 되어야 한다. 프로젝트를 하는 동안 마지막 단계에서뿐만 아니라 중간중간에 자신들의 질문, 그들의 조사 전략 및 결론들을 멈추고 되돌아 볼 수 있는 시간을 주어라. 학생들에게 그들이 행한 것, 그리고 필요할 경우 새로운 결과물을 관찰하고 평가하도록 하라.

현장 교사로부터의 **조언**

PBL을 위한 자신만의 공간을 확보하라

프로젝트 작업을 원활히 하고 프로젝트 과정을 보여주기 위한 교실 공간을 확보하라. 학생들이 협동 작업을 하고, 조사를 하고, 자료를 공유하고, 미니 수업(lesson)에 참여하고, 결과를 만들어 내고, 프레젠테이션을 제작하는 등의 모습을 상상해보라.

PBL 교사들은 다음과 같은 사항을 권장하고 있다.

- 나누어진 공간 배열을 더욱 쉽게 활용하기 위하여 학생 팀별 테이블 배정표를 만들어 활용하라.
- 교실에서 컴퓨터를 유용하게 활용하라.
- 만약 미니 수업이나 동료 모델링 연습을 위해 당신 주위에 학생들 팀을 둥글게 앉도록 하고 싶다면 교실 공간을 트고 카펫을 하나 마련하라.
- 프로젝트를 위한 자료들을 한 공간에 두고 쉽게 접근할 수 있도록 조직하라.
- 탐구 질문, 알아야 할 것, KWL 리스트, 프로젝트 추진 일정, 용어/개념 게시판, 팀 작업을 위한 지시, 팀 협동을 위한 규칙, 평가기준표 등과 같이 중요한 문서들은 벽에 붙여두라.
- 팀 대표자들과 함께 언제, 어디서 만날 것인지 작은 표를 만들어 붙여두라.

참고: 어떤 교사들은 프로젝트 수업을 계획할 때 학생들을 참여시키기도 한다. 심지어 그들에게 프로젝트 계획을 설계하도록 하여 제출받을 수도 있다.

도입 활동 후에 탐구 과정 시작하기

도입 활동을 마치고 프로젝트의 완성을 향하여 학생들을 출발시킬 필요가 있다. 프로젝트 출발 "단계 2"의 기본적인 목표는 해당 주제와 학생들의 과제에 관하여 그들의 질문과 아이디어들을 양산해내는 것이고 이로써 탐구 과정을 시작하게 된다. 또한 학생들의 목표와 프로젝트의 일반적인 계획에 대해 친숙해질 필요가 있다.

도입 활동 후, 다음과 같은 단계로 탐구 과정을 시작하면서 가속도를 내도록 하라:

1. 학생들과 '탐구 질문'을 나누거나 아니면 학생들에게 교사와 함께 그것을 적도록 하라.

2. 학생들에게 프로젝트의 궁극적 결과물에 대해 일반적인 용어로 말하고 프레젠테이션하라.

3. 학생들이 프로젝트 주제, '탐구 질문' 그리고 그들의 과제와 관련된 질문과 아이디어를 만들어내도록 토론을 유도하라. 학생들이 이미 준비되었다고 생각한다면, 프로젝트를 완성하기 위해서 그들이 알 필요가 있다고 생각하는 바에 초점을 두라. (아래 '알아야 할 것'에 관한 구조화된 토론을 이끄는 방법 내용을 참조하라.)

4. 프로젝트의 이론적 세부 사항을 구두 혹은 유인물로 설명하라. 만약 당신이 팀 별 작업으로 프로젝트를 시작할 계획이라면 학생들에게 누구와 함께 작업할 것인지 알도록 하라. 만약 학생 수준이 팀별로 적절하다고 판단되면 학생들에게 목표 마감일이 적힌 달력, 체크 포인트 및 주요 행사를 보여줘라.

'알아야 할 것'에 관한 구조화된 토론을 이끄는 방법

'알아야 할 것'에 관한 목록을 만듦으로써 프로젝트 출발선상에 있는 학생들에게 자신들의 과제에 관한 아이디어를 얻도록 도와주고, 탐구 활동을 할 때 가이드라인을 제시할 뿐 아니라 과제에서 멀리 나갔을 때 체크할 수 있는 기준을 제공해줄 수 있다. 그것은 고학년에서 보다 효율적인데, 그들이 프로젝트를 하면서 '알 필요가 있는 것'에 관한 사고를 분별할 수 있도록 도와주기 때문이다. (116쪽의 "유-2 길잡이"에 제시된 KWL 활용 형태에 관한 조언을 참고하라.)

2. 플립 차트(flipchart)나 칠판에서 혹은 컴퓨터 프로젝터에서 대부분 사람들은 또한 '우리가 알아야 할 것이 무엇인가'라는 말을 사용하는 것을 볼 수 있다.
   팁: 학년 수준이 적절하다고 판단되면 자원하는 학생들에게 프로젝트를 시작하면서 '알아야 할 것'을 나열하도록 하라.

3. 학생들이 궁금해하는 모든 아이디어와 질문들을 적절한 차트나 노트에 기록한다. 학생들은 그 프로젝트 주제/내용 및 과정에 관하여 알기를 원하는 것들을 제안할 수 있다.
   팁: 여러분은 학생들의 질문이나 설명을 명확하게 하기 위하여 부분적으로 수정할 수는 있으나 그것을 여러분의 용어를 사용해서 여러분의 느낌이 나도록 재가공해서는 안 된다. 그 질문들은 PBL에서 탐구하고 독립적인 활동을 하는 학생들의 것이기 때문이다.

게시판 "알아야 할 것"에 대한 목록 샘플

"학교 규칙 만들기" 우수 프로젝트

다나(Dana) 교사의 1학년 교실에서는 학교 주변의 여러 장소에서 지켜야 하는 규칙을 만드는 과정을 도와주는 교장 선생님에게 다음과 같은 질문을 하였다.

- 우리는 몇 개의 규칙을 만들어야 해요?
- 얼마나 큰 종이에 적어야 해요?
- 누가 우리 비디오를 볼 건가요?
- 만약 다른 아이들이 그 규칙을 따르지 않으면 어떻게 되나요?
- 우리는 왜 그 규칙을 만들어야 되죠?

"이 환자는 어디가 아플까요?" 우수 프로젝트

아론(Aaron) 교사의 5학년 교실에서는 기이한 질병을 가진 환자를 만나보고 나서 다음과 같은 질문들을 하였다. 어떤 질문들은 후에 이해되었으며, 관계없는 것도 있었다.

- 이 환자는 몇 살이나 되었죠?
- 이전에는 아프지 않았나요?
- 왜 그의 여자 친구는 그를 들어오도록 만들었죠?
- 어떤 질병이 이러한 증상을 만들었죠?
- 그 밖에 어떤 요인들이 그를 더 아프게 만들었죠? 우리가 혈액 검사를 할 수 있나요? 엑스레이 검사는요?
- 언제 우리가 결론을 제시해야 하죠?
- 우리 프레젠테이션은 얼마 동안 지속되어야 하죠?

4. 너무 일찍 질문에 답하려고 하지 않는다.
   팁: 교사의 충동을 억제하라. 비록 이 프로젝트가 직관에서 어긋난 것처럼 보이거나 전통적 교수 장면에 머물러 있더라도 지켜보라. PBL에서 교사는 학생들이 가능한 한 독립적으로 활동하고 답을 찾기를 원한다는 것을 기억하라.

5. 교사는 학생들이 '알아야 할 것'에 관하여 제대로 판단하지 못한다는 것을 파악했다면 교사가 생각하기에 학생들에게 '그들에게 필요한 것'을 목록에 더 추가하도록 요구하는 것이 좋다. 이때 특별히 교사가 보기에 학생들이 끌리지는 않는다 해도 핵심 지식 내용에 연관되는 것을 질문 등의 방법으로 이끌어주는 것이 좋다.
   팁: 이것은 소크라테스가 했던 것처럼 영리하게 해야 한다. "프로젝트의 이 부분에서 네가 배울 필요가 있다고 생각하는 것은 어떤 것이니?" 혹은 "너는 우리 주제의 (　　)에 관하여 어떤 질문을 가지고 있니?"라고 질문하라.

6. 프로젝트를 하는 동안 운영 도구로서 '알아야 할 것'에 관한 목록을 누구나 볼 수 있도록 전시하고 자유롭게 다시 논의할 수 있도록 한다. 학생들이 그 목록 내용을 '알게' 되었거나 혹은 새로운 질문 사항이 목록에 추가되었는지 체크 표시를 하라.
   팁: 학생들에게 프로젝트에 도움을 줄 새로운 단원을 소개하거나 자료를 제공할 때, 학생들이 '알아야 할 것'을 판별하고 회상할 수 있도록 알려주라. 이러한 것은 학생들로 하여금 프로젝트의 맥락을 알게 하거나 이전에 들었던 이야기를 생각나게 할 것이다. 학생들에게 학습을 해가면서 그리고 결말에 가까워지면서 어떤 새로운 질문을 가지게 되었는지 물어보라.

탐구 과정 촉진하기

프로젝트가 시작된 후에 학생들이 '알아야 할 것' 목록에 적힌 질문에 대해 그들이 생각하고 답을 찾을 수 있도록 도움을 주도록 하라. 직접적인 교수를 통해서 어떤 답을 줄 수도 있지만, 학생들이 탐구 과정을 통하여 질문의 해답을 찾아가도록 코치하는 것이 좋다. 학생의 나이와 기능 수준을 고려하여, 학생들 가까이에서 코치하고 치밀한 스캐폴딩을 제시하여 탐구를 유도할 필요가 있다. 아니라면 학생들에게 상당한 정도의 독립성을 주는 것이 한 방법일 수도 있다.

여러분이 제공하는 지원 형태에 따라 학교 리터러시(literacy) 모형이 조정될 필요가 있

협동 기술 형성하고 학생 팀 운영하기

비록 팀을 구성할 때 학생들을 신중하게 배치했더라도 학생들 팀이 효율적으로 돌아가지 않을 때가 많다. 어른들도 직장에서 팀을 만들어 활동할 때 그 기능이 종종 효율적으로 작동하지 않는다. 교사는 프로젝트를 하는 동안 학생들에게 협동 기술을 가르치고 그것을 모니터할 필요가 있으며 필요할 경우 중재해 주어야 한다. 여러분이 교사로서 어느 정도 이러한 것을 하여야 하는지는 맡고 있는 학생들의 경험 수준에 달려있다. 아마도 여러분은 이미 학교나 학급에서 협동 학습 전략을 사용해 왔을지도 모른다. 아니면 학생들이 그 전에 팀 작업을 한 다른 활동 경험이 있을지도 모른다. 그렇다면 그것은 좋은 것이고, 만약 학생들이 그 과정에 익숙하지 않다면 프로젝트를 하는 동안 여러분은 할 수 있는 만큼 최대한 협동 학습 기술에 대한 비계(scaffold)를 만들어줄 필요가 있다.

협동 학습 기술의 비계를 형성하는 방법은 일반적으로 두 가지가 있다. 하나는 학생들에게 협동 학습의 유형, 견본, 평가기준표나 다른 형태의 평가 자료를 제공하는 것이다. 다른 하나의 형태는 덜 공식적인 것인데, 학생들이 활동할 때 그들 중 모범이 될 만한 행동, 토론을 찾아 모델링하도록 코치하

현장 교사로부터의 조언

프로젝트 출발 전에 협동 학습 기능을 형성하라

만약 맡고 있는 학생이 팀별 학습에 익숙하지 않다면 프로젝트 학습을 시작하기 전에 팀 활동이 원활해지도록 하기 위하여 약간의 시간을 안배할 필요가 있다. 아래에 제시된 예시는 활동을 활성화시키는 데 사용할 수 있으며 이 예시들은 의사소통 혹은 문제 해결 기술을 포함하여 협동 학습 사용에 대한 토론을 통해 도출되었다.

- 팀 형성 활동으로 한 해를 시작하라. 여러 가지 게임이나 '서로 알기 대화', 프로젝트 시작 전에 다시 논의하기 등과 같은 것을 활용하라.
- 짧고 재미있는 활동을 하라. 이를테면, 팝시클* 막대로 탑을 쌓아본다—그 활동에서 학생들은 다양한 역할, 즉 자료 모으기, 기록하기, 조력자 및 평가자 등을 학습하게 된다.
- 만약 학생들이 '북극으로 가고 싶어하는 원숭이 집단의 일원이라고 했을 때, 여행 계획 세워보기'라는 무겁지 않은 프로젝트를 한다고 했을 때, 각 학생에게 배당된 과제의 목록을 팀별로 완성해 보도록 한다.
- 합의를 통해 의사결정을 하는 방법을 연습시켜라. 이때에는 '방과 후 간식을 만들기 위하여 우리는 무엇을 해야 할까?'와 같은 주제를 주어 활동하도록 하는 것도 좋다.

* 역주: popcicle은 막대기가 달린 얼음과자

는 것이다. 그리고 그들에게 어떻게 하는지 피드백을 주는 것이다. 다음 단계는 협동 학습 비계 형성을 위한 조언을 포함하고 있다.

1단계: 학생들이 훌륭한 협동이란 무엇을 의미하는지 이해하도록 돕는다.

학급 전체 구성원들과 하나의 팀으로서 효과적으로 활동하는 것이 무엇을 의미하는지 토론하라. 이 토론 과정에서 학생들이 이해하게 된 것이 무엇이고 들은 것이 무엇인지 기술하도록 하라. 예를 들면 학생들은 "우리는 서로 귀 기울여 들었어요.", "우리는 일을 나누어 했어요."라든가 "우리는 서로 돕고 존중해 주었어요."라는 말을 할 수도 있다. 이러한 것들을 적고 눈에 띄는 곳에 붙여두라. (이러한 것들이 이른바 '기본 원칙', '일반적 규준' 혹은 '기대'라고 불리는 것들이다.) 혹은 이렇게 써 붙이지는 않더라도 학생들에게 이런 것이 협동 학습의 척도임을 알려주어라.

만약 학생들에게 협동 학습의 평가기준표를 만들게 하고 싶지 않다면 이 책의 제6장 "프로젝트를 위한 유용한 자료"에 제시한 협동 학습 평가기준표를 보여주어라. 그리고 이러한 것을 학생들이 읽고 이해할 수 있도록 시간을 주어라.

학생들에게 좋은 협동 학습의 방법이 무엇인지 보여주는 효과적인 또 다른 방법은 '실제' 시범을 모델화하는 것이다. 관찰할 때 관찰자가 그 평가기준표를 사용하도록 하고, 그 방법들 가운데 어떤 것이 가장 좋은 방법인지 찾도록 한다. 151쪽 게시판 "협동 학습에서 동료 모델링과 그 외 기술들"을 참고하라.

✱ 유용한 자료

협동 학습 평가기준표(165~166쪽)

2단계: 계약서와 활동 계획서 같은 도구(tool)를 제공한다.

PBL에 관한 부차적 수업으로, 팀 프로젝트 활동시 독립성 수준이 아주 높은 학생들에게 교사는 종종 계약서를 사용한다. 그 계약서에는 여러 팀원들의 역할, 자신들이 기대하는 바를 어떻게 실행해나갈 것인지에 대한 방법, 팀원들이 할당된 과제를 따라오지 못했을 경우 그 상황을 어떻게 해결할 것인지에 관한 세부 사항들이 적혀있다. 비록 초등학교 교사가 팀들을 보다 긴밀하게 모니터하고 문제가 일어났을 경우 중재를 한다고 해도 계약서는 여전히 유효한 아이디어이다. 이러한 형식은 함께 작업하는 것에 대한 진지함의 수

3단계: 프로젝트를 하는 동안 학생 팀을 운영한다.

프로젝트를 하는 동안 끊임없이 모니터하고 코치하도록 하라. 이런 것을 하는 방법은 비공식적으로는 많이 있다. 학급을 돌아다니면서 관찰하고 학생들의 이야기를 듣고 학생들이 필요할 때 안내하고 도움을 제공하라. 정기적으로 각 팀을 돌아다니면서 곁에 앉아서 팀 활동에 대한 보다 깊은 지원과 안내를 해주도록 하라. 만약 필요하다면, 이전에 학급에서 의논한 기대 수준(expectation), 팀에서 잘 활동할 수 있는 방법 또는 협동 학습 평가기준표 등에 대해서 상기시켜라.

보다 구조화된 방법으로 팀을 코치하고 모니터하기를 원한다면, 학생들로 하여금 프로젝트 활동 계획을 상기시키고 프로젝트 과제 완성을 위한 진행 과정을 눈여겨보도록 하라. 이러한 것들을 규칙적으로 살펴보고 팀들이 활동에 있어 뒤처져 있는지 혹은 다른 어려움을 가지고 있는지 찾아서 조치하도록 해야 한다. 팀들이 얼마만큼 함께 활동을 잘 해나가고 있는지 체크하기 위하여—만약 필요하다면 며칠 마다 혹은 매일—여러분은 보다 미숙한 학생들과 이야기를 나눌 수 있어야 하고 노련한 학생들에게 보고서를 쓰게 하거나 조사를 빨리 마칠 수 있도록 한다. 다음과 같은 질문을 하라:

- 팀에서 네가 잘 할 수 있는 게 무엇일까?
- 팀에서는 어떤 어려움이 있니?
- 팀에서 누군가 다른 사람을 도와주었던 경험을 말해줄 수 있니?
- (고학년에서) 팀 계약서를 한 번 살펴보자. 너희 팀에서 정한 기준에서 지금 네가 어느 정도 이루었는지 말해줄 수 있겠니?
- (고학년에서) 내일 너의 팀에서 목표하는 바는 무엇이니?

현장 교사로부터의 **조언**

학생들의 마음속에 탐구 질문을 유지하라

탐구 질문은 프로젝트 첫날에만 단지 만들어지는 것이 아니며 프로젝트 중에는 잊혀지는 경우가 많다. 그것은 프로젝트 전체를 통하여 계속 숙고되어야 한다. 그것에 대한 반성적 사고는 학생들에게 비판적 사고와 문제 해결 기술을 촉진시키는 아주 좋은 방법이며, 개념에 대한 이해 정도를 체크하도록 해준다. 탐구 질문은 다음과 같은 방법으로 살려나갈 수 있다.

- 탐구 질문을 교실에 게시하고 학생들과 정기적으로 그것에 대해서 토론하라.
- 단원 수업과 명쾌하게 연결시키고 그것을 활성화한다.
- 탐구 질문에 대하여 어떻게 대답할 것인지 다양한 관점에서 학생들에게 보고서에 적게 한다.
- 프로젝트의 결론 시점에서 학생들이 다양한 관점에서 그것에 대해서 어떻게 대답하는지 주목하고 그것을 검토하라.

이외에 팀을 구조적으로 모니터하는 방법으로는 함께 문제를 해결해가는 과정에서 도전과 성공에 관한 이야기를 나누도록 요구하면서 정기적인 체크 포인트를 중심으로 학습 토의를 시키는 것이다. 마지막으로 어떤 PBL 지도 교사들은 팀 대표들과—공식적 리더의 역할에 대해서만 이야기하는 것은 아니고—미팅 계획을 잡고 그들이 어떻게 행하는지 알려고 한다. "모든 사람이 그들의 짝과 활동을 나누어서 하고 있나요?"라고 물어라. 만약 이러한 미팅이나 학급 회의에서 유형화된 어려움이 나타난다면, 여러분은 협동 기술을 강화하는 시간을 가지거나 프로젝트 과제나 제출 시기를 조정하지 않으면 안 된다. 혹은 한 팀이나 적은 숫자의 팀이 힘들어한다면 그들과 별도로 작업시간을 가져 정상적인 위치에 오도록 돕는다.

학생들에게 비판적으로 사고하는 법 가르치기

이 책에서 우리는 학생들을 어떻게 좋은 비판적 사고가와 문제 해결가로 가르칠 것인가에 관한 내용을 표면적으로만 살펴보았다. 특히 대부분의 교육 관련 책들과 교육과정 관련 자료들은 최근 몇 년 동안 이러한 것들을 매우 중요시해오고 있다. 129쪽에 있는 게시판을 참고하라. PBL에서 비판적 사고력과 문제 해결력은 BIE가 지속적으로 연구하고 발전시키려고 노력하는 한 부분이며, 새로운 아이디어와 방법에 관한 도움을 받으려면 bie.org를 방문하기 바란다.

이 책의 제1장 "서론"에서 비판적 사고를 어떻게 정의했는지 기억하라. 비판적 사고는 문제를 정확하게 정의하고 관련 질문을 형성하며 정보를 수집하고 평가하는 활동을 포함한다. 또한 정보를 분석하고 종합함으로써 결론을 도출하고, 대안과 시사점을 찾는 과정을 포함한다. 수업 설계에 있어서 PBL은 비판적 사고를 촉진한다. 훌륭하게 설계된 프로젝트 수업은 학생들에게 확장 가능한(open-ended) 과제를 제시하며 그것은 '정해져 있지' 않은 정당한 답을 의미한다. 프로젝트 학습은 학생들에게 제시된 질문을, 다양한 자원 속에 있는 정보를 탐구함으로써 해결하고 결과를 도출하여 대중 앞에서 발표를 하고 또 그 활동 결과를 외부 질문으로부터 옹호한다. 이러한 과정은 주제 탐구의 과정이라고 할 수 있다.

여러분은 '그것은 내가 맡은 1학년 학생들에게는 너무 무리한 요구입니다. 그들이 그렇게 높은 수준에 도달하기 위해서는 아주 큰 비계가 필요할지도 모르죠!'라고 생각할지 모른다. 여러분 생각이 맞다. 그러나 그것을 이렇게 생각해보라: 한 사람의 훌륭한 비판적

학생들이 비판적 사고가 무엇인지 이해하도록 돕기

프로젝트를 시작할 때, 활동을 하는 데 필요한 사고의 종류에 관하여 토의하라. 이 토의가 얼마나 수준 높게 이루어지는가 하는 것은 당연히 학생들의 연령에 달려있다. 그러나 학생들로 하여금 '신중하게 생각'하고 '좋은 질문을 하며', '자신의 아이디어가 어떻게 타당한지 설명'할 필요가 있음을 알게 하라. 학생들에게 예시를 제공하라.

여러분이 비판적 사고의 추상적 개념을 보다 구체화시키고 분명하게 한다면, 학생들에게 도움이 될 것이다. 학생들을 위하여 그들에게 친근하게끔 비판적 사고에 대한 지표(indicator)를 만들어 제시하는 것이다. 그러고 나서 학생들에게 실제에서 그와 같이 보였던 것, 혹은 그와 같이 들렸던 것들을 자신의 언어로 표현하도록 하라. 125쪽의 게시판 예시를 참고하라.

학생들에게 비판적 사고력이 무엇인지 가르치는 가장 좋은 방법 중의 하나는 그들에게 교사 모델을 제공하는 것이다. 즉 여러분의 사고 과정을 학생들을 위하여 밖으로 투명하게 드러내는 '발성적 사고' 전략을 사용하는 것이다. 기본적으로 발성적 사고란 과제에 접근하고 그 해결 활동을 하면서 형성되는 '내적 대화(internal conversation)'이다. 학생들은 내적 대화를 듣고 교사에 의해서 모델화되어 제시된 비판적 사고력을 이해하게 된다. 여러분은 차트(chart) 도면이나 화이트 보드 혹은 다른 매체를 사용하여 자신의 사고 과정이 시각화될 수 있도록 적는다.

교사가 어떻게 비판적 사고 모델을 보여줄 수 있는지 우수 프로젝트에 제시된 두 가지 예를 살펴보자.

2학년 "피자 가게와 일의 세계" 프로젝트

2학년 "피자 가게와 일의 세계" 프로젝트에서 로렐(Laurel) 교사는 학생들이 일의 세계와 관련하여 책을 읽는다든지 혹은 사람들을 인터뷰한다든지 하여 무엇인가를 학습한 후에는 규칙적으로 잠시 쉬곤 한다.

- '훌륭한 사고가'가 질문을 어떻게 만드는가를 모델화해서 보여주기 위하여 교사는 '(　　　)에 관하여 지금 어떤 질문들이 생긴다'라는 것과 같은 말을 하고 그 다음 그에 따른 몇 가지를 나열하여 적는다.
- '훌륭한 사고가'가 정보를 어떻게 사용하는가를 모델화해서 보여주기 위하여 교사는 '내

가 생각한 것을 결정하기 전에 어떻게 이것에 대하여 더 깊이 이해할 수 있을까?'라고 질문을 하고 그 다음 자신이 다른 사람들과 토론한 것에 관한 아이디어들을 제시한다.

- '훌륭한 사고가'가 여러 아이디어들을 어떻게 비교하는지를 모델화해서 보여주기 위하여 교사는 '이 책에서 말하고 있는 바를 어떻게 (　　　)에서 말하고 있는 바와 비교할 수 있는가?' 라고 질문을 한 후 몇 개의 가능한 답안들을 적는다.
- '훌륭한 사고가'가 결론을 지지하는 증거를 어떻게 사용하는지를 모델화해서 보여주기 위하여 교사는 '내가 생각하기에는 (　　　)에 관한 일은 (　　　)보다 더 어렵다'라고 말한 후, 어떻게 자신의 추론을 뒷받침하는지 설명한다.

5학년 "핸드폰 요금제 고르기" 프로젝트

5학년 "핸드폰 요금제 고르기" 프로젝트에서 학생들의 과업은 '적합한 핸드폰 요금 고르기'였다. 지나(Gina) 교사는 학생들이 그것을 다른 데서 그대로 베끼기를 원하지 않았다. 그래서 교사는 도움이 될 만한 예시를 제공하기로 하고 자신이 새로운 자동차를 구입할 때 어떻게 선택을 하는지 그 과정을 스스로 모델이 되어 보여주기로 하였다. 활동의 범주를 제시하고 접촉할 사람들의 연결도를 그렸다. 그리고 그 과정을 화이트 보드에 제시하였다.

1. 교사가 문제를 확실히 이해하기 위하여 자신만의 언어로 문제를 설명한다.
2. '차를 어떤 용도로 사용할 것인가', '나는 어떤 종류의 차, 어떤 특징을 가진 차를 좋아하는가?' '돈은 얼마나 있는가?' 등과 같은 질문을 통하여 자신의 요구, 희망, 자원을 판단한다. 그러고 나서 그 대답을 목록으로 적는다.
3. '자동차 구입과 관련하여 알아야 할 것은 무엇인가'와 같은 질문을 통해서 필요한 정보를 판단한다. 교사는 주유 마일리지, 비용, 대부 가능, 현재 가지고 있는 차의 교환가치 등과 같은 항목을 나열한다.
4. '내 질문에 대하여 어떻게 답을 찾을 수 있을 것인가'와 같은 질문을 통해서 정보의 자원을 판단한다. 그리고 그것에 관련된 아이디어들을 적는다.
5. '남들이 내게 말해주는 정보가 어느 정도 진실인지 어떻게 알수 있는가?'와 같은 질문을 통해서 정보의 질을 고려한다. 그리고 '나는 적어도 정보의 2~3개 자원을 비교하는 것이 더 낫다.'라고 말한다.

에 생기는데, 바로 여러분이 교사로서 학생들에게 그들의 생각을 보다 명확히 하고 정밀하게 다듬도록 하며, 증거를 사용하고 논리화하며 대안을 고려하도록 하는 것이다. 론 버거(Ron Berger)에 의하여 제시된 것과 같은 동료 평가 검토 규약(critique protocols)(133쪽의 "게시판" 참고)을 사용하라. 이것은 학생들에게 비평적 사고가가 될 수 있도록 용기를 준다.

일반적으로 프로젝트를 하는 동안 당신은 다음과 같은 방법으로 학생들에게 비판적 사고력과 문제 해결력을 형성시킬 수 있다:

- 여러분이 보기에 학생들이 비록 완전하지 않더라도 그들 자신의 해결 방안을 찾도록 허용한다.
- 브레인스토밍 기회를 찾는다.
- 비교하고 대조한다(대상과 사실로부터 아이디어와 결과물에 이르기까지 모든 것을)
- 범주화한다(대상과 질문으로부터 사실과 아이디어에 이르기까지 모든 것을)
- 창의성을 장려한다(아이디어 혹은 결과물의 질을 평가해가면서)
- 학생들에게 결정을 내릴 때 항상 증거를 사용하도록 요구한다.

(Schneider, Vera (2002). "Critical Thinking in the Elementary Classroom: Problems and Solutions" Educators Publishing Service 참고해서 수정함)

게 시 판 **웹사이트에서 비판적 사고에 관한 것을 찾아라**

인터넷에서 "비판적 사고"로 검색을 하면 수많은 웹사이트들이 나타난다. 대부분 책, 포스터 혹은 학습지와 같은 것들을 팔고 있는데, 이러한 것들은 퍼즐이나 머리를 써야 하는 문제(brain-teaser)를 활용하여 논리, 추론 능력과 같은 것을 가르칠 수 있도록 한 것들이다. 이러한 것들이 유용하기도 하지만, 우리는 비판적 사고력이나 문제 해결력을 독립된 훈련뿐만 아니라 프로젝트를 하는 과정에서도 가르칠 수 있다고 믿는다.

PBL 교사들이 추천하는 몇몇 웹사이트 자료들을 소개한다.

- ThinkingMaps.com은 가장 좋은 그래픽 조직자 온라인 자료의 하나인데, 이것은 다이어그램, 지도, 빈칸 차트(columned chart), 플로차트 등으로 대표된다.
- tc2.ca는 비판적 사고 협력회(The Clinical Thinking Consortium)에서 운영되는데, 유치원에서 12학년까지 이르는 교사와 모든 수준의 학생들에게 뛰어난 자료를 제공한다.
- criticalthinking.org는 비판적 사고 협회(The Foundation for Critical Thinking)에서 운영하며, 방대한 자료, 워크숍, 연구들을 제공한다.
- creativelearning.com은 창의학습센터(The Center for Creative Learning)에서 운영하며 창의성과 문제 해결력을 강조한다.

형성평가 활용하고 체크포인트 설정하기

치과의사가 치아의 부식을 방지하기 위하여 정기적으로 검진하는 것과 같이 형성평가는 학급에서 학습을 개선하기 위한 가장 중요한 활동 중 하나이다. PBL 환경에서는 학생들의 이해와 그들의 진보 정도를 모니터하는 것이 한층 더 중요한 것이다. 수주의 프로젝트 기간 동안 학생들은 교사로부터 독립하여 작업을 하면서 주제에 대해 깊이 있게 이해하고 높은 수준의 결과물을 만들어야 하는데, 교사로서 여러분은 학생들에게 그것을 얻을 수 있고 성공시킬 수 있다는 확신을 줄 필요가 있다.

PBL에서 형성평가의 목적

형성평가를 사용하는 기본적인 이유는 학생들에게 부가적 지원이나 중재가 필요한지, 그들이 프로젝트를 하면서 활동 원칙을 잘 지키는지 알기 위해서이다. 여러분은 학습 목표를 아직 달성하지 못하였다면 PBL 시간을 헛되이 보내기를 원하지 않을 것이며 결과물의 질이 높지 못한 상태로 대중 앞에서 학생들이 발표하는 것을 원하지 않을 것이다.

프로젝트를 진행하는 동안, 두 가지 목적을 위하여 형성평가를 활용하라.

- 학생들이 탐구 질문에 답할 수 있는 지식, 이해와 기능들을 충분히 습득했는지 그리고 주요한 결과물들을 창안해낼 수 있는지 알기 위해서
- 학생들이 탐구 질문에 대한 답을 준비하고 대중 앞에서 그들의 활동을 소개하는 처음 단계부터 마지막 단계까지 학생들이 만든 결과물의 질과 과정을 체크하기 위해서

현장 교사로부터의 조언

비판과 검토(revision)의 문화를 만들어라

형성평가는 여러분이 교사로서 학급에 협동 문화를 확립하였을 때 가장 유용하며, 보다 높은 수준의 결과물 산출에 초점을 둘 수 있다. 여러분의 언어와 활동을 통하여 학생들은 자신들의 성공과 실패에 관하여 정직하고 개방적으로 반성적 사고를 할 수 있다. 학생들에게 "실수해도 좋아. 거기에서 우리는 어떻게 하는지 배울 수 있어!"라고 말하라.

이 주제를 다룬 최고의 책 한 권을 추천한다.

『An Ethic of Excellence: Building a Culture of Craftsmanship with Students』(Ron Berger, Heinemann, 2003)

현장 교사로부터의 조언

자기 평가를 할 때 학생을 안내하라

PBL의 중요한 특성 중 하나는 평가 과정이 공유의 과정이라는 것이다. 프로젝트를 하는 동안 심지어 어린 학생들도 교사의 지도를 따라 그들 자신의 과성을 모니터할 수 있으며, 만약 적절하다면 평가에 동료 피드백도 포함하게 된다. 프로젝트의 마지막에 학생들에게 자신들의 활동의 질을 평가할 수 있는 기회를 주도록 하라.

학생들의 프로젝트 결과물을 평가하기 위해서는

1. 결과물이나 프레젠테이션을 평가하기 위한 평가기준표를 검토한다.
2. 예시를 활용한다. 즉, '발성적 사고' 전략을 모델화해써 보여줌으로서 그들에게 결과 도출까지 '평가준거'가 어떻게 적용되는지 이해히게 한다.
3. 학생들에게 평가기준표에 표시하도록 요구한다. 평가에 적용될 단어에 형광색 펜으로 표시하거나 동그라미 표시를 하고 종이에 자신들의 코멘트를 적도록 하고, 어린 학생들과는 이야기를 나눈다. 그들의 판단을 설명하도록 한다.
4. 학생들의 자기 평가에 대한 피드백을 제공한다. 평가 내용 중 동의하는 부분과 동의하지 않는 부분을 설명해준다.

PBL에서 누가 형싱평가를 하는가

형성평가를 이끄는 교사뿐 아니라 학생늘도 평가를 통해서 배우게 된다. 왜냐하면 PBL의 목표 중 하나는 학생들에게 독립성을 갖추게 하고 자신들이 하는 과제에 대한 책임감을 키우도록 하는 것이기 때문이다. 교사는 균형 잡힌 평가 계획을 마련하고 이전 장(章)에서 배운 다양한 선략을 사용함으로써 학생들의 배경 지식과 기능들을 체크할 기본적인 책임을 가지고 있다. 여러분은 또한 학생들이 결과물을 만들기까지의 과정과 그 질에 대하여 피드백을 제공할 뿐 아니라 그 과정에서 자기 평가와 동료 평가 역시 할 수 있도록 유도하여야 한다. 이것은 학생들에게 비판적으로 보고 검토하는 습관과 기능을 학습하는 데 도움을 준다. 이러한 것들은 일생 동안에 걸쳐 중요한 학습 기능들이다. 학생들에게 동료 평가와 자기 평가가 중요한 또 하나의 이유는 그것이 한 사람이 할 수 있는 피드백의 양을 넘어 여러 사람의 피드백을 받음으로써 피드백의 총량을 증가시키기 때문이다. 그리고 거기에는 고려해야 할 다른 측면이 있는데, 학생들이 각각의 다른 사람들로부터 받은 피드백은 그들의 활동을 개선하고 그들에게 동기를 부여하는 데 매우 효과적이라는 점이다.

PBL에서 어떻게 형성평가를 하는가

프로젝트를 하는 동안 여러분이 교사로서 내용 지식과 이해, 협동 학습 기능 등을 형성평가하는 방법은 이전에 PBL 수업을 하지 않았을 때와 다르게 하는 것만이 전부가 아니다. 여러분은 아직도 공식적, 비공식적 방법들을 조합하여 사용하여 저학년 아동들을 관찰하고 이야기를 나누도록 하고 과제 분담, 숙제, 퀴즈 활동을 하고 고학년 학생들을 연습시킨다. 학생들이 어떤 개념을 이해하는지 알아보기 위하여, 학생들에게 문제에 대한 답을 종이나 화이트 보드에 써보도록 하는 등, 여러분이 기존에 사용해왔던 다양한 방법을 사용하고 있는지 속히 체크하라. 프로젝트를 하는 동안, 이러한 것들을 사용하고 본 교재에서 배운 것은 어떤 것이든 규칙적으로 혹은 자주 사용하라.

학생들이 프로젝트를 해나가는 동안 과정과 결과물의 질을 형성평가하기 위하여, 다음과 같은 절차와 규칙을 확립하여 학생들이 목표를 설정하고 지식을 탐구하도록 하라.

- 평가기준표나 다른 평가 준거를 사용하여 학생들이 학습 활동을 개선해 나가도록 하고, 이러한 것을 또한 자기 평가나 동료 평가의 도구로도 사용할 수 있다.
- 결과물의 특별한 측면 혹은 특성에 초점을 맞추기 위하여 검토 시간(review session)을 구조화시킨다. 한 주제의 수업에서 나오는 모범 결과물을 검토하고 평가한다. 그리고 학생들에게 자신들의 활동들이 어떻게 개선되어야 할 것인지 인지하게 한다.
- 동료 평가 규약(protocols)을 확립한다. 예를 들면, 활동 중에 다른 팀과 바꾸어보고, 동료 모델(fishbowl)의 관찰자로서 그 팀에 대해 비판적 입장을 가지게 해본다. 혹은 중간 결과물을 교실에 전시하도록 하고 학생들과 함께 화랑을 둘러보는 것처럼 관찰하도록 하고 그것에 대한 동료 코멘트를 하도록 유도한다.
- 프로젝트를 운영하면서 외부 전문가를 활용할 수 있다면, 중간 결과물을 외부 전문가에게 맡겨 검토하도록 한다.

프로젝트 추진 일정에 주기적으로 체크 포인트 설정하기

교사로서 과거에 이러한 것들을 해보지 않았다면, 프로젝트를 운영하는 데 있어 가장 중요한 것 중 하나는 학생들이 주제 탐구 여행을 하면서 각 단계별로 완성될 시점을 예측해 마감 기한을 정하는 것이다. 이러한 체크 포인트는 형성평가, 피드백, 비판적 사고(critique) 혹은 반성적 사고(reflection)를 할 수 있는 기회를 준다. 체크 포인트에서 탐구 노트, 활동 기록 개괄, 비디오 스토리보드, 전체 스케치와 계획 혹은 결과물의 원형이나 모형과 같은 활동물(artifacts)을 제출하도록 하라. 프로젝트 마지막 단계로부터 거꾸로 작업해서 프로젝트 과정에서 중요한 시점(milestone)이 어떤 곳인지 판단하고, 프로젝트 추진 일정에 표시하거나 다른 시각적 보조물에 표시하라. 도달해야 할 지점과 학생들이 접근해야 할 활동들에 주목하라.

예를 들면, "우리 고장 파크랜드(Parkland)의 문화유산 전시"라는 우수 프로젝트에서 4학년 학생들은 제6주 말미에 박물관 진시회 내용을 발표할 예정이다.

그것은 제5주 말까지 자료를 모으고, 제4주 말까지 전시회를 위한 계획서와 스케치, 제3주 말까지 실시된 탐구 노트 등을 준비할 필요가 있다는 것을 의미한다. 그리고 제6주의 첫 이틀 동안은 그들이 구두 프레젠테이션을 연습할 필요가 있다. 피드백과 검토의 시간을 가지면서 이러한 중요한 단계들에 도달하면 학생들에게 그럴듯한 쇼(big show)를 준비할 시간을 주어라. "우리 고장 올드햄(Oldham)에 사는 동물들"이라는 프로젝트에서 애비(Abby) 교사가 이끄는 유치원 아동들은 셋째 주 금요일까지 그들이 만들 책의 본문을 작성할 필요가 있다. 그리고 둘째 주 금요일까지 책을 작성하기에 앞서 모은 자료를 제시하고 가지고 있는 질문의 답을 모두 조사해야 한다(180, 181쪽 참조).

게시판 프로젝트 결과물의 비판과 검토를 위한 규약

학생들은 "이 조사 자료는 훌륭해요. 왜냐하면 수지(Suzy)는 훌륭한 작가이기 때문이에요."라고 말할 수 있다. 교사는 수지의 글의 특성을 살려 좋은 이름을 붙이도록 도와줄 필요가 있다. 왜냐하면 일단 이름이 붙여지면, 그것을 계속 사용해야 하기 때문이다.

— Ron Berger(Chief Program Officer, Expeditionary Learning)

아래의 '규약'은 론 버거(Ron Berger)가 제안한 것인데, 형성평가에 유용하다:

(계속)

목적: 학생들에게 특별한 기능을 가르치는 것. 학생들의 활동에 피드백을 줄 때는 전체 학급을 대상으로 하는 것이 아니라 개인을 대상으로 하여야 한다.

비판할 때 지켜야 할 것: 1. 친절히 한다. 2. 전문적이어야 한다. 3. 도움이 되도록 해야 한다.

약속:

1. **단원:** 여러분이 학생들에게 가르치려고 시도한 어떤 단원을 생각해보라. 학생들의 활동 전체를 살펴보면서, 학생들이 놓친 핵심 아이디어(big idea)는 무엇이었는가? 그 활동을 하면서 학생들이 겪은 갈등은 무엇인가? 학생들이 준비하는 다음 단계 활동은 무엇인가? 학생들이 더 잘 하기를 바라는 기능을 3~6가지 정도 나열해보라.

2. **예시 활동의 선택:** 교사가 학생 활동에서 훌륭한 예시를 찾는 것 혹은 교사의 의도를 정확하게 표현해주지 못한 예시를 찾는 것은 가장 중요한 일이다. 별로 좋지 않은 예시는 토론에 도움이 되지 않는다. 별로 좋지 않은 활동을 예시로 사용할 경우에는 반 학생들이 모르는 활동 혹은 작품을 사용하는 것이 좋다. 예시에서 학생들의 실명을 말하지 않도록 한다.

3. **비판**

   가. 심도 있는 비판을 할 수 있는 작품을 한두 개 정도 학생에게 주어라. 예시 작품은 학생들이 쓴 글, 계획과 제안, 원형과 모형, 문제 해결안, 과학 활동 평가 등에서 발췌하라.

   나. 학생들에게 그 작품들이 어떠한 요인으로 그 작품의 질을 높여졌고 부족한 부분이 어디에 있는지 살펴볼 수 있는 시간을 허용하라. 학생들을 소그룹으로 나누어 이 부분에 대해서 토의할 수 있도록 하라. 이 토론은 연령에 따라 크게 좌우된다.

   다. 그 작품들에 대해 집단 토론을 유도하라. 목표는 능력이 뛰어난 학생들의 작품 특성을 판별하는 것이다. 일단 그러한 특성들이 파악되면 아이들의 언어로 간단하게 이름을 만들어 붙일 필요가 있다. 그렇게 되면 그 이름은 아이들에 의해서 계속 사용된다. 학생들에게 3~6가지 정도 앞선 기능들을 판별해서 코치할 수 있도록 하라. 학생들은 스스로 이름 붙일 수 있는 다른 유용한 기능들을 생각하고 있을지도 모른다는 것을 유념하라.

4. **다음 활동 초안:** 학생들은 비판적 사고 훈련기간 동안 찾아낸 기능들을 종합하여 이제 맡은 과제에 대한 새로운 초안을 만들 수 있다. 그것들은 학생들이 세 단계로 특별한 과제의 초안을 완성해갈 때 도움을 준다. 건축학 설계도 그리는 것으로 예를 들면, 첫 번째 초안은 스토리보드를 대략 스케치하는 것이고, 그 다음 초안은 스토리보드를 세밀하게 스케치하는 것이다. 그 다음 초안은 전문 분야의 전문가에 의해 사용되는 것처럼 언어 설명도 적어 넣고 완성도 높게 만들어간다.

프레젠테이션을 준비하고 쉽게 하기

프레젠테이션은 프로젝트 구성 요소 중 가장 필수적인 것 중 하나인데, 적절한 시간을 제공하는 것이 중요하고 학생들이 준비하는 데 세심한 주의를 기울여야 한다. 대부분의 어른들처럼 아동들 역시 여러 사람들 앞에서 말하는 모험을 흔히 두려워한다. 그러나 여러분이 제공하는 지원이 많을수록 학생들은 자신감을 더 많이 가진다. 학생들은 프레젠테이션을 어떻게 조직하고 내용을 전달할 것인가와 청중의 질문을 어떻게 재치있게 받아넘길 것인가에 대한 명쾌한 지도가 필요하다. 프레젠테이션에 대한 기대치는 학년 수준에 따라 광범위하게 달라진다. 따라서 여러분은 맡고 있는 학생들을 위한 '기대치'가 적합한지 아닌지 알기 위하여 '국가수준 교육과정'을 검토해볼 필요가 있다.

어떻게 학생들은 사람들과 상호작용하는가? 누가 그들의 활동을 이해하는가?

프레젠테이션을 준비하기 전에, 당신은 학생들이 언제 청중을 만나면 좋아할까를 마음속에 생각할 필요가 있다. 그들은 활동을 단순히 프레젠테이션하는 것이 아니라 다른 사람들과 어떤 방법으로 의사소통을 하는 것이다. 심지어 학생들이 어떤 물건 옆에 단순히 서 있기만 하더라도 그들은 창조적 활동을 하고 있는 것이다. 그리고 겉으로 활동적인 프레젠테이션을 하지 않더라도 그들의 발표를 이해하고 있는 사람들과 이야기를 만들어가고 있는 것이다. 설령 학생들이 그들의 활동을 온라인에 게시하더라도(예: 멀리 떨어진 학생들이 볼 수 있도록 웹사이트나 블로거를 만드는 것) 혹은 다른 사람들에게 그것을 나누어준다 하더라도(예: 그룹이 만든 브로슈어) 최소한 학생들은 그것을 보는 사람들로부터 피드백을 수집할 수 있다. 팀의 프로젝트 내용을 검토하는 사람 혹은 읽는 사람들에게 질문, 코멘트 혹은 더 조사할 자료를 제안하도록 요구하라.

어떤 프로젝트에서는 청중 속에서 질문이 나왔을 때 여러분이 또 다른 청중들에게 어떤 역할을 부담할 수도 있다. 예를 들면, 그들이 학생들에게 자신들을 위해 어떤 서비스를 수행하고 결과물을 만들도록 한 '의뢰인'인 척하거나 제시된 문제에 대한 제안서를 보고받는 '이해당사자'인 척하는 것이다.

만약 학생들이 실제 청중 앞에서 프레젠테이션을 한다면 여러분과 청중은 반드시 질문을 해야 한다. 이것은 학생들이 내용을 배우고 비판적으로 사고할 수 있고 문제 해결력을 사용할 수 있다는 것을 보여주도록 하는 또 다른 방법이다. 많은 질문들 그리고 그들이 도전하는 방법은 학생들의 나이에 많이 좌우된다. 여러분은 학생들이 무엇을 알고 있는지에 관하여 또는 프로젝트를 완성하기 위하여 그들이 사용한 과정에 관하여 질문할 수 있다. 그들이 선택한 결정에 대해 설명하도록 하고 그들이 사용한 과정에 대해 기술하도록 하며, 이러한 내용들을 관련 짓고 예측해보라. 질의 응답 시간은 프로젝트 평가의 중요한 부분이 될 수 있다.

학생의 프레젠테이션 준비시키기

- 학생들에게 프레젠테이션의 목표와 그것과 관련된 평가기준표를 확실히 이해시킨다.
- 학생들로 하여금 비디오 동영상을 보게 하거나 실제로 우수하고 흥미로운 프레젠테이션이나 약간 문제 있는 것들도 관찰하도록 한다(교사가 의도적으로 생동감 있는 시범 프레젠테이션을 연출할 필요도 있다). 평가기준표를 사용하거나 '앵커 차트(anchor chart)'에 근거한 준거 목록을 만들어서 프레젠테이션을 평가해보라.
- 프레젠테이션을 하기 위해 아이디어를 조직하는 방법을 학생들에게 가르친다. 계획서 틀이나 견본이 도움이 된다. 제6장 "프로젝트를 위한 유용한 자료"를 참고하라.

✱유용한 자료

프레젠테이션 계획(171쪽)

유-2 길잡이 **프레젠테이션하는 동안의 질문**

어린 학생들이 프레젠테이션을 할 때 그들에게 질문하는 것에 관해서는 교사가 재량을 발휘해야 한다. 청중에게 질문 가이드라인을 준다. 간단하고 짧은 질문을 하도록 하고 복합적인 비판적 사고보다는 지식에 초점을 둔다. 만약 학생이 짜증을 내거나 질문을 이해하지 못한다면, 너무 무리하게 압박해서는 안 된다.

- 만약 당신이 맡은 학생들 수준에 적합하다면, 청중과 의사소통하는 데 필요한 정보와 환경에 기반을 두어 학생들이 프레젠테이션을 만들도록 돕는다.
- 학생들이 자신들의 프레젠테이션에 참가하는 동안 서로 편안하게 평가기준표를 가지고 피드백을 제공할 수 있는 환경을 만든다.
- 일정 계획시 필요하다면 프레젠테이션을 연습하고 피드백과 개선안을 주고받을 수 있는 충분한 시간을 배정 한다.

- 학생들이 개인 동료로부터 시작해서 소그룹, 전체 학급, 학교내 소그룹, 패널이 포함된 대그룹에 이르기까지 그 앞에서 프레젠테이션함으로써 자신감을 형성할 수 있는 기회를 제공한다.

PBL에서 내용 지식이 중요함을 또한 기억하라. 학생들은 프로젝트 주제를 구성하고 있는 개념들을 철저하게 이해할 때 자신감이 높아진다. 주제에 관한 배경지식을 형성하기 위해서 하는 모든 활동들은 학생들이 프레젠테이션을 보다 잘 준비하도록 한다. 심지어 어린 저학년 학생들도 관심을 가지고 깊이 있게 탐구한 주제에 관해서는 프레젠테이션을 할 때 보다 수월한 것을 볼 수 있다.

프레젠테이션 하기 전 날: 스스로 준비하라

만약 여러분이 프로젝트를 철저히 계획하고 출발 전에 자원을 잘 정비한다면 프로젝트 당일 날 로지스틱스—계획, 시설, 장비, 인원—는 문제 되지 않을 것이다. 그러나 프레젠테이션에 대한 모든 것을 준비하고 확인하기 위하여 이 책의 제6장에 제시한 체크리스트를 참고하기 바란다.

✱유용한 자료

프레젠테이션 당일 체크리스트(172쪽)

프레젠테이션 하는 날: 두 개의 모자 사용

모자 #1: 대부분의 시간을 함께 하는 초대 손님

이 모자는 초대 손님을 모실 때나 특별히 지역사회 주민들 혹은 학부모들이 학교를 방문할 때 쓴다. 여러분은 반가운 얼굴로 그들을 대할 필요가 있으며 그들이 어디에 앉는지

> **현장 교사로부터의 조언**
>
> **복합적인 역할을 하도록 청중을 준비시켜라**
>
> 프레젠테이션에서 청중이나 패널들이 어느 정도 요구한 역할 활동을 할 것이라면, 그것을 그들에게 철저히 설명해야 한다. 그들이 학생 활동 중에서 능동적 평가자로 참석한다면, 그들 또한 사전 준비가 필요하다. 주요 문서들을 보내고 전화나 이메일, 웹사이트 혹은 개인적으로 만나는 등의 방법을 통해 코치하라. 만약 그들이 평가기준표를 사용할 예정이라면 그것을 어떻게 사용하는지 설명하기 위해 반드시 그들을 만나야 할 것이다.

표시를 해두어 알도록 하고 다과와 음료는 어디에서 먹는지, 화장실은 어디인지 안내하라. 학생들에게 이러한 안내와 인사 활동을 시킬 수 있다.

프레젠테이션을 보러 온 청중에게 그들이 무엇을 해야 할지 알려준다:

- 청중이 수동적일 것이라고 생각되면, 즉 발표자에게 질문을 하거나 평가를 하지 않고 단순히 보고 듣기만 할 것으로 보이면 그들이 질문을 해야 할지 하지 않아야 할지 그리고 뜨겁게 박수를 쳐야 할 때 등에 대해서 이야기를 해준다.
- 프레젠테이션 시간을 철저하게 지킬 것이라면, 발표자와 청중에게 여러분이 끝내라는 신호를 보내거나 발표 시간을 짧게 하라는 신호를 보낼 것이라고 이야기한다.
- 학생 청중에게 '좋은 청중이 되는 법'에 관한 안내 유인물이 필요하다고 생각되면 그것을 챙겨준다.
- 청중이 보다 적극적이라면 그들이 준비해온 것을 바탕으로, 신속히 지침을 주어 복합적인 역할을 할 수 있도록 한다.

청중에게 유인물을 제공하려고 한다면 아래를 참고한다:

- 프로젝트를 요약 정리한 것
- 가능한 질문 목록 샘플(프레젠테이션의 내용과 과정 등)
- 그들의 피드백과 코멘트를 기록할 만한 구조화된 유인물

✱유용한 자료

프레젠테이션 청중 피드백 양식(173쪽)

모자 #2: 혜안과 날카로운 귀를 가진 평가자

이 모자는 일단 프레젠테이션이 시작되면 쓴다. 평가기준표를 당신 앞에 두고 세심하게 보고 들을 수 있도록 주의를 기울여라. 만약 프레젠테이션을 캠코드로 촬영할 수 있다면, 나중에 활동을 기억하고 평가하는 데 도움을 받을 수 있지만 시간이 많이 걸린다. 실제 상황에서 될 수 있는 한 많은 자료를 얻어야 한다.

이상적으로는 프레젠테이션을 준비하고 발표하는 동안 보고 듣는 것을 통해 학생들을 평가하여야 한다. 발표장에 오는 사람들이 질문하고 내용을 이해하는 과정도 평가에 포함된다. 만약 다른 사람들이 질문을 한다면, 그것이 비록 제공된 유인물 내용이라고 하더라도, 여러분은 학생들이 답하고 행동할 때 전적으로 주의집중할 수 있어야 한다. 만약 발표장에 참석한 어떤 전문가가 질문을 한다면, 여러분은 거기에 참여해서 가능한 많은 것을 관찰할 수 있어야 한다.

아래에 여러분이 활용할 수 있는 몇 가지 질문을 제시해 두었다. 고학년 학생들에게 사용할 수 있는데, 저학년 학생들에게는 수정해서 사용 가능하다.

당신이 학생들에 대해 알려고 하는 것:	**그것에 대한 질문의 예시:**
학생들이 진정으로 개념을 이해하고 있는가, 아니면 단순히 어떤 것에 대한 답을 위해 기억하고 있는가	▶ 다른 방법으로 그것을 설명해볼 수 있겠니?
학생들이 주제 지식에 대해 어느 정도 깊이와 넓이를 가지고 있는가	▶ 그것에 대해서 다른 사실을 내게 보여줄 수 있을까? ▶ 다른 예시를 내게 보여줄 수 있겠니?
학생들이 새로운 용어나 공학 용어를 정확하게 사용하고 있는가	▶ 그것이 무엇을 의미하는지 말해줄 수 있겠니?
학생들이 비판적으로 생각하고 그 주제를 다른 문제와 연결시킬 수 있는가	▶ 그것을 (　　)와 연결시킬 수 있겠니? ▶ 만약 그들이 (　　)(이)라면 다른 사람들은 (　　)에 어떻게 반응할까?
학생들은 프로젝트에서 어떻게, 왜 그렇게 행동했는가	▶ 너는 그 정보를 어떻게 알게 되었는지 말해줄 수 있겠니? ▶ 어떻게 그 결론에 도달했니? 혹은 어떻게 그 해결책에 도달했니? ▶ 다른 아이디어를 고려해 보았니? ▶ 가장 어려운 도전은 무엇이었니? ▶ 아직도 의아해한 질문은 무엇이니?

현장 교사로부터의 조언

한 그룹이 발표할 때 다른 학생들을 바쁘게 활동하도록 하기

교사들이 프로젝트를 운영하면서 공통적인 질문 가운데 하나가 '프레젠테이션을 하는 동안 학급의 나머지 학생들은 무엇을 합니까?'이다. 여기 몇몇 아이디어가 있다:

- 학생들에게 어떻게 하면 좋은 청중이 될 수 있는지 가르친다. 그리고 그것을 자주 상기시키고 필요할 때마다 반복한다.
- 학년 수준에 적절히 맞추어서 핵심 포인트 노트하기, 건전하게 논쟁하기, 질문을 평가하고 후에 물어보기, 평가기준표나 체크리스트에 기반해서 서로 점수 주기 등과 같은 과제를 준다.
- 만약 당신이 발표에 앞서 학생들이 다른 그룹의 프레젠테이션을 보기 원하지 않는다는 것을 알았다면 가능하다면 그들을 서로 멀리 떨어진 곳에 배치한다. 일단 그렇게 해두면 학생들은 발표할 때 정해진 그룹에서 다른 그룹의 청중이 될 수 있다.
- 프레젠테이션이 끝난 후에 평가기준표나 코멘트 적기를 통하여 학생들 스스로 평가하도록 한다.

제5장

성찰과 완성

이 장의 목표

드디어 발표가 끝나고 대부분의 결과물을 모은 후 프로젝트의 마지막 단계에 거의 다 왔다. 이 장에서 우리는 다음과 같은 절차를 통해 배운 내용을 성찰하는 방법과 프로젝트를 개선하는 방법에 대해 설명할 것이다.

- 성공 축하하기
- 무엇을 배웠는가에 대한 학생들의 성찰 이끌어내기
- 프로젝트에 대한 학생들의 피드백 모으기
- 추가 수업에 대한 계획과 프로젝트 개선을 위해 데이터 이용하기
- 학생들의 작업물과 프로젝트 결과물 견본 보관하기

우리는 BIE의 마지막 성찰로 마무리할 것이다.

왜 프로젝트가 끝난 후에 "성찰"을 할까?

프로젝트를 성찰하는 시간을 가지는 것은 종종 무시되기 쉬운 마지막 단계이지만 여러 가지 이유로 중요한 단계이다. 성찰은 학생들이 배운 내용을 오랫동안 기억하는 것을 돕는다. 왜냐하면 학생들이 새로 배운 내용을 이미 알고 있는 것과 연결시키거나 다른 주제와 아이디어들을 연결시키면서 마음속으로 배운 내용을 한 번 더 검토할 수 있기 때문이다. 탐구 질문과 프로젝트 핵심 개념을 다시 살펴보는 것은 학생들이 그 내용을 더 깊이 이해하는 것을 도와준다. 프로젝트의 마지막 단계는 또한 학생들이 학습하고 과제를 완성하기 위해 사용했던 절차들을 되돌아보면서 학생들이 동료들과 얼마나 잘 협력했는지, 21세기 기술들을 얼마나 잘 사용했는지 평가해볼 수 있는 좋은 시간이다.

마지막으로, 학생들과 프로젝트에 대해 토의하고, 아직 기억이 생생할 때 여러분이 가지고 있는 생각을 기록하는 것은 프로젝트를 개선하고 다음 프로젝트를 계획하는 데 도움이 된다. 발표가 끝나고 결과물이 완성되는 총괄적인 마무리 시간은 교사 자신과 학생들이 지금까지 거쳐온 과정에 대해 생각해볼 기회를 제공한다.

프로젝트 추진 일정을 계획할 때 성찰의 시간을 포함시켜야 하는 또 다른 이유가 있다. 이는 PBL을 실행하는 감정적인 경험과 관련이 있다. 장기간의 도전적이고 가치 있고 흥미로운 경험을 함께 한 그룹은 함께 성취한 것의 중요성을 깨닫고 인식하는 것이 필요하다. 예를 들어, 만약 여러분의 프로젝트가 청중 앞에서의 성공적인 발표와 함께 금요일에 끝났다면, 다음 월요일에 이에 대한 아무런 언급 없이 전혀 상관없는 다른 단원으로 바로 넘어가는 것이 더 이상하지 않을까? 프로젝트는 학생들에게 전통적인 수업과는 다른 교수법으로 인식되어야 한다. 따라서 이러한 인식이 현실이 되고 학생들이 다음 프로젝트를 고대할 수 있도록 사려 깊은 성찰 시간을 활용하기 바란다.

> 장기간의 도전적이고 가치 있고 흥미로운 경험을 함께 한 그룹은 함께 성취한 것의 중요성을 깨닫고 인식하는 것이 필요하다.

이제 프로젝트를 어떻게 적절하게 마무리 지을지 알아보도록 한다.

성공 축하하기

프로젝트의 마지막 단계에서 성찰과 아울러 성공을 축하하는 것을 잊지 말아야 한다. 이는 어떤 일이 훌륭하게 완성되고 나면 성공을 축하하는 학교 밖 세상에서 흔히 일어나는 일을 반영하는 PBL의 또 다른 측면이기도 하다. 사무실 직원들은 함께 회식을 하고, 정치인들은 축하 리본을 끊고, 간호사와 의사는 환자들을 안아주며, 세일즈맨들은 상사와 하이파이브를 한다. 스포츠에서도 우승한 운동선수들이 거리 행진을 한다든가 트로피를 받는 것과 같은 예를 많이 찾아볼 수 있다. 한 교실에서 프로젝트의 완성도 마찬가지이다. 축하는 공식적일 수도 있고 비공식적일 수도 있다.

프로젝트를 축하하는 방법

- 발표가 끝난 다음 리셉션에 청중을 초대하여 학생들과 이야기를 하거나 칭찬을 하는 시간을 갖는다.
- 프로젝트에 대해 알고 있는 학교 관리자나 해당 교육청 행정가, 외부 전문가, 지역사회 일원, 프로젝트에 관여한 학부모를 교실로 초대하여 축하하게 한다.
- 학급 전체 활동에서 교사가 학생들의 성과에 대해 얼마나 자랑스러워하는지 구체적인 예를 들어 학생들에게 설명한다. 그런 다음에 학생들에게 "우리가 자랑스러워하는 것"에 대한 목록을 만들게 한다.
- 지역사회에 알린다. 신문, 라디오, 텔레비전 방송국의 리포터가 프로젝트와 그 결과를 보도하도록 한다. 지방 행정부 사무실, 기업, 공공 도서관, 박물관, 전시회, 주민 회관 등과 같은 곳에 프로젝트 결과를 전시하도록 한다.
- 일종의 "기념물"이나 기록물을 만든다. 학생들은 "OO 프로젝트는 이러했다"와 같은 포스터 양식에 단어나 구를 짤막하게 써서 교실 벽에 붙인다든가, 사진을 모으고 스크랩북을 만든다든가, 아니면 온라인 기록 보관소에 프로젝트 결과물을 올려 작업 결과를 전시할 수 있게 한다. 이런 것들을 한해 내내 학부모나 방문객, 관리자, 동료 교사, 다른 학생들이 볼 수 있도록 전시해서 PBL의 좋은 예가 어떤 것인지 보여주도록 한다. (학생들의 작업물의 견본을 보관하는 요령에 대해서는 151~152쪽을 참고한다.)

무엇을 배웠는가에 대한 학생들의 성찰 이끌어내기

프로젝트 발표가 끝나고 모든 결과물을 제출받자마자 교사는 학생들에게 지난 여정을 되돌아보게 한다. 하지만 그 전에 학생들에게 무엇에 대해 물어볼 것인지, 학생들이 성찰하게 하기 위해 어떤 과정을 사용할 것인지를 결정해야 한다. 이때 개인, 소집단, 학급 전체 활동을 통합하여 사용하기를 추천한다.

학생 성찰 방법

- 개개인의 일기, 서술형 답변, 혹은 교사가 만든 설문지 양식(제6장에 제시된 견본 참고)

✱유용한 자료

프로젝트 자기 성찰 양식(학생용)(174쪽)

- 교사가 제시하는 질문에 대해 먼저 답을 메모해보거나 생각해보고 이를 짝과 공유한 후 학급 전체 토론 시간에 발표하는 "생각-짝-공유(Think-Pair-Shore)"를 사용한다. 전체 토론 시 모두가 볼 수 있도록 코멘트를 기록하도록 한다.
- 소그룹 토의를 한 이후 전체 학급 논의를 하도록 한다. 모두가 볼 수 있도록 코멘트를 기록하도록 한다.
- 어항 토의를 한다. 이때에는 각 모둠의 대표자가 한 사람씩 교실 앞으로 나와 프로젝트에 대해 함께 논의하고 나머지 학생들은 이를 청취하도록 한다. 교사는 "빈 의자(open chair)"를 두어서 누구든지 앞으로 나와 코멘트를 할 수 있게 한다. 모두가 볼 수 있도록 코멘트를 기록하도록 한다.

현장 교사로부터의 조언

성찰 능력을 향상시켜라

학생들은 성찰의 가치를 모를 수 있고 많은 학생들은 어떻게 성찰하는지 방법을 모르거나 질문에 대해 생각을 많이 하지 않고 급하게 답하려는 경향이 있다. 학생들의 이러한 행동에 대응하기 위한 세 가지 아이디어가 있다.

- 학생들이 먼저 짝 혹은 소그룹으로 질문에 대해 토의하는 것으로 성찰 과정을 시작한 후 개별적으로 성찰을 쓰게 한다.
- 사려 깊은 코멘트가 어떤 것인지 예를 제시한다.
- 성찰에 대한 어떤 학생의 좋은 생각을 학급에서 공유한다면 무엇이 특히 좋은지 짚어서 말해준다: 예를 들어, "나는 토니의 성찰에서 이러한 점이 사려 깊다고 생각한다. 토니가 말하기를…"

학생들이 성찰할 수 있는 것

교사는 교사 나름의 스타일이나 프로젝트 혹은 학생들 연령이나 준비도에 맞춰 다음의 질문을 수정하여 사용하거나 직접 질문을 만들어볼 수 있다. 교사가 학생들의 성찰을 지도하기 위해 학생들에게 물어볼 수 있는 질문의 종류에 대한 아이디어는 다음과 같다.

프로젝트의 주요 과제와 핵심 아이디어에 관한 질문

- 여러분이 만들어낸 결과물이 얼마나 좋았는가? 어떤 점이 개선될 수 있는가?
- 무엇이 우리가 해결하고자 했던 문제에 대한 가장 좋은 해결법이었는가? 왜 그렇게 생각하는가? 다른 대안적인 해결법으로는 무엇이 있을까?
- 탐구 질문에 대한 여러분의 답은 무엇이었는가? 프로젝트 동안 답변에 대한 생각이 변하지는 않았는가? (주의: 이것은 결과물보다는 이슈나 핵심 아이디어에 집중하고 있는 57쪽에서 설명하고 있는 두 번째 탐구 질문에 주로 적용된다.)
- 이 프로젝트가 여러분으로 하여금 궁금하게 했다거나 더 알고 싶게 만든 것은 무엇인가?

학구적인 내용과 기술이라는 관점에서 학생들이 배운 것에 관한 질문

- _______에 대해 무엇을 배웠는가? (학생들이 무엇을 배웠는지 알아보기 위해서 이처럼 일반적인 질문으로 시작하는 것도 괜찮다. 교사는 좀 더 구체적인 질문을 추가할 수 있다.)
- 어떤 기술과 능력을 더 잘 사용할 수 있게 되었는가? (이를테면 읽기, 쓰기, 수학개념 이용하기, 연구하기 등. 구체적인 예를 묻도록 하자.)

21세기 기술이라는 관점에서 학생들이 배운 것에 관한 질문

협력:

- 여러분은 하나의 모둠으로 어떻게 일했는가? 모둠으로 더 잘 일할 수 있었던 것은 무엇 때문인가?

- 여러분은 얼마나 좋은 모둠원이었는가? 여러분이 잘한 점과 개선해야 할 점은 무엇인가?
- 여러분은 시간에 맞춰 제때 작업을 했는가? 여러분은 정리정돈을 잘하고 조직적이었나? 다음에 한다면 어떤 것을 다르게 하고 싶은가?

의사소통:

- 발표 기술을 얼마나 잘 이용했는가? 개선해야 할 점은 무엇인가?
- 여러분이 작업 결과를 청중에게 보여줄 때 청중이 누구인지 고려하였는가? 그것이 여러분의 발표에 어떤 영향을 주었는가?

비판적 사고/문제 해결:

- 프로젝트 과정에서 무언가에 대해 얼마나 열심히 생각해야 했었는지 설명해보자.
- 프로젝트에서 한 문제를 어떻게 해결했는지 예를 들어 설명해보자.
- 프로젝트에서 뭔가 잘못되어 갈 때 여러분은 어떻게 반응했는가?

유-2 길잡이

학생들이 21세기 기술을 평가하게 돕기

어린 학생들은 특히 기간이 긴 프로젝트에 대해 교사가 성찰하게 하길 원할 때 한걸음 물러서서 비판적으로 생각한다든가 모둠으로 일할 때 얼마나 잘 작업했는지 평가하는 것을 못할 수도 있다. 이것은 심지어 좀 더 나이 든 학생들이나 성인들에게도 어려운 일이다.

학생들과 개별적으로 이야기할 수 있는 시간을 잡아보자. 좋은 모둠원이 무엇을 의미하는지, 좋은 문제 해결사가 되는 것이 무엇인지, 비판적으로 사고한다는 것이 무슨 의미인지 생각해 보도록 한다. 학생들과 같이 평가기준표를 훑어보고, 학생들이 성취기준을 충족했는지 보여주는 증거를 찾기 위해 프로젝트 일지나 포트폴리오를 살펴보거나 아니면 그냥 몇 가지 예시들을 이야기해 보라. 그런 다음에 협력 작업을 통해 평가기준표를 채워나간다.

현장 교사로부터의 **조언**

오개념을 바로잡을 마지막 기회를 잡아라

학생들이 배운 것에 대해 코멘트를 할 때에 교사는 어떤 개념이나 과정에 대해 학생들이 아직 완전히 이해하지 못한 것을 발견할 수 있다. 교사는 실제로 성찰 단계에서 교사가 의도한 내용 목표가 달성되었는지 확실히 하기 위해서 탐구 질문을 해 볼 수 있다. 아마도 학생들은 주요 용어를 잘못 쓰고 있거나 이미 배운 것과 이를 적용하는 것 간의 연결점을 찾지 못하고 있을 수도 있다. 물론 형성평가를 통해 미리 오개념을 알아차리려고 했던 교사의 최선의 노력에도 불구하고, 학생들이 작업 결과를 발표하고 전시할 때 오개념들을 발견하게 될 수도 있다. 그리고 이것은 학생들이 중요한 무언가를 충분히 "습득하지" 못했다는 작업 결과 평가에서 분명히 드러났을 것이다.

만약 이러한 일이 일어난다면 학생들의 사고가 무르익어 분명해질 때까지 시간을 두고 기다리도록 한다. 단지 몇몇 학생들만 오개념을 가지고 있다면, 교사는 이들과 별도로 이야기하거나 작업할 수 있지만, 만약 다수의 학생들이 오개념을 가지고 있다면 학급 전체를 대상으로 오개념을 바로잡는 노력을 해야 한다. 비록 이렇게 하는 것이 여러분이 계획했던 것보다 더 많은 시간이 걸리더라도 바로 이 시간이 학생들이 배울 준비가 가장 잘 되어 있는 "가르칠 수 있는 순간(teachable moment)"인 것이다. 교사는 학생들이 프로젝트를 마친 후 잘못된 아이디어를 갖거나 피상적으로 이해하기를 원치 않을 것이다.

프로젝트에 대한 학생들의 피드백 모으기

프로젝트가 끝난 다음 교사는 프로젝트의 강점과 약점에 대해 나름의 생각을 갖게 되지만, 학생들에게 그들의 생각을 묻는 것을 잊어서는 안 된다. 학생들은 프로젝트를 매우 다르게 생각할지도 모른다. 학생들은 교사가 보지 못하거나 깨닫지 못하는 관점을 갖고 있거나 경험을 했을지도 모른다. 학생들은 단지 교사의 가르침의 수동적인 수용자가 아니라 프로젝트가 진행되는 여정의 능동적인 파트너이기 때문에 PBL에서 학생들의 의견은 중요하다. 다시 말하면, 학생들은 프로젝트를 개선하기 위한 아이디어를 내놓을 수 있는 기회를 가지는 것이 당연하다. 그리고 교사가 바라는 대로 프로젝트가 진행되지 않았다면 특히 기억할 필요가 있는 세 번째 이유가 있다. 학생들은 교사가 알아차리지 못한 좋은 점들을 짚어낼지도 모른다는 것이다.

✱유용한 자료

프로젝트 자기 성찰 양식(학생용)(174쪽)

프로젝트의 설계에 대해 학생들에게 물어볼 질문

- 프로젝트는 흥미로웠고, 좋은 의미로 도전의식을 불러일으켰으며, 재미있었는가?
- 프로젝트 과제를 할 때 현실 세계에서 사람들이 일상적으로 하는 일을 하는 듯한 기분이 들었는가?
- 프로젝트가 너무 단순했는가, 너무 복잡했는가, 아니면 적당했는가? 왜 그렇게 생각하는가?
- 프로젝트에서 중요한 일을 해냈다고 느끼는가?

프로젝트의 실행에 대해 학생들에게 물어볼 질문

- 프로젝트 기간은 적당했는가?
- 지시사항은 명확했는가?
- 가장 어려웠던 점은 무엇이었는가?

- 교사로부터 적당한 양의 도움을 받았는가?
- 교사는 무엇을 할지에 대해 여러분이 스스로 선택하게 하였는가?
- 프로젝트 과정 중에 무언가에 대해 조금 더 도움이 필요한 적이 있었는가?

> 유-2 길잡이
>
> **피드백을 모으는 간단한 방법**
>
> 어린 학생들에게 여러 개의 질문에 자세히 답하도록 요구하는 것 대신에 학급 토의를 해보자. "나는 이게 좋았다"와 "나는 이게 싫었다"라는 제목으로 단 두 칸짜리 차트를 그리고 학생들의 생각을 적어본다.

추가 수업에 대한 계획과 프로젝트 개선을 위해 데이터 이용하기

앞서 말한 바와 같이 프로젝트는 흥미진진하고 도전의식을 불러일으키며 보상을 주고 순전히 재미있는 하나의 여정이라고 할 수 있다. 하지만 여정이 끝나고, 축하와 사려 깊은 성찰이 끝나면 "큰" 질문을 물어봐야 한다. 우리가 의도한 목적지에 도달하였는가? 교사는 프로젝트를 설계할 때 몇 가지 목표를 세웠다. 명확하게 프로젝트의 결과를 분석하기 위해 프로젝트 기간 중 수집한 데이터를 사용하라. 그리고 다음 프로젝트를 개선하기 위한 행동을 계획하기 위해 데이터를 이용하라.

프로젝트에서 학생들의 성취를 나타내는 데이터의 원천

다음은 얼마나 목표를 달성했는지 결정할 때 교사가 반드시 살펴봐야 하는 증거들이다.

- 학생들이 작업하는 동안 수행한 교사 자신의 관찰
- 주요 결과물과 수행 결과에 대한 교사의 분석으로 학생들이 프로젝트 이전에 했던 작업 결과와 어떻게 비교되는지를 포함
- 자원이나 멘토로 참여한 다른 성인들이나 주요 결과물과 수행 결과를 본 사람들의 코멘트
- 완성 평가기준표
- 학생들의 자기 보고서와 자기 성찰
- (해당되는 경우) 시험과 퀴즈

데이터가 학생들의 성취가 부족함을 알려준다면 어떻게 해야 할까?

교사가 내려야 할 결정은 "무언가 추가적인 수업을 해야 하는 걸까? 그렇다면 언제 해야 할까?"이다. 다음과 같은 기본적인 절차를 사용하라.

- 학생들이 잘 배우지 못한 성취기준(지식, 이해 및 기술)에 대해 기록한다.
- 그 성취기준이 PBL 이외의 방법을 이용하여 즉각 새로 가르칠 필요가 있는지, 앞으로 있을 다른 프로젝트에 포함될 수 있는지 결정한다.
- 학생들이 효율적으로 사용하지 못한 21세기 기술이 무엇인지 혹은 그 기술 중 어떤 측면을 효율적으로 사용하지 못했는지 기록한다.
- 앞으로 있을 프로젝트에서 반드시 강조되어야 할 21세기 기술이 있는지, 있다면 언제 어떻게 강조되어야 할지 결정한다.

프로젝트를 개선하기 위해 데이터 이용하기

교사가 데이터를 분석하고 학생들의 의견을 구한 다음에는 모든 것을 정리할 시간이다. 아마도 교사는 다음 프로젝트가 정확히 어떻게 개선되어야 할지 많은 아이디어를 가지고 있을 것이다. 하지만 프로젝트가 끝난 후 교사는 학급이나 학교의 다른 여러 가지 행사와 일을 처리하면서 프로젝트에 대한 기억이 하나둘씩 희미해져 갈 것이다. 그리고 다음 해에 프로젝트 파일에 앉은 먼지를 털어내면서 스스로 "음, 평가기준표와 관련된 주요 문제가 무엇이었더라?"하고 중얼거리는 자신을 발견하게 될 것이다.

이러한 일이 발생할 가능성에 대비하기 위해서 여기서는 교사가 프로젝트의 몇몇 측면에 대해 성찰한 내용을 기록할 수 있는 간편한 양식을 제공한다.

> **현장 교사로부터의 조언**
>
> **방학을 이용하여 여러분이 학기 중에 한 일을 기억해보라**
>
> 학기 중에 프로젝트 설계를 개선시킬 시간이 있는 교사는 몇몇 되지 않을 것이다. 그렇다면 방학 기간을 이용하자. 그러나 빠른 시일 내에 "프로젝트 개선 사항"이라는 폴더를 만들고 학기 중에 여러분이 진행한 프로젝트 이름의 파일들을 만들어야 한다. 그리고 학생들의 피드백, 여러분의 노트 기록물, 새로운 아이디어에 대한 생각, 여러분이 수집한 자료를 보관한다.

✱유용한 자료

프로젝트 사후 성찰 양식(교사용)(175~176쪽)

학생들의 작업물과 프로젝트 결과물 견본 보관하기

학생들에게 과제를 모두 돌려주기 전에 몇몇 견본은 보관을 위해서 남겨두어야 한다. 물론 학생들이 과제물을 자랑스럽게 집으로 가져가거나 학기말까지 자기들 책상에 올려놓을 수도 있지만, 학생들은 아마 쓰레기통에 버릴 것이기 때문에 교사가 다시는 결과물을 못 볼 가능성이 크다. 그리고 교실이나 파일 캐비닛 혹은 컴퓨터에 저장할 공간이 많이 필요하겠지만 교사도 학생들의 결과물을 아직은 버려서는 안 된다. 프로젝트에서 학생 작품의 좋은 견본을 갖고 있는 것이 좋은 생각인을 알게 될 것이다. 교사가 학생들의 모든 작품을 갖고 있을 필요는 없다. 그냥 프로젝트에서 무슨 일이 진행되었는지 알려주는 핵심 견본이나 학생 과제물 수준의 범위가 어떠했는지 알려주는 완성된 결과물의 대표적인 견본만으로 충분하다. 왜 번거롭게 학생들의 작업 결과를 보관해야 할까? 그 이유는 다음과 같다.

- 프로젝트를 다시 한다면, 학생들에게 학생 견본 작품을 보여줘서 교사가 무엇을 요구하고 있는지 알려줄 수 있다. 좋은 작품은 학생들의 "기대 수준을 높이고" 학생들에게 동기를 부여할 수 있다.
- 견본을 상중하로 나누는 것은 교사가 기대하는 것을 명확하고 구체적으로 잘 설명해주는 평가기준표를 만들거나 수정하는 것을 도와준다.
- 학생들의 작품 견본은 학생들에게 교사가 학생들이 성취하길 바라는 것이 무엇인지에 대한 구체적인 아이디어를 준다. 학생들로 하여금 평가기준표를 이용하여 견본을 비평하게 하고, 질 높은 작품에 대한 구체적인 기준을 명확하게 한다.

게 시 판

원정학습(Expeditionary Learning) 사이트에 게시된 학생 작품 견본

프로젝트에서 학생 작품의 견본을 볼 수 있는 가장 좋은 사이드 중 하나는 원성학습 웹사이트(PBL을 강조하는 K-12 학교 개혁 소식)의 쇼케이스이다. 학생들이 만든 결과물 각각의 견본은 그와 관련된 프로젝트와 링크(http://elschools.org/our-results/gallery)로 연결된다.

- 만약 누군가가 프로젝트에 대해 설명해 달라고 할 때 학생들의 견본 작품은 강력한 스토리를 들려줄 수 있다. 교사는 학기 초 학부모 회의나 다른 학부모 방문 행사 때 견본 작품들을 보여줄 수 있고, 학회나 교사 연수, 동료 교사나 교장/교감 선생님께 보여주는 자료로 활용할 수도 있다.

보관해야 할 학생 작품

- 프레젠테이션을 촬영한 비디오 기록(좋은 음질이 중요!)
- 비디오, 슬라이드, 웹페이지, 오디오 기록과 같은 미디어 기록 사본
- 전시물, 포스터, 모형, 잘 나온 작품 등의 사진 기록
- 글로 쓰인 결과물 사본(전자 문서와 종이 문서 모두)

보관해야 할 프로젝트의 그 외 자료들

- 웹사이트, 책, 기관, 지역사회 일원, 그리고 유용하다고 판명된 그 외 자료들
- 개념도, 연구 노트, 인터뷰 기록
- 보고서 초안, 프로토타입, 현장 학습 기록

BIE의 성찰로 마무리하기

자, 이제 끝났다. 우리는 여러분이 밖으로 나가 학생들과 함께 멋진 프로젝트를 하길 바란다. 우리는 다른 효과적인 교수 방법이 그렇듯 PBL 또한 많은 노력을 요한다는 것을 알고 있다. 하지만 성공적인 프로젝트를 끝내고 나면 아마 여러분은 그만한 노력을 기울일 만한 가치가 있었다는 것을 알게 될 것이다.

부디 질문이나 제안, 혹은 들려줄 이야기가 있다면 우리에게 알려주기 바란다. 우리 웹사이트(bie.org)에는 PBL에 관해 질문을 올리고, BIE 스태프와 다른 교육자의 답변을 받을 수 있는 포럼 게시판이 있다. 또한 우리 웹사이트에는 실제로 운영되는 프로젝트의 모습을 담은 비디오와 스스로 해보는 프로젝트 설계 튜토리얼도 있고, 프로젝트 검색 도구도 있다. PBL에 관한 교사 연수나 기관의 후원, 연구와 관련된 사항도 사이트에서 찾아볼 수 있다.

가끔 bie.org를 확인해보고, "유용한 자료(Useful Stuff)"에서 찾을 수 있는 자료를 비롯하여 다운로드할 수 있는 자료가 지속적으로 업데이트된다는 사실을 기억하기 바란다. 우리는 또한 우리가 직접 만들거나, 여러분을 포함하여 미국 전역과 전 세계에 있는 교사들로부터 받은 추가적인 자료를 지속적으로 게시할 것이다.

게 시 판 초등학교에서의 PBL 관련 서적

만약 여러분이 초등학교에서의 프로젝트에 대해 다른 연구자나 교육자들이 어떻게 생각하는지 궁금하다면 아래 세 권의 도서를 추천한다. 이 책들은 초등학교 저학년 혹은 유치원 아동들에게 초점을 맞추고 있다.

『Engaging Children's Minds: the Project Approach』
Lilian G. Katz and Sylvia C. Chard 공저
(Praeger; 2nd edition, 2000)

『Young Investigators: the Project Approach in the Early Years』
Judy Harris Helm and Lilian Katz 공저
(Teachers College Press, 2001)

『Project-Based Learning with Young Children』
Deborah Diffily and Charlotte Sassman 공저
(Heinemann, 2002)

제6장

프로젝트를 위한 유용한 자료

프로젝트의 계획과 운영을 위한 도구

(bie.org에서 다운로드 가능)

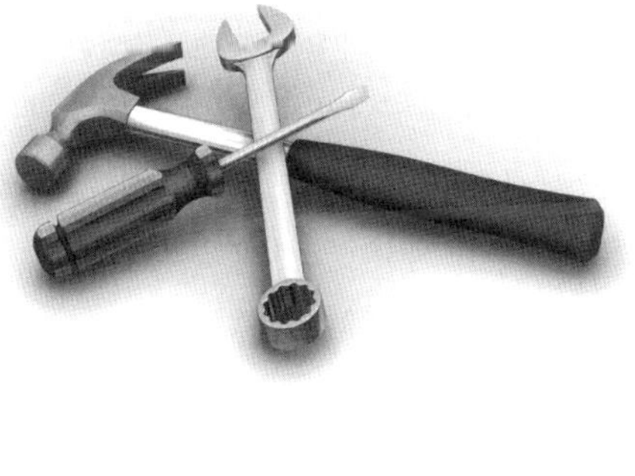

현장에서 사용된 여러 자료들의 예

프로젝트 개요

1쪽

프로젝트 이름		**기간:**
과목/코스	**교사:**	**학년:**
다른 과목과의 연계(옵션)		

프로젝트 아이디어 주요 이슈, 도전 사항, 탐구, 시나리오, 문제에 대한 요약:	
탐구 질문	
내용의 성취기준 (교수와 평가를 위한)	

21세기 기술 (교수와 평가를 위한)	협력	☐	기타	☐
	의사소통 능력(구두 발표)	☐		☐
	비판적 사고력/문제 해결력	☐		☐

주요 결과물과 수행물	**집단**		**발표 청중** ☐ 학급 ☐ 학교 ☐ 지역사회 주민 ☐ 전문가 ☐ 웹 ☐ 기타 ________
	개인		

프로젝트 개요

2쪽

탐구의 시작과 학생 활동 개시를 위한 **도입 활동**					
평가	**형성평가** (프로젝트 수행 중)	퀴즈/시험	☐	프레젠테이션 연습	☐
		학습저널/학습일지	☐	메모/기록	☐
		사전계획/개관/원형(프로토타입)	☐	체크리스트	☐
		초고	☐	개념지도	☐
		온라인 시험/교실 시험	☐	기타	☐
	총괄평가 (프로젝트 완료 후)	평가기준표에 비추어본 기록된 결과물: ____	☐	평가기준표에 비추어본 기타 결과물/수행물: ____	☐
		평가기준표에 비추어본 구두 발표:	☐	동료 평가	☐
		선다형/단답형 시험	☐	자기 평가	☐
		논술 시험	☐	기타:	☐

필요한 자료	**현장 인력/시설**	
	장비	
	자료	
	지역사회 자원	

반성적 사고 방법	**개인/집단/ 학급 전체**	학습저널/학습일지	☐	포커스 그룹	☐
		학급 전체 토의	☐	동료 모델(fishbowl) 토론	☐
		조사	☐	기타:	☐

프로젝트 교수 · 학습 가이드

프로젝트 이름:

결과물과 프로젝트의 주요 내용(학생들이 완성해야 할 것들)	**학생들에게 필요한 지식과 기술** (주요 결과물과 프레젠테이션을 성공적으로 완수하기 위해서)	**스캐폴딩/자료/제공된 수업** (프로젝트 교사, 관련 교사, 전문가, 멘토, 지역사회 인사들에 의한)
	→	
	→	
	→	
	→	
	→	
	→	
	→	

프로젝트 추진 일정

1쪽

프로젝트 이름:			**기간:**	
월요일	화요일	수요일	목요일	금요일
프로젝트 제1주				
메모				
프로젝트 제2주				
메모				

프로젝트 이름: 2쪽

월요일	화요일	수요일	목요일	금요일
프로젝트 제3주				
메모				
프로젝트 제4주				
메모				

프레젠테이션 평가기준표

(초등학교 중 · 고학년용)

	기준 이하	기준 근접	기준 도달	기준 초과
눈맞춤과 신체 동작	▶ 청중을 보지 않는다; 설명 없이 메모를 읽거나 슬라이드만 넘긴다. ▶ 손을 불안하게 고정시켜 두고 있거나 호주머니에 계속 넣고 있다. ▶ 자세에 자신이 없다(꼼지락거림, 구부정함) ▶ 복장이 상황에 맞지 않다.	▶ 청중과 가끔 눈을 맞춘다, 혹은 교실을 재빨리 훑어본다. 그러나 대부분의 시간에 메모를 읽거나 슬라이드를 넘긴다. ▶ 약간의 제스처를 사용하나 어색하다. 혹은 여전히 어색하게 손을 고정시켜 두고 있다. ▶ 자세가 약간 자신감이 보이고, 약간의 꼼지락거림 혹은 불안한 움직임이 보인다. ▶ 어느 정도 상황에 맞는 복장을 하려고 노력한다.	▶ 대부분의 시간에 청중과 눈을 맞춘다; 때때로 노트를 읽거나 슬라이드를 넘긴다. ▶ 손을 자연스럽게 사용하며, 제스처도 적절히 사용한다. ▶ 자신감 있는 자세로 진행한다. ▶ 복장이 상황에 맞다.	**'기준 도달' 수준 이외에;** ✚ 항상 청중과 눈을 맞추고, 천천히 모든 청중을 훑어보고; 노트나 슬라이드를 참고로 읽지 않고 설명해 나간다. ✚ 제스처를 자연스럽게 하면서 핵심을 강조하거나 설명한다. ✚ 목적에 따라 움직인다.
말하기	▶ 웅얼거리거나 말이 너무 빠르거나 늦다. ▶ 목소리가 너무 작아서 알아듣기 힘들다. ▶ 시간 때우는 말(음~, 에~, 그러니까~, 다시 말하면~ 등)을 자주 사용한다. ▶ 많은 단어들을 틀리게 발음한다. ▶ 상황에 적절하지 않은 형태로 말하는 경우가 많다.	▶ 때때로 명확하게 말한다; 때로는 말이 너무 빠르거나 느리다. ▶ 목소리가 청중이 듣기에 충분히 크지만 동일한 톤으로 말한다. ▶ 시간 때우는 말을 가끔 사용한다. ▶ 약간의 단어들을 틀리게 발음한다. ▶ 대부분 상황에 적절한 형태로 말한다.	▶ 말이 너무 빠르거나 느리지 않으며 명확하다. ▶ 모든 사람이 들을 수 있도록 충분히 크게 말한다; 톤을 바꾸어 청중의 흥미를 유지한다. ▶ 시간 때우는 말을 사용하지 않는다. ▶ 단어들을 정확하게 발음한다. ▶ 상황에 적절한 형태로 말을 한다.	**'기준 도달' 수준 이외에;** ✚ 다양한 말하기 스타일을 유지한다(낮게 혹은 높은 목소리, 속도의 변화, 캐릭터 목소리의 사용) ✚ 드라마틱한 효과나 생각하는 시간을 주기 위해서 말과 행동을 잠시 멈추기도 한다.

(계속)

	기준 이하	기준 근접	기준 도달	기준 초과
내용 조직	▶ 프레젠테이션에 포함되어야 할 요소들이 충족되지 않았다. ▶ 너무 적거나 많은 양의 정보를 제시하거나 잘못된 정보를 선택한다. ▶ 아이디어들이 혼재해 있다. ▶ 시간을 잘 활용하지 못한다; 프레젠테이션 전체에서 혹은 몇몇 파트에서 시간을 너무 적게 할애하거나 많게 할애한다. ▶ 도입 혹은 결론이 제시되지 않았다.	▶ 프레젠테이션에 포함되어야 할 요소들이 대부분 충족되었다. ▶ 가끔 너무 많거나 너무 적은 양의 정보를 제시하거나 잘못된 정보를 선택한다. ▶ 어떤 아이디어들은 서로 연결되어 있으나 모두 그렇지는 않다. ▶ 어떤 파트는 너무 일찍 끝내거나 혹은 너무 늦게 끝낸다; 한 주제나 슬라이드, 아이디어에서 너무 많거나 적은 시간을 할애한다. ▶ 도입과 결론이 제시되지만 그것이 명확하거나 흥미롭지 않다.	▶ 프레젠테이션에 포함되어야 할 요소들이 모두 충족되었다. ▶ 프레젠테이션을 위하여 알맞은 정보의 종류와 양을 선택한다. ▶ 핵심 아이디어를 진술하고 그것을 다른 아이디어와 관련시켜 이해한다. ▶ 파트에 따라 너무 일찍 끝내거나 늦게 끝내는 것 없이 시간을 잘 활용한다. ▶ 명확하고 흥미로운 도입과 결론을 제시한다.	**'기준 도달' 수준 이외에;** ✚ 기억에 남을 만한 도입과 결론을 제시하였다. ✚ 도입과 결론을 연결짓는다(이야기, 주제 혹은 은유를 활용해서) ✚ 유머, 이야기 혹은 은유를 효과적으로 사용한다.
시청각 자료	▶ 시청각 자료를 사용하지 않는다(사진, 그림, 구체물, 포스터, 지도, 녹음자료, 슬라이드, 기타 전자 미디어 등)	▶ 시청각 자료를 사용하지만 양이 많지 않고 프레젠테이션 주의를 산만하게 한다. ▶ 시청각 자료가 읽고 듣기 힘들거나 엉망이다.(글자, 그림, 소리가 산뜻하고 명확하지 않다) ▶ 시청각 자료가 미리 준비되지 않고 프레젠테이션에서 순조롭게 작동하지 않는다.	▶ 시청각 자료가 프레젠테이션에서 충분하다. ▶ 시청각 자료가 보기 쉽고 듣기에 편하다. ▶ 시청각 자료가 미리 준비되고 프레젠테이션에서 순조롭게 작동한다.	**'기준 도달' 수준 이외에;** ✚ 시청각 자료가 특별히 창의적이고 매우 효과적이다. ✚ 시청각 자료를 만들거나 기계를 사용하는 데 우수한 기능을 나타낸다. ✚ 시청각 자료와 기계를 사용하는 데 나타난 문제점들을 순조롭게 해결한다.
청중 질문에 대한 반응	▶ 청중의 질문에 대해 설명을 못한다; 주제에 벗어난 답을 하거나 말을 못한다.	▶ 청중의 질문에 대해 어느 정도 답을 하지만, 명확하거나 완전하지 않다. ▶ 청중의 질문에 대해 거짓답변을 하려고 한다.	▶ 청중의 질문에 분명하고 완벽하게 대답한다. ▶ 청중의 질문에 대해 답을 모를 때, '모르겠습니다'라고 말하거나 혹은 그 답을 찾을 수 있는 방법을 설명한다.	**'기준 도달' 수준 이외에;** ✚ 질문에 대해 자세하게, 예를 들어 혹은 새로운 관점으로 대답한다. ✚ 불분명한 질문, 주제에서 벗어난 질문, 주의를 혼란시키는 질문 혹은 다른 도전들에 대해서 순조롭게 대처한다.

프레젠테이션 평가기준표

(유치원~초등학교 저학년용)

나는 프레젠테이션의 시작, 중간, 마지막을 계획해서 발표한다.

1. 그렇지 못하다. 2. 때때로 그렇다. 3. 항상 그렇다.

나는 사진, 그림, 그리고 기타 필요한 자료들을 사용한다.

1. 그렇지 못하다. 2. 때때로 그렇다. 3. 항상 그렇다.

나는 발표를 보러온 사람들과 눈을 마주친다.

1. 그렇지 못하다. 2. 때때로 그렇다. 3. 항상 그렇다.

나는 크고 분명하게 말한다.

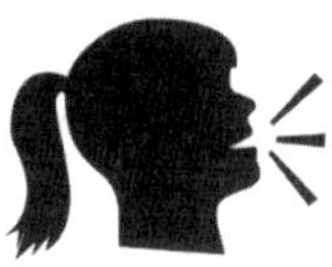

1. 그렇지 못하다. 2. 때때로 그렇다. 3. 항상 그렇다.

나는 발표를 보러온 사람들의 질문에 대답한다.

1. 그렇지 못하다. 2. 때때로 그렇다. 3. 항상 그렇다.

협동 학습 평가기준표

(초등학교 중 · 고학년용)

	기준 이하	기준 근접	기준 도달	기준 초과
자기 자신에 대한 책임감	▶ 팀과 함께 일할 준비를 사전에 하지 않는다. ▶ 프로젝트 과제를 시켜도 하지 않는다. ▶ 제시간에 과제를 완성하지 못한다. ▶ 다른 사람들의 피드백을 과제 개선에 활용하지 않는다.	▶ 때때로 팀과 함께 일할 준비를 사전에 한다. ▶ 프로젝트 과제를 때때로 시켜야 한다. ▶ 때때로 제시간에 과제를 완성하지 못한다. ▶ 때때로 다른 사람들의 피드백을 활용한다.	▶ 팀과 함께 일할 준비를 사전에 한다; 미팅 시간을 유용하게 활용하고 의사소통의 수단으로 사용한다. ▶ 시키지 않아도 팀에서 해야 할 일을 찾아서 한다. ▶ 제시간에 과제를 완성한다. ▶ 다른 사람들의 피드백을 활용하여 과제를 개선한다.	**'기준 도달' 수준 이외에;** ✚ 자신이 해야할 과제 이외의 것을 더한다. ✚ 자신의 과제 개선을 위하여 추가 피드백을 요구하며, 다른 사람들이 준 자료 내용 이상의 것을 수행한다.
팀 일을 돕기	▶ 팀 문제 해결을 돕지 않는다; 오히려 문제의 원인이 된다. ▶ 다른 팀 멤버들과 아이디어를 나누지 않는다. ▶ 팀원들에게 유용한 피드백을 주지 않는다. ▶ 다른 팀원들에게 도움을 주지 않는다.	▶ 팀원들과 협력하지만 능동적으로 그것을 돕는 것은 아니다. ▶ 팀원들과 아이디어를 나누기 위해 노력한다. ▶ 때때로 팀원들에게 유용한 피드백을 준다. ▶ 때때로 다른 팀원들에게 도움을 준다.	▶ 팀의 문제를 해결하고 갈등을 조절하며 내용의 핵심을 찾고 조직하도록 돕는다. ▶ 팀 활동이 개선되도록 아이디어를 나눈다. ▶ 팀원들에게 전문적이고 도움이 되는 유용한 피드백을 줌으로서 팀 활동이 개선되도록 한다. ▶ 다른 팀원들이 필요한 경우 도움을 제공한다.	**'기준 도달' 수준 이외에;** ✚ 다른 멤버가 결석했을 때 그 역할을 분담함으로 팀에 도움을 준다. ✚ 팀원들이 아이디어를 나눌 수 있도록 용기를 주고, 명확히 하도록 도우며, 그것들을 팀 활동과 연결시킨다. ✚ 팀원들이 이해하지 못한 것이 있는지 눈여겨보고 도울 수 있는 행동을 한다.
다른 사람들에 대한 존중	▶ 팀원들이 무슨 이야기를 하는지 주의를 기울이지 않는다. ▶ 팀원들을 존중하지 않고 방해를 하거나 아이디어를 무시하거나 감정을 다치게 한다.	▶ 팀원들의 이야기를 일반적으로 경청하지만 항상 그런 것은 아니다. ▶ 대부분의 시간을 팀원들에게 예의바르고 친절하게 대하지만, 항상 그런 것은 아니다.	▶ 팀원들의 이야기를 주의깊게 경청한다. ▶ 팀원들에 대해 예의바르고 친절하다.	**'기준 도달' 수준 이외에;** ✚ 팀원들이 서로 존중할 수 있도록 격려한다. ✚ 모든 사람들의 장점을 인정하고 그것을 팀에 사용할수 있도록 격려한다.

협동 학습 평가기준표

(유치원~초등학교 저학년용)

나는 팀 활동 과제를 정해진 시간까지 제출합니다.

1. 그렇지 못하다. 2. 때때로 그렇다. 3. 항상 그렇다.

나는 팀원들을 돕습니다.

1. 그렇지 못하다. 2. 때때로 그렇다. 3. 항상 그렇다.

나는 팀원들의 아이디어를 경청합니다.

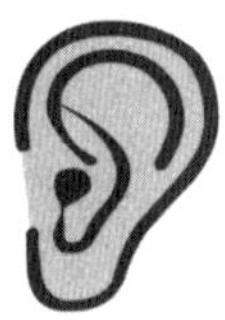

1. 그렇지 못하다. 2. 때때로 그렇다. 3. 항상 그렇다.

나는 크고 분명하게 말합니다.

1. 그렇지 못하다. 2. 때때로 그렇다. 3. 항상 그렇다.

나는 팀원들을 존중합니다.

1. 그렇지 못하다. 2. 때때로 그렇다. 3. 항상 그렇다.

(학부모에게 보내는 편지 견본)

친애하는 학부모님 혹은 위원님

우리 학급에서 이루어지는 흥미로운 프로젝트 발표에 대해서 말씀드리기 위하여 이 글을 보냅니다.

익히 알다시피, 우리 학교에서는 프로젝트 학습 방법으로 수업을 함으로써 학생들의 학습성취를 더 잘할 수 있도록 돕고 있습니다. 프로젝트는 학습을 동기화시키고 학습한 것을 오랫동안 기억할 수 있도록 합니다. 프로젝트는 학생들이 학교에서 배운 관련 기술들을 적용하고 실제 상황에서 펼쳐 보일 수 있는 기회를 제공합니다. 여러분의 자녀 또한 학교에서 비판적으로 사고하는 방법, 문제를 해결하는 방법, 팀에서 활동하는 방법 그리고 프레젠테이션을 하는 방법 등과 같은 것들을 배웠습니다. 이러한 기술들은 미래에 학교와 일터에서 성공적인 삶을 살아갈 수 있도록 도울 것입니다.

우리 프로젝트는 [프로젝트 이름](이)라 부르며 그것은 [기간] 동안 계속될 것입니다. 학생들은 [내용, 주제, 일반적인 정보]에 대해서 배울 것입니다. 우리의 활동에 초점을 둔 프로젝트의 탐구 질문은 [탐구 질문]입니다. 학생들은 [인터넷 조사, 지역사회 주민 인터뷰, 프레젠테이션 준비, 비디오 만들기 등]의 활동에 참여할 것입니다. 당신의 자녀는 교사의 지도를 받아 팀원으로 활동합니다. 우리는 [다른 교사들, 학교들, 기관들, 전문가들 등]과 함께 활동할 것입니다. 우리는 교실 안을 벗어나 [야외 활동, 만남 활동]으로 활동할 것입니다.

프로젝트의 마지막에 학생들은 [청중] 앞에서 프레젠테이션을 할 것입니다. 이 프레젠테이션은 [장소]에서 할 것이며, [날짜, 시간]까지 할 것입니다. 우리는 여러분이 함께 참여해주실 것을 기대합니다.

학생들은 개별적으로 그들이 성취한 내용 지식, 협동 능력, 프레젠테이션 기술에 대해서 평가를 받을 것입니다. 프로젝트 [결과물] 창출을 유도하는 데 도움을 주고 학생 활동을 평가하는 데 사용될 평가기준표를 첨부합니다. 평가기준표를 통해 학생들이 해야 할 활동들이 무엇인지 알고, 프로젝트 기간 동안 사녀들에게 어떤 도움을 주어야 할지 알게 될 것입니다. 학부모 혹은 보호자들께서는 집에서 주제에 대하여 토론해 주시고 자녀들이 그 주제와 관련하여 곰곰히 생각하고 질문할 수 있도록 격려해 주십시오. 여러분은 또한 [수업에 참여하고, 체험장까지 학생들을 데려다주고, 전문가나 학습 자료를 지원하는 등]을 통하여 프로젝트에 도움을 줄 수 있습니다.

프로젝트에 관하여 질문이 있으면 주저하지 마시고 담임 선생님께 연락을 주세요.

감사합니다.

[교사 이름]

[연락처 정보]

프로젝트 팀 계약서	
프로젝트 이름:	
팀 이름:	

우리의 약속

- 우리는 모두 존중하는 마음으로 서로의 아이디어를 경청합니다.
- 우리는 모두 최선을 다하여 활동할 것을 약속합니다.
- 우리는 모두 필요할 경우 도움을 요청할 것을 약속합니다.
- 우리는 모두 ______________________________을(를) 약속합니다.

만약 우리 팀에서 누군가 약속을 어길 경우, 팀원들이 모여서 회의를 하고 그 사람에게 약속을 따라줄 것을 요청할 것입니다. 그 학생이 그래도 계속 약속을 지키지 않는다면 우리는 선생님께 문제를 해결할 수 있도록 도움을 요청할 것입니다.

날짜: ______________________________

팀원 서명:

______________________________ ______________________________

______________________________ ______________________________

______________________________ ______________________________

프로젝트 팀 계약서

우리는 다음 사항에 대해서 약속합니다.

날짜: ____________________

팀원 서명:

프로젝트 팀 활동 계획

프로젝트 이름:	
팀원:	

프로젝트 결과물:		기한:	
해야 할 것이 무엇인가?	누가 이 부분을 맡는가?	기한은 언제까지인가?	✓ 완성 유무
			☐
			☐
			☐
			☐
			☐
			☐
			☐

프레젠테이션 계획

우리 팀의 프레젠테이션은 무엇에 관한 것인가? ______________________________

청중으로 참가하는 사람은 누구인가? ______________________________

나는 청중이 무엇을 알고, 느끼고, 행하기를 원하는가? ______________________________

프레젠테이션을 어떻게 시작할 것인가? ______________________________

프레젠테이션의 중간 부분에 무엇이 나오는가? ______________________________

프레젠테이션을 어떻게 끝낼 것인가? ______________________________

프로젝트를 흥미롭게 하기 위해서 무엇을 할 것인가? 또는 보여줄 것인가? ______________________________

프레젠테이션 당일 체크리스트

- ☐ 전체 프레젠테이션 일정
- ☐ 초대 손님/청중이 참석하는 시간과 장소
- ☐ 초대 손님/청중에게 나누어줄 유인물
- ☐ 프레젠테이션 발표자와 청중의 자리 배치
- ☐ 장비/학생 자료의 사용 준비
- ☐ 장비 검사(및 작동 준비)
- ☐ 교사 자료의 사용 준비
- ☐ 청중의 역할 설명
- ☐ 알람시계 준비

프레젠테이션 청중 피드백 양식

학생 팀명:			
프로젝트 이름:		날짜:	

프로젝트 프레젠테이션을 보고 다음 질문에 대해 진솔하게 답변해 주시면 대단히 감사하겠습니다.

1. 프레젠테이션에서 무엇을 배우셨습니까? 또는 이것을 보고 무엇에 관해 생각하게 되었습니까?

2. 프레젠테이션에서 무엇이 가장 좋았습니까?

3. 주제에 대해 혹은 프로젝트가 행해진 방법에 대해 질문이 있으면 적어 주십시오.

4. 프레젠테이션에 대해 코멘트할 것이 있으면 적어 주십시오.

프로젝트 자기 성찰 양식(학생용)

이 프로젝트에서 여러분이 무엇을 했고 프로젝트를 어떻게 성공적으로 진행시켰는지 자신의 활동을 생각해보고, 오른쪽 칸에 적어보세요.

학생 이름:	
프로젝트 이름:	
탐구 질문:	
자신에 관하여:	
프로젝트에서 배운 가장 중요한 것은 무엇입니까?	
시간을 좀 많이 투자했으면 하는 부분, 혹은 좀 다르게 했으면 하는 부분은 무엇입니까?	
프로젝트의 어떤 부분이 가장 잘 되었다고 생각합니까?	
프로젝트에 관하여:	
프로젝트에서 가장 즐거웠던 부분은 무엇입니까?	
프로젝트에서 가장 즐겁지 않았던 부분은 무엇입니까?	
다음 프로젝트가 더 나아지기 위해서 선생님이 어떻게 해주면 좋겠다고 생각합니까?	

프로젝트 사후 성찰 양식(교사용)

프로젝트		**날짜**	

프로젝트 아이디어, 설계와 운영 고려사항	**반성**
학생 참여	
프로젝트의 전반적인 아이디어	
학생 학습에 대한 전체적인 결과	
프로젝트 과제와 결과물에 대한 진실성(authenticity)	
탐구 질문의 질과 그 활용	
범주: ▶ 소요된 시간 ▶ 복잡성 ▶ 관련 과목 수/ 참여한 사람과 단체의 수 ▶ 장비의 사용	
내용 준거(국가수준 목표)의 선택	

(계속)

21세기에 적합한 학습 기술의 선택	
결과와 수행을 절정화시키기 위한 선택	
도입 활동의 효율성	
평가기준표의 질	
스캐폴딩의 질과 조합, 그리고 학습 활동	
집단에서 활동을 수행해갈 수 있는 학생들의 능력	
독립적으로 활동을 수행해갈 수 있는 학생들의 능력	
탐구 기술을 사용하고 깊게 사고하는 능력	
프로젝트 운영, 학생 코치, 도움 제공에 대한 교사의 능력	
다른 외부인들의 참여	
자료의 적절성	

프로젝트 개요

1쪽

프로젝트 이름:	피자 가게와 일의 세계		**기간:** 10주
과목/코스	사회, 과학	**교사:** 매콘빌(L. McConville) 교사	**학년:** 2~3학년
다른 과목과의 연계(옵션)	언어, 수학, 미술		

프로젝트 아이디어 주요 이슈, 도전 사항, 탐구, 시나리오, 문제에 대한 요약:	학생들은 어른들과 함께 일의 세계에 대해서 이야기하고 교실에서 피자 가게 운영하는 것을 공부한다. 그들은 직업에 대해서 공부하고, 그와 관련된 사람들을 인터뷰하며, 피자 가게가 어떻게 운영되는지 알기 위하여 마을에 있는 가게에 가서 현장에서 체험을 한다. 피자 가게 운영을 준비하기 위하여 이틀 동안, 아동들은 직무 설명서를 작성하고, 메뉴판과 광고지, 간판을 만들며 교실 공간을 재배열하고 장식한다. 그리고 피자 만드는 방법과 재료 구입 방법을 학습한다. 학생들은 다양한 직무 수행에 대해서 어떻게 생각하는지, 얼마나 많은 사람들이 다양한 직업을 수행하기 위하여 대가를 지불하는지에 관해서 되돌아본다. 또한 학생들은 이윤을 계산하는 방법과 그것을 어떻게 사용할 것인지 결정하는 방법에 대해서 학습한다.
탐구 질문	그것은 무슨 일을 하는 것을 의미할까요?
내용 성취기준 (교수와 평가를 위한)	**사회(경제):** 구매자와 판매자, 상품 견본과 서비스 구매, 지역사회에서 매매, 직업의 전문화와 영업 **과학:** 식물의 구조와 기능; 에너지와 생물; 각 물질 상태의 속성에 바탕을 둔 고체, 액체, 기체의 비교와 대조 **언어:** (읽기) 논픽션이나 정보제공 자료에서 글의 목적, 구조 및 요소를 판별하고, 분석하고, 적용하기; (쓰기) 한 주제를 검토하여 설명하는 글을 적어 생각과 정보를 분명하게 전달하기; 자료를 정리하여 노트하기 **수학:** 숫자로서 분수의 이해 심화; 시간 간격에 따른 액체 부피 측정과 추정이 포함된 문제 해결; 기하학적 측정; 곱셈과 덧셈의 영역과 관계 영역 개념에 대한 이해

21세기 기술 (교수와 평가를 위한)				
	협력	☒	기타: 프로젝트 운영 기술	☒
	의사소통 능력(구두 발표)	☐		☐
	비판적 사고력/문제 해결력	☒		☐

주요 산출물과 수행물			
	집단:	직무 설명서 작성; 공간 배치 계획; 간판과 광고지 작성; 메뉴판; 식당 개장 동안 모든 일 수행하기	발표 청중: ☒ 학급 ☒ 학교 ☒ 지역사회 주민 ☐ 전문가 ☐ 웹 ☐ 기타______
	개인:	학습저널(journal), 인터뷰 요약물	

프로젝트 개요

2쪽

탐구의 시작과 학생 활동 개시를 위한 **도입 활동**	교사는 학생들이 미래에 어떤 종류의 일을 하고 싶은지 물으면서 학생들의 주의를 이끈다. 그러고는 이전에 모아 두었던 직업들(피자 가게에서 일하는 것 포함)을 칠판에 적는다. 교사는 직업 목록 중 교실에서 가게를 해보기를 원한다고 말하는데, 학생들은 피자 가게를 선택한다.				
평가	**형성평가** (프로젝트 수행 중)	퀴즈/시험	☐	프레젠테이션 연습	☐
		학습저널/학습일지	☒	메모/기록	☒
		사전계획/개관/원형(프로토타입)	☒	체크리스트	☐
		초고	☐	개념지도	☐
		온라인 시험/교실 시험	☐	기타: 교사 관찰	☒
	총괄평가 (프로젝트 완료 후)	**평가기준표에 비추어본 기록된 결과물:** 학습저널	☒	평가기준표에 비추어본 기타 결과물/수행물:	☐
		평가기준표에 비추어본 구두 발표:	☐	동료 평가	☐
		선다형/단답형 시험	☐	자기 평가	☒
		논술 시험	☐	기타:	☐
필요한 자료	**현장 인력/시설**	교실; 학교 학생들, 교사와 스태프(고객)			
	장비	음식 준비 공간으로서의 교실 부엌. 개수대, 토스터기/ 오븐, 조리도구 및 취사도구; 탁자와 의자			
	자료	광고와 메뉴판을 만들 수 있는 종이; 유니폼을 만들 티셔츠와 섬유 페인트; 조사를 위한 클립보드; 피자 재료, 접시, 컵, 주방용품; 탁보, 냅킨, 설거지통, 행주, 비누, 냉온수, 신선한 꽃, 쟁반, 앞치마			
	지역사회 자원	학부모와 지역사회 구성원; 피자 가게 협조 요청			
반성적 사고 방법	**개인/집단/ 학급 전체**	학습저널/학습일지	☒	포커스 그룹	☐
		학급 전체 토의	☒	동료 모델(fishbowl) 토론	☐
		조사	☐	기타:	☐

프로젝트 교수 · 학습 가이드

프로젝트 이름: 우리 고장 올드햄(Oldham)에 사는 동물들

산출물과 프로젝트의 주요 내용(학생들이 완성해야 할 것들)	**학생들에게 필요한 지식과 기술** (주요 산출물과 프레젠테이션을 성공적으로 완수하기 위해서)	**스캐폴딩/자료/제공된 수업** (프로젝트 교사, 관련 교사, 전문가, 멘토, 지역사회 인사들에 의한)
우리 고장 올드햄에 사는 동물들에 관해 쓰이거나 묘사된 책	살아 있는 것과 살아 있지 않은 것의 차이 동물의 발달 단계와 생애 주기	➔ 과학 단원—살아 있는 것과 그렇지 않은 것의 분류 그림으로 된 인간 생애 주기표와 각 발달 단계 묘사 닭의 생애 주기에 관해 비디오 관찰과 토론
	올드햄 지역 숲속의 동물들 우리 학교에서 볼 수 있는 동물들	➔ 책 읽고 워크숍—숲 속 동물에 관한 논픽션 책 읽기 현장 체험—학교 운동장과 숲 속
	동물의 생애 주기에 관해 조사하고 질문을 만드는 방법	➔ 조사하고 워크숍
	물고기, 양서류 혹은 곤충의 생애 주기에 관해 기록물 관찰하는 방법	➔ 조사하고 워크숍
	식물의 생애 주기 문서에서 관찰되는 삽화 그리는 방법	➔ 미술 단원, 전문가와 함께 지도
	동물의 생애 주기 설명을 위하여 문서에 삽화를 넣는 방법	➔ 글쓰기 워크숍
올드햄 지역 자연보호 구역을 소개하는 구두 발표	말하기 기능 간단한 프레젠테이션 계획하기	➔ 학습하고자 하는 내용의 프레젠테이션 검토하기 프레젠테이션 관찰하고 비판하기 발표 내용 요약하고 프레젠테이션 연습하기

프로젝트 추진 일정

1쪽

프로젝트 이름: 우리 고장 올드햄(Oldham)에 사는 동물들(유치원)

기간: 봄 방학 끝난 후부터

월요일	화요일	수요일	목요일	금요일
프로젝트 제1주				
메모: 이번 주 교실 관찰을 위해서 나비 유충, 무당벌레, 개구리 알 구하기				
5 —**도입 활동**: 초대 손님 선정 —활동 알아두기 —탐구 질문 토의 —발표자와 청중에게 프레젠테이션 주요 결과물 설명하기 **과학 워크숍**: 살아있는 것과 그렇지 못한 것 —분류하기 —잘 이해하지 못하는 개념 정리 시작하기	6 **책 읽고 워크숍 하기**: 중요한 내용 선택하여 요약하기 —숲 속의 동물에 관한 논픽션 읽기 **과학 워크숍**: 인간의 생애 주기와 단계별 변화 과정	7 **책 읽고 워크숍 하기**: 중요한 내용 선택하여 요약하기 —숲 속의 동물에 관한 논픽션 읽기 **과학 워크숍**: 동물의 생애 주기 —나비유충, 무당벌레, 개구리 알 관찰 시작	8 **책 읽고 워크숍 하기**: 중요한 내용 선택하여 요약하기 —숲 속의 동물에 관한 논픽션 읽기 **과학 워크숍**: 비디오—닭의 생애 주기 **수학 단원**: 나비 유충, 무당벌레, 개구리 알 관찰 데이터 기록해가기	9 **책 읽고 워크숍 하기**: 중요한 내용 선택하여 요약하기 —숲 속의 동물에 관한 논픽션 읽기 —팀의 구성 —그룹 협동학습 모델링 —프로젝트 계약서 작성 **과학 워크숍과 현장 학습**: Oldham 지역 숲 속에서 발견된 동물들 —학교 근처에서 발견되는 동물들
프로젝트 제2주				
메모: 숙련된 전문가에게 방문 요청하여 프레젠테이션 논의하기				
12 **책 읽고 워크숍 하기**: 중요한 내용 선택하여 요약하기 —생애 주기에 관한 논픽션 읽기 **조사 탐구 워크숍 하기**: 동물의 생애 주기에 관해 조사 후 질문 만들기 **글쓰기 워크숍**: 전문가 인터뷰를 위한 '유용한' 질문 만들기 **체크포인트**: 조사 탐구 질문, 인터뷰 질문 검토하기	13 **책 읽고 워크숍 하기**: 중요한 내용 선택하여 요약하기 —생애 주기에 관한 논픽션 읽기 **조사 탐구 워크숍 하기**: 동물 생애 주기에 관해 관찰 기록하기 —지역사회 전문가 방문하기	14 **책 읽고 워크숍 하기**: 중요한 내용 선택하여 요약하기 —생애 주기에 관한 논픽션 읽기 **조사 탐구 워크숍 하기**: 동물 생애 주기에 관해 관찰 기록하기 **체크포인트**: 탐구노트에 기록되어 있는 기록물 검토(수업시간에 다룬 것 중 1/3 하기)	15 **책 읽고 워크숍 하기**: 중요한 내용 선택하여 요약하기 —생애 주기에 관한 논픽션 읽기 —탐구노트에 관찰하고 기록 계속하기 **체크포인트**: 탐구노트에 기록되어 있는 기록물 검토(수업시간에 다룬 것 중 1/3 하기)	16 **책 읽고 워크숍 하기**: 중요한 내용 선택하여 요약하기 —생애 주기에 관한 논픽션 읽기 —탐구노트에 관찰하고 기록 계속하기 **체크포인트**: 탐구노트에 기록되어 있는 기록물 검토(수업시간에 다룬 것 중 남은 것 다하기)

(계속)

프로젝트 이름: 우리 고장 올드햄(Oldham)에 사는 동물들(유치원)

2쪽

월요일	화요일	수요일	목요일	금요일
프로젝트 제3주				
메모: 목요일까지 각종 서류와 책 표지 자료 준비 확인하기				
19 **책 읽고 워크숍 하기:** 중요한 내용 선택하여 요약하기 —생애 주기에 관한 논픽션 읽기 —탐구노트에 관찰하고 기록 계속하기 **글쓰기 워크숍:** 생명 주기에 관해 묘사된 책 내용을 이야기 텍스트로 만들기	20 **책 읽고 워크숍 하기:** 중요한 내용 선택하여 요약하기 —생애 주기에 관한 논픽션 읽기 —탐구노트에 관찰하고 기록 계속하기 **글쓰기 워크숍:** 이야기 텍스트 만들기 **전문가를 통한 미술 수업:** 동물 생명 주기에 관한 내용을 수채물감으로 나타내기	21 **책 읽고 워크숍 하기:** 중요한 내용 선택하여 요약하기 —생애 주기에 관한 논픽션 읽기 —탐구노트에 관찰하고 기록 계속하기 **글쓰기 워크숍:** 이야기 텍스트 만들기 **체크포인트:** 비평문 초고 —수채물감 작업하기	22 **책 읽고 워크숍 하기:** 중요한 내용 선택하여 요약하기 —생애 주기에 관한 논픽션 읽기 —탐구노트에 관찰하고 기록 계속하기 **글쓰기 워크숍:** 이야기 텍스트 만들기 비평문 초고 다듬기 **체크포인트:** 비평문 초고 —수채물감 작업하기	23 **책 읽고 워크숍 하기:** 중요한 내용 선택하여 요약하기 —생애 주기에 관한 논픽션 읽기 —탐구노트에 관찰하고 기록 계속하기 **체크포인트:** 책을 만들기 위한 텍스트 준비 **체크포인트:** 수채물감 일러스트레이션 완성
프로젝트 제4주				
메모: 자연보호 구역 기관에 요청하여 프레젠테이션 자세한 사항 논의하기				
26 —책 내용 모으기 시작 **프레젠테이션 워크숍:** 프레젠테이션 준비하기 **체크포인트:** 각 팀의 프레젠테이션에 대한 계획 검토	27 —최종적으로 텍스트 모아 책 완성하기 **프레젠테이션:** 총연습을 위한 아침 모임	28 **프레젠테이션:** 다른 반 교실에서 연습	29 **올드햄 지역 자연보호 구역에 관한 프레젠테이션**	30 **축하회** **프로젝트 반성회:** 탐구 질문에서 학습저널 쓴 것까지 재논의

프로젝트와 관련된 4학년 교육과정 지도안(1년)

PBL과 문학과 수학 프로그램이 부분적으로 통합된 학교 수업 사례이다. 프로젝트는 과학과 사회 과목 시간에 진행된다. 읽기, 쓰기, 말하기—가끔 수학 포함—의 국가수준 준거들이 프로젝트 활동을 통해 강조되고 있다. 국가수준 준거에서 도출된 쓰기 내용은 프로젝트의 다양한 결과물에 그대로 반영되어 있다.

주	1~6(8~9월)	7~12(10~11월)	13~18(11~12월)	19~24(1~2월)	25~30(2~3월)	31~36(4월~5월)
과학 국가수준 준거	**물리학:** 전기와 자기력은 일상생활에 매우 많이 응용되어 사용된다.	**지구과학:** 파장, 바람, 물과 얼음, 지표면의 형성과 재형성	**지구과학:** 암석과 미네랄의 속성은 그들의 형성과정에 영향을 미친다.		**생활과학:** 모든 유기체는 에너지를 필요로 하며 에너지는 생존과 성장에 중요한 영향을 미친다. 살아있는 유기체는 서로 영향을 주고받으며 환경에 따라 생존이 좌우된다.	
프로젝트	학생들은 안전한 전기 장난감을 설계하기 위하여 전도체와 절연에 관한 지식을 활용한다. **주요 결과물:** 전기 장난감, 연구 메모노트, 프레젠테이션	캘리포니아를 이루고 있는 지형의 다양한 특성을 묘사하는 디지털 스토리 만들기. 예: 요세미티, 해변, 모래 언덕, 센트럴 밸리 등 **주요 결과물:** 디지털 스토리, 연구 메모노트 및 프레젠테이션	채광산업의 역사, 지질의 다양성 및 광물자원에 관한 자료를 바탕으로, 캘리포니아 채광산업에 투자하기를 희망하는 투자자에게, 투자에 관한 조언을 해주는 상황의 시나리오를 학생들에게 제시하고, 문제를 해결하게 한다. **주요 결과물:** 연구 메모 노트, 지도와 그 안의 주요지역에 주석이 표시된 보고서, 시나리오 문제해결에 대한 구두 발표 **통합된 언어 과목의 준거:** 정보를 적기/ 설명문을 통하여 주제를 검토하고 정보와 아이디어를 정확하게 전달하였는가를 검토하기 **프로젝트에서 글쓰기 워크숍:** 연구 보고서: 정보를 찾고 평가하기; 주제 문장과 사실을 보조하는 문장		학생들은 그들이 사는 지역에 있는 다양한 동물들이 생태계에 의존한다는 것을 보여주기 위한 비디오를 제작한다. **주요 결과물:** 해설 비디오, 연구 메모 노트, 프레젠테이션	

(계속)

주	1~6(8~9월)	7~12(10~11월)	13~18(11~12월)	19~24(1~2월)	25~30(2~3월)	31~36(4월~5월)
사회 국가수준 준거	**주(state) 역사학:** 학생들은 캘리포니아 사람들의 사회적, 정치적, 문화적 및 경제적 생활에 대해 기술하고 콜롬비아 이전 사회로부터 스페인의 선교 시대, 멕시코의 노동자 시대에 이르기까지 사람들의 상호작용에 대해서 기술한다.		**주 역사학:** 학생들은 멕시코-미국 전쟁, 골드 러시, 주로의 승격을 거쳐, 캘리포니아 주의 확립에 이르기까지 캘리포니아의 경제적, 사회적 및 정치적 생활에 대해 설명할 수 있다.	**주 역사학:** 학생들은 캘리포니아 주가 1850년대 이후로 어떻게 경제적, 정치적 및 문화적 발달 변화를 거쳐 마침내 농업적, 산업적 경쟁력을 가지게 되었는지 설명할 수 있다.	**지리학:** 학생들은 캘리포니아 지역과 장소에 따른 자연지리와 인문지리적 특성을 이해하고 설명할 수 있다.	
프로젝트	학생들은 그림, 조형예술, 신화와 전설 및 역사적 사건에 대해서 탐구하고 미국 인디언들의 생활이 어떠했는지, 스페인의 침입으로 그것이 어떻게 변해갔는지에 대해서 공부한다. **주요 결과물:** 스페인의 침입으로 한 인디언의 전후 생활 변화에 관한 적어 놓은 이야기/역사적 서사 읽기, 드라마 대본 혹은 팟캐스트(podcast) 자료 낭독하기 **통합된 언어과목 국가수준 준거:** 효율적 표현기법, 세부적 묘사 및 명확한 사건 계열을 활용하여 인디언의 이야기를 적고 실제적이고 이미지화된 경험/사건으로 발전시키기 **프로젝트에서 글짓기 워크숍:** 역사적 서사: 훌륭한 도입단계; 한심의 유지; 문장의 변화 **묘사적 글짓기:** 정보의 순서 짓기; 감각적 문장의 사용; 문장의 조합		학생들은 골드 러시 기간 동안 역사적 사건들을 참고하여 광부들과 다양한 인종집단의 경험을 담은 연극 대본을 적고 연극을 만든다. **주요 결과물:** 연극 대본과 연극의 수행 **프로젝트에서 글짓기 워크숍:** 연극의 단계, 인물의 성격 및 연극의 배경 전개; 대사 적기; 소유격 사용하여 글짓기하기	학생들은 캘리포니아가 어떻게 농업과 산업의 경쟁력을 가지게 되었는지를 설명하는 웹페이지를 만든다. **주요 결과물:** 사진, 설명, 기간이 포함된 캘리포니아의 다양한 시간대에 따른 발전양상에 관한 웹페이지	학생들은 "Golden State(캘리포니아 주의 속칭)의 가장 독특하고 특수한 지리적 특성이 무엇인가?"에 관한 질문에 대답할 수 있도록 노력한다. **주요 결과물:** 관광객을 끌어들이기 위한 주정부 홈페이지에 관한 견해 **통합된 언어과목 국가수준 준거:** 이유와 근거를 가지고 한 관점을 지지하는 자신의 견해를 글로 쓰기 **프로젝트에서 글짓기 워크숍:** 부분적 견해: 핵심 아이디어를 자세하게 서술하기; 도입과 결론; 대명사 사용하여 글짓기하기	

제7장

우수 프로젝트 학습

프로젝트 학습을 실제로 어떻게 계획하고 운영하는지에 대한 아이디어를 제공하기 위해서 일곱 개의 프로젝트를 선택했다. 이 프로젝트들은 다수의 교사와 학교에서 고안된 것이며 프로젝트 학습이 취할 수 있는 다양한 형태들을 묘사하고 있다. 앞 장의 이론부분에서는 예시하는 프로젝트들에 대한 세세한 사항들에 대해서 논의했다. 각 프로젝트의 처음 요약 부분에는 온라인에서 관련 정보를 찾는 방법이나 프로젝트 저자들과 연락하여 더 자세한 정보를 알아 볼 수 있는 방법이 포함되어 있다.

- 유치원 과학, 국어, 미술: "우리 고장 올드햄(Oldham)에 사는 동물들"
  이 프로젝트는 켄터키주의 한 시골 학교에서 실행된 것이다. 이것은 학생들이 지역관청에 전시하기 위해서 지역 동물들에 대해 묘사한 실제 작품(그림책)을 만들어내는 프로젝트의 좋은 예이다.

- 1학년 사회, 국어: "학교 규칙 만들기"
  이 프로젝트는 학생들이 현실세계의 문제에 대해서 조사하여 해결하는 프로젝트의 예이다. 학생들은 운동장, 급식실 및 교내 여러 장소에서 어떤 규칙에 따라서 행동해야 하는지를 결정하고, 그 결정을 다른 학생들에게 알려준다.

- 2~3학년 사회, 국어, 수학: "피자 가게와 일의 세계"
  보스턴의 도시 학교에서 진행된 이 프로젝트는 학생들이 피자 가게를 운영하는 이벤트를 진행하고, 노동의 의미를 비판적으로 생각하는 차원까지 더해졌다.

- 3학년 사회, 국어: "우리 고장 파크랜드(Parkland)의 문화유산 전시"
  이 프로젝트는 지역사회에 정보를 제공하는 널리 알려진 "박물관 전시" 형태의 사례이다. 켄터키주 루이스빌(Louisville)의 도심 학교에서 진행된 이 프로젝트는 3학년 4개 반 모든 학생들이 함께 작업했다.

- 4학년 과학, 사회, 국어: "멸종위기의 새우 살리기"
  야심차고 방대한 이 프로젝트는 교사가 미리 고안한 것이 아니라 학생들이 자신이 배운 환경에 관련된 주제로 실제 무언가를 해보고자 하는 열망으로부터 시작된 장기간 프로젝트의 예이다.

- 5학년 수학: "핸드폰 요금제 고르기"
  수학적 개념과 기술을 가르치기 위한 대표적인 수학 프로젝트로서 학생들이 가족들의 필요에 가장 적절한 핸드폰 요금제를 고르는 활동을 한다.

- 5학년 과학: "이 환자는 어디가 아플까요?"
  이 프로젝트에서 학생들은 가상의 시나리오에서 의과대학 학생의 역할을 맡아 환자의 증상을 조사하고 가능한 치료방법을 제시한다.

프로젝트 1: 우리 고장 올드햄(Oldham)에 사는 동물들

프로젝트 한눈에 보기

프로젝트 제목: 우리 고장 올드햄(Oldham)에 사는 동물들

프로젝트 제작자: 플린 교사(Abbey Flynn, Kentucky 주, Goshen 시, St. Francis 학교)

관련 과목: 과학 위주의 국어, 수학, 미술 교과 통합수업

적용 학년: 유치원

기간: 3주, 일주일에 5일, 하루에 약 1시간 30분

탐구 질문: 우리 고장 올드햄 지역 동물들의 일생을 담은 그림책을 어떻게 만들까?

프로젝트 요약: 학생들은 올드햄 시의 환경보호국에 전시하기 위하여, 지역 야생동물의 일생을 묘사한 그림책을 만들도록 요청받는다. 학생들은 팀으로 프로젝트에 참여하며, 탐구할 질문을 만들고, 관련 도서들을 읽으며, 그 지역 산림에 있는 동물들을 관찰한 결과를 자세히 기록한다. 또한 교실에서 사육한 양서류와 곤충들의 한살이(생애 주기)를 유심히 지켜본다. 마지막으로 학생들은 각 팀이 선정한 동물 한 마리의 그림을 그리고 설명을 덧붙여 그림책을 만들어서 환경보호국에 전시한다.

학생들의 주요 결과물: 지역 동물의 생애 주기를 담은 그림책; 구두 프레젠테이션 자료; 연구 노트(질문, 관찰과 스케치, 현장 체험 동안 수집한 사진, 전문가와의 인터뷰 질문이 담긴)

자세한 정보: 플린 교사와 연락함(www.stfrancisschool.org)

프로젝트를 고안하고 계획한 과정

플린 교사는 과학 교육과정 체계를 검토하고, 학생들의 흥미에 대해 생각하면서 아이디어를 발전시키게 되었다. 플린 교사와 학생들은 동물에 흥미가 많고 야외활동을 매우 좋아한다. 그리고 학교는 시골의 농업 중심 지역에 위치하며 자연보호구역 옆에 있어 야생동물들이 풍부하다. 플린 교사는 이러한 지리적 이점을 활용하여 프로젝트를 계획하고 싶었다.

탐구 질문: 우리 고장 올드햄에 사는 동물들의 일생을 담은 그림책을 어떻게 만들까?

어린 학생들을 담임했음에도 불구하고 사실 위주로 가르치는 수업을 넘어서, 그들에게 풍부한 자료를 깊이 있게 탐구하는 학습법을 적용하려고 노력했다. 교사는 과학 교육과정 목표 속에서 학생들이 다음과 같은 연구 문제를 일반화하고 적용하기를 바란다는 사실을 발견했다: "동물들은 일련의 변화 과정을 겪는다. 생물체의 변화는 순환 주기를 통해서 일어난다. 생애 주기는 동물마다 다르게 나타난다." 플린 교사는 이러한 개념을 학생들이 속한 지역에서, 흥미로운 맥락 속에서 배우기를 원했다. 따라서 이 프로젝트는 그 지역에 사는 동물들의 생애 주기를 탐구하는 것에 초점을 두고 있다. 그림책은 유치원 학생들이 배운 것들을 적절하게 보여줄 수 있는 자연스런 방법으로 보였다. 프로젝트의 사실성을 높이고, 학생들이 양질의 작품을 만들도록 동기를 부여하기 위해서 플린 교사는 지역환경보호기관인 올드햄시의 환경보호국을 프로젝트에 참여시켰다. 플린 교사는 환경보호국의 대표가 학생들에게 그림책을 만들어 시청에 전시하고 직원들에게 발표해 달라고 부탁하는 편지를 학생들에게 나누어 주면서 프로젝트를 시작하기로 마음먹었다.

프로젝트를 운영한 방법

프로젝트를 착수한 후, 플린 교사는 학생들에게 "연구 노트"를 하나씩 제공했다. 학생들은 그 노트에 궁금한 질문, 간단한 기록과 그림, 프로젝트의 전 과정을 기록했다. 교사는 학생들에게 사람의 생애 주기와 그에 따라 사람이 어떻게 변해가는지를 생각하도록 가르치면서 생애 주기라는 개념을 소개했다. 학생들은 각 단계의 사진과 설명이 포함된 사람의 생애 주기표를 만들었다. 그리고 다양한 경험을 제공하여 학생들의 호기심을 유발하고 프로젝트 주제에 대한 배경지식을 쌓게 했다. 학생들이 관찰할 수 있도록 나비 애벌레와 무당벌레, 개구리 알을 교실에 갖다놓았다. 또한 학생들은 동영상을 시청하여 닭의 생애 주기(한살이)를 알게 되었다. 학생들은 학교 근처 숲에서 발견되는 동물들을 관찰하기 위해 야외로 나가기도 했다. 이러한 경험들을 통해서 학생들은 "동물의 생애 주기는 알에서 출발할까?", "동물들은 생애 주기에 따라 형체가 변할까?", "동물들은 생애 주기에 따라 사는 곳이 달라질까?"와 같은 질문들을 하게 되었다. 이러한 질문들은 나중에 학생들이 그림책을 만드는 데 가이드 역할을 하게 된다.

학생들은 팀을 나누어 숲에서 발견한 동물들 중, 그들이 초점을 두어 탐구하게 될 하나의 동물을 선택했다. 그들은 생애 주기에 대해 더 탐구하고 싶은 질문과 그 질문에 답해줄 정보들을 연구 노트에 적는다. 플린 교사는 학생들이 계속해서 배경지식을 쌓을 수 있도록 『매우 배고픈 애벌레(The Very Hungry Caterpillar)』와 『올챙이에서 개구리로(From Tadpole to Frog)』와 같은 픽션, 논픽션 책들을 소개했다. 그녀는 학생들의 탐구과정을 촉진하기 위해서 독서 모임을 운영했다. 그녀는 이 독서 모임에서 각 팀의 학생들과 관련 책들을 함께 읽고, 학생들이 배운 것을 토론하고 추가적인 연구 질문을 하도록 이끌었다(이 프로젝트에서 매일 어떤 활동을 했는지 더 자세히 알고 싶으면 159~161쪽의 "프로젝트 교수 · 학습 가이드"와 "프로젝트 추진 일정"을 참고). 교사는 학생들과 함께 스마트보드를 사용하면서 차례대로 동물들을 생애 주기의 단계에 넣고, 서로 다른 생애 주기들을 분류하고, 학교 주변 동물들에 대한 시각적 활동들을 했다. 나비 애벌레, 무당벌레, 개구리가 생애 주기에서 각 단계를 거치는 데 며칠이 필요한지 세어보는 활동을 통해서 프로젝트에 수학 수업을 포함시켰다.

매일 활동을 하는 동안에 플린 교사는 학생들의 과학적 지식을 비공식적으로 평가했다. 교실을 돌아다니면서 학생들이 토의하는 것과 탐구 일지, 홍미도를 관찰하고, 각 팀별로 몇 가지 질문을 하면서 학생들이 프로젝트를 올바르게 수행하고 있는지 파악할 수 있었다. 또한 매일 연구 노트를 수합하여 확인하고, 다음날 학생들의 프로젝트를 촉진하기 위한 질문들을 적어주었다. 플린 교사는 학급 전체 토의 시간에 질문을 하고, 학생들이 관찰한 내용을 설명하는 것을 경청했다. 또한 학생들은 다양한 과제들을 완수했는데, 개인적으로 생애 주기표에 이름을 적거나 순서를 맞추었으며, 이것들은 수집되고 평가되었다.

학생들이 그림책을 만들기 위한 준비가 되었을 때, 교사는 학생들에게 묘사하는 글을 쓰는 과정을 가르치기 위해서 '작가를 위한 워크숍 접근법'을 적용했다. 학교의 미술전담교사가 이틀 동안 교실에 와서 동물의 생애 주기에 대하여 쓴 글에 잘 어울리는 수채화 그림 그리는 것을 도와주었다. 프레젠테이션을 준비하기 위해서 효과적인 프레젠테이션 방법에 대해서 토의하고, 다른 학생들의 프레젠테이션 동영상들을 시청한 다음 비평했으며, 4학년과 5학년 학생들 앞에서 총연습을 했다. 학생들은 그들의 지식을 나누는 데 매우 열정적이어서, 다른 학생이 프레젠테이션을 하는 동안에 참지 못하고 끼어들거나 여러 학생들과 주제에 대한 이야기를 주고 받기도 했다. 피드백을 몇 가지 받아서 교정을 한 후, 환경보호국의 대표에게 프레젠테이션을 하는 날에는, 학생들이 정확하게 발표했고, 교대로 설명했다. 플린 교사는 자랑스러워하며 다음과 같이 말했다. "환경보호국의 대표는 학생들의 프레젠테이션과 산출물, 단어, 지식뿐만 아니라 과학에 대한 열정에 깊은 감동을 받았다. 나는 그 대표가 학생들을 당황하게 하기 위해서 질문을 했는데 학생들이 그 답을 모두 알고 있었을 때 정말 행복했다!"

프로젝트 돌아보기

플린 교사는 단지 하나의 간단한 프로젝트를 통해서 학생들이 더욱 독서를 좋아하고, 글을 잘 쓰고, 과학과 수학을 좋아하고, 친구들과 잘 지내게 된 것에 깊은 감명을 받았다. 학생들이 이 하나의 프로젝트를 통해서 배운 많은 기술들을 만약 그녀가 각각 분리하여 가르치려 했으면 훨씬 더 오랜 시간이 걸렸을 것이다. 예를 들어 학생들에게 문장을 쓰는 법을 가르치는 데 몇 주에서 몇 달이 걸린다. 대신에 학생들은 관찰 일지를 적는 데 열정적이었고, 관찰한 것을 어떻게 하면 정확히 묘사할 수 있는지 배우고 싶어했다. 교사는 이 기회를 활용하여 완료된 생각을 쓰는 방법과 그 생각이 완료된 것임을 표시하기 위해 어떻게 시제를 사용하는지 설명했다. 학생들은 자연스럽게 명사, 동사뿐만 아니라 형용

플린 교사가 기억하는 프로젝트에서 최고의 순간:

"나는 학생들에게 동물 삽화와 관련하여 무엇을 쓰고 싶은지 물으면서 칠판에 한두 문장을 적을 준비를 하고 있었어요. 하지만 그들의 입에서 단어들이 쏟아져 나올 때 저는 넋이 나갔지요. 아이들이 너무 많은 것들을 공유하고 싶어해서 나는 아이들이 말하는 단어들을 따라 쓰는 데 애를 먹었지요. 아이들은 의자 끝에 걸터앉아 매우 열성적으로 다른 학생이 말한 것을 보충하거나 지적하기도 했어요. 나는 무엇보다도 과학적 어휘 사용에 놀랐습니다. 나에게는 그 순간이 진정으로 수업 목표에 도달했다고 느낀 순간들 중 하나였어요."

사까지 포함하여 완전한 문장을 쓸 수 있게 되었다.

학생들은 배우는 활동 전반에 대해서 주인의식을 느꼈다. 플린 교사는 학생들이 전에는 지루해했던 과제에 완전히 매료되었다고 기록했다. 과학 일지 쓰기는 아주 신나는 일이 되었고, 모든 페이지를 다 채우려고 몹시 애썼다. 그리고 학교 밖 오솔길을 걷는 것은 그저 "무질서한 상태"가 아니라 목적의식 있는 일이 되었다. 논픽션 책을 읽는 것은 단지 듣는 것에서 갑자기 중요한 정보를 찾기 위한 과정이 되었다. 팀으로 일하는 것은 언쟁하는 시간에서 전문가가 되는 시간이 되었다. 관찰하는 시간은 장난치는 시간에서, 유심히 살펴보고 감각을 사용하는 진지한 시간이 되었다. 무엇보다 경험을 공유하는 시간은 선생님을 가르치는 시간이 되었다.

프로젝트 2: 학교 규칙 만들기

프로젝트 한눈에 보기

프로젝트 제목: 학교 규칙 만들기

프로젝트 제작자: 홀스타인 교사(Dana Holstein, West Virginia 주, Foster 시, Brookview 초등학교)

관련 과목: 사회, 국어

적용 학년: 1학년

기간: 3주, 일주일에 4~5일, 하루에 약 1시간

탐구 질문: 학교에서 어떤 규칙과 벌칙을 세워야 할까?

프로젝트 요약: 학교의 문화 수준을 높이고, 교내 행동 규칙을 만들기 위한 노력의 일환으로 학생들은 팀을 짜서 학교의 여러 공간에서 필요한 규칙을 보완하는 활동을 한다. 각 팀은 교실, 화장실, 복도, 급식실, 운동장 중에 한 곳을 골라 규칙을 만들게 된다. 학생들은 질문을 만들고, 다른 학교의 규율을 검토하고, 학생, 교사, 관리자들을 인터뷰하여 교내 행동 규칙이 어떻게 구성되어야 하는지에 대한 견해를 조사한다. 프로젝트를 마무리할 때, 각 학생들은 포스터를 만들고, 각 팀은 동영상 광고를 만들어 학교가 새롭게 고안한 규칙을 적용하도록 설득한다.

학생들의 주요 결과물: 각 공간을 위한 규칙 목록, 동영상 광고, 포스터

자세한 정보: 이 프로젝트는 West Virginia 주 교육청의 프로젝트 도서관에서 찾을 수 있다(wvde.state.wv.us/teach21/pbl.html).

프로젝트를 고안하고 계획한 과정

홀스타인 교사가 그 해에 무엇을 어떻게 가르칠 것인가에 대하여 계획을 세우는 시기에 소속 학교는 많은 변화를 겪고 있었다. 교직원들이 학교를 발전시키기 바라며 생각한 방법 중의 하나는 학교의 각 공간에서 필요한 구체적인 규칙과 벌칙을 명시한 새로운 규율을 만드는 것이었다. 사회 구성원으로서 지켜야 할 규칙을 배우는 것은 1학년 사회 교과의 중요한 목표이다. 따라서 홀스타인 교사는 학교가 발전하도록 돕는 프로젝트는 학생들이 실생활의 문제를 해결할 수 있게 해주는 좋은 기회라고 생각했다. 그녀는 학생들이 관련 주제를 찾고, 동영상과 포스터를 만들기 위해서 필요한 공학 기술을 사용하기를 즐길 것이라고 믿었다. 그들은 읽기, 쓰기, 듣기, 말하기와 같은 언어적 기술뿐만 아니라 팀으로 일하는 협동 능력을 배우는 기회도 충분히 갖게 될 것이다.

탐구 질문: 학교에서 어떤 규칙과 벌칙을 세워야 할까?

프로젝트를 운영한 방법

프로젝트를 시작하면서 홀스타인 교사는 교장 선생님을 교실로 초청하여 학생들에게 도움을 요청하도록 했다. 교장 선생님은 학생들에게 급식실, 운동장, 복도 등의 장소에서 학생들의 안전과 적절한 행동에 대해서 고민하고 있다고 말했다. 그는 학생들에게 각 장소를 위한 규칙을 만들고, 다른 학생들에게 그 규칙을 알리기 위한 포스터와 홍보 영상을 만들어 달라고 부탁했다. 또한 학생들이 규칙을 어겼을 경우 교장과 교사들이 어떻게 해야 하는지를 담은 벌칙 리스트를 보내달라고 부탁했다. 교장선생님이 가시고, 홀스타인 교사는 학생들에게 학교에서 본 잘못된 행동에는 어떤 것들이 있는지 의논하여 목록을 만들게 했다. 그들은 어떤 행동이 안전 문제를 일으키는지, 어떤 행동이 감정을 상하게 하거나 불공평한 느낌을 들게 하는 것과 같은 교우 간 문제를 일으키는지를 구분하여 이야기했다. 이러한 의논을 통해서 학생들은 규칙을 어겼을 경우 벌칙이 다양해야 한다는 것을 생각할 수 있었다.

주제에 대한 지식을 쌓고, 사회 수업 목표를 확인시키기 위해서 홀스타인 교사는 지역 경찰을 초청하여 규칙의 중요성과 규칙과 법의 차이점, 법과 규칙이 어떻게 집행되어야 하는지에 대해서 학생들에게 설명하도록 했다. 홀스타인 교사는 경찰관의 말, 사용된 용어, 학생들의 질문에 대한 답변들을 정리하여 프로젝트 기간 동안 교실에 게시해 두었다. 그녀는 학생들이 계속해서 관련 지식들을 쌓을 수 있도록 다른 학교의 규칙과 규율들을 소개하고 읽어보게 했다. 학생들은 다른 학교 교사 및 교장 선생님들과 인터뷰할 질문을 만들었고, 전화 인터뷰를 통해서 그 학교에서 이러한 문제가 일어났을 때 어떤 규칙과 벌칙을 가지고 공정히 해결했는지 물어보았다. 홀스타인 교사는 학생들을 4개의 그룹으로 나누고, 각 팀은 바구니에서 종이를 하나씩 뽑아서 어떤 장소의 규칙을 만들지 결정했다. 홀스타인 교사는 그룹 활동 기법에 대해서 토의하고 모범 사례를 보여주었으며, 다른 팀들과 만나게 하여 그룹 간 접촉하게 했다. 각 그룹들은 맡은 장소별로 3~5개 정도의 규칙을 만들었다. 예를 들어 학생들이 정한 화장실 사용 규칙 중 하나는 "바닥에 물을 뿌리지 않는다"이다. 바닥에 물을 뿌리면 지나가는 사람이 미끄러지는 것과 같은 안전 문제가 발생할 수 있고, 물이 낭비될 것이라고 했다. 프로젝트를 관리하는 중요한 기법 중의 하나는 각 팀별로 매일 일지를 작성하여 제출하도록 하는 것이다. 일지를 통해서 교사는 학생들이 "오늘 무엇을 했는지, 무엇이 필요한지"에 대한 유용한 피드백을 제공하면서, 일어나는 모든 문제를 파악할 수 있었다. 프로젝트를 하는 동안 교사는 팀별로 따로 만나서 진척 상황을 의논했다.

교장 선생님은 정기적으로 교실에 들러서 각 그룹들이 만든 규칙에 대한 아이디어를 듣고, 피드백을 해주었다. 각 그룹들은 만든 규칙을 어떻게 홍보할지 결정했고, 대본을 쓰고 스토리보드를 만들고, 홍보 영상의 장면과 해설을 연습했다. 준비가 다 되었을 때, 학생들은 디지털카메라를 이용해서 규칙을 홍보하는 2~5분짜리 광고 영상을 만들었다. 학생들은 개인별 노트북 컴퓨터로 glogster.com의 포스터 디자인 소프트웨어를 이용하여 포스터를 만들고 그것을 각 장소에 부착했다.

프로젝트의 마무리 단계에서, 학생들은 교장선생님, 교사-학부모회, 경찰관, 지역 주민들이 포스터 갤러리를 보고, 광고 영상들을 시청하고 비평하도록 초청했다. 초청된 사람들은 포스터 갤러리를 감상했고, 포스트잇에 코멘트를 적어 포스터에 붙였다. 각 그룹의 학생들은 그들이 만든 광고 영상을 보여주면서 책임감이 무엇을 의미하는지, 규칙이 왜 중요한지를 설명했다.

프로젝트 돌아보기

홀스타인 교사는 이 프로젝트를 통해서 학생들이 학교와 실생활에서의 규칙의 중요성을 이해하고, 참여와 상호작용을 통해서 사회 교육과정의 중요한 학습 목표를 달성했다고 느꼈다. 학생들은 프로젝트를 진행하면서 지역 주민, 교사들, 다른 학교 관계자들과 접촉할 기회를 갖고, 지역사회가 어떠한지, 탐구가 어떻게 진행되는지 배울 수 있었다. 또한 학생들은 전자기기들을 사용하는 법을 배울 수 있었다. 디지털 카메라를 이용해서 동영상을 만들고, Glogster 웹사이트를 이용하여 포스터를 디자인하고 프린트할 수 있게 되었다. 학생들은 학교별 규칙들의 차이점에 대해 토의하면서 비판적 사고를 경험했다. 또한 학생들은 이 프로젝트를 통해서 새로운 형식의 글을 읽는 법도 배우게 되었다. 그룹으로 활동하면서 학생들은 프로젝트를 계획하고, 맡은 일에 책임을 다하고, 서로 도와서 양질의 성과를 내는 것과 같은 21세기 기술을 연습할 수 있었다. 마지막으로 이 프로젝트를 통해서 학생들은 그들이 아직 어리더라도 그들이 속한 사회인 학교에 귀중한 공헌을 할 수 있다는 것을 깨닫게 되었다.

프로젝트에 대한 홀스타인 교사의 결론:

"학생들은 이 프로젝트에 대해 굉장히 신나했어요. 그들은 프로젝트에 몰두했고, 주인의식을 가졌으며 그들이 학교 규칙을 만든다는 것에 자부심을 느꼈습니다. 프로젝트를 시작하기 전에 나는 1학년 학생들이 학습 목표를 달성하지 못하거나 아직 너무 어려서 프로젝트를 완수하지 못할까 겁이 났었어요. 하지만 그들은 프로젝트를 해냈고, 너무나 좋아했죠."

프로젝트 3: 피자 가게와 일의 세계

프로젝트 한눈에 보기

프로젝트 제목: 피자 가게와 일의 세계

프로젝트 제작자: 매콘빌 교사(Laurel McConville, Massachusetts 주, Boston 시, Mission Hill 학교)

관련 과목: 사회, 국어, 수학

적용 학년: 2학년과 3학년

기간: 10주, 일주일에 4~5일, 하루에 1~2시간

탐구 질문: 일을 한다는 것은 무엇을 의미하나요?

프로젝트 요약: 학생들은 이틀 동안 교실에서 피자 가게를 설립하여 운영한다. 이 프로젝트는 일에 대하여 깊이 탐구하도록 한다. 학생들은 가족이 하는 일에 대해서 인터뷰하고, 지역사회에서 일을 하고 있는 사람들과 이야기하면서, 피자 가게 운영에 대해서 배운다. 학생들은 위원회를 구성하여 고객 설문조사를 하고, 피자 메뉴를 개발하고, 직원들이 입을 의상을 디자인하고, 업무 일정표와 직무 내용 설명서를 작성하고, 사업을 광고하고 예약을 받는다. 피자 가게에서 학생들은 어떤 일이 괜찮은지를 숙고하면서 서로 다른 역할을 맡아 일하고, 재료를 사다가 직접 피자를 만들어 배달하거나 가게 안에서 먹을 수 있게 서비스했다.

학생들의 주요 결과물: 프로젝트 일지, 연구 메모와 깊은 생각을 기록한 프로젝트 일지, 업무 일정표, 직무 내용 설명서, 가게 간판, 메뉴, 직원 의상, 광고 유인물, 집에서 만든 피자

자세한 정보: 매콘빌 교사와 연락함(laurel.missionhill@gmail.com)

프로젝트를 고안하고 계획한 과정

보스턴 시내에 위치한 미션힐(Mission Hill) 학교는 1년에 세 개의 테마를 가지고 공부한다. “일의 세계”라는 주제를 시작하면서 2~3학년 교사인 매콘빌 교사는 학생들이 실제 일의 세계를 경험하도록 가르치고 싶었다. 동료 교사들과 이 주제에 대해서 토의한 날, 퇴근 후에 자신의 실제 경험을 생각해 보았다. 그녀는 고등학교와 대학교 때 두 군데의 피자 가게에서 일했던 경험이 있어서, 피자 가게 운영에 대하여 속속들이 잘 알고 있었다. 그래서 학생들이 친숙하고 당연하게 생각하지만, 이면에 뭔가가 감추어진 진짜 일의 세계를 경험하게 하려면, 학생들이 실제로 피자 가게를 운영하는 프로젝트를 실행하기로 결정했다.

> 탐구 질문: 일을 한다는 것은 무엇을 의미하나요?

매콘빌 교사가 생각한 이번 프로젝트의 학습 목표 중의 하나는 7살에서 9살까지의 학생들이 직업 세계의 공정함에 대해서 비판적으로 생각해보는 것이다. 그렇기 때문에 가장 힘들지만 가장 적은 보수를 받는 식당 운영을 경험해 보기를 원했다. 또한 이번 프로젝트를 통해서 학생들이 수학, 과학, 미술을 풍부하게 경험하게 될 것이라고 생각했다. 학생들은 돈, 수익, 판매, 거스름돈을 배우면서 사칙연산을 실제로 체험하게 될 것이다. 일정표를 만들고 조리를 하면서 분수, 측정, 온도를 배우며 실생활에 수학을 적용하게 된다. 학생들은 이스트에 대한 연구, 재료들은 어디서 왔는지, 재료가 어떻게 처리되는지를 통해서 과학을 공부할 것이다. 예를 들어 학생들은 식물의 구조(이건 씨앗이고 이건 잎이구나!)와 종류(버섯은 균이고! 밀은 풀이구나!), 발효(이스트가 빵 속에 이산화탄소 기포를 만드는구나!) 등을 배울 수 있다. 메뉴와 간판, 광고를 만들면서 학생들은 미술과 그래픽 디자인 기술을 배울 것이다.

프로젝트를 운영한 방법

프로젝트를 시작하면서, 매콘빌 교사는 학생들에게 커서 어떤 일을 하고 싶은지 이야기해 보도록 했다. 학생들은 일의 의미에 대해서 생각하기 시작했다. 그들은 가족이 하는 일에 대해서 알기 위해 가족들과 인터뷰하고 기록하여, 『내가 아는 사람들과 그들의 직업』이라는 소책자를 만들었다. 매콘빌 교사는 긴 종이 두루마리를 펼쳐가면서 자신이 지금까지 했던 일을 적은 직업 연대표를 만들었다. 학생들은 매콘빌 교사가 했던 몇몇 직업에 관심을 보였고, 예상했던 대로 피자 가게에서 일하는 것에 큰 흥미를 가졌다. 교사는 학생들이 교실에서 가게를 하나 운영해보길 바라는데, 무슨 가게를 운영하고 싶은지 궁금하다고 말했다. 추측할 수 있듯이 대부분의 학생들은 피자 가게를 차리고 싶어했다. 교사는 자신이 피자 가게에 대해서 잘 알고 있으며, 학생들을 즐거운 마음으로 도와주겠다고 말했다.

프로젝트의 다음 단계는 역할극이었다. 매콘빌 교사는 7, 8, 9세의 학생들이 피자 레스토랑을 오픈하는 데 9주는 충분하지 않다는 것을 알고 있었다. 따라서 교사는 학생들이 역할극을 통해서 그들이 생각하고 이해하는 일을 실행하고, 조정하고 씨름해보는 시간이 필요하다고 생각했다. 교사와 학생들은 앞치마, 밀대, 쟁반, 피자박스, 주문서, 금전 등록기 및 필요한 도구들을 모으고, 밀가루 반죽을 많이 만들었다. 정말 즐거운 시간이었다. 교실은 피자 레스토랑처럼 바뀌었다. 학생들은 학용품 보관실을 주방으로 바꾸었고, 오븐과 주걱을 갖다놓았다. 앞치마를 두르고, 서로에게서 주문을 받았다. 놀이용 점토로 만든 피자와, 원기둥 모양의 블록을 음료수 빨대로 쟁반에 올려 서빙했다. 교실은 실제 피자 레스토랑에 대한 상상력으로 활기차게 움직였다. 매일 실생활에서의 새로운 아이디어들이 통합되고 변화되면서 학생들이 사용하는 언어, 역할, 실제성이 증가했다.

다음 단계에서는 한 번에 4명의 학생이, 좁은 부엌에서 교사 또는 교생과 실제 피자 만드는 법을 연습했다. 재료를 측정하고, 요리법을 읽고 오븐의 온도와 타이머를 맞추면서 과학적 관찰을 했다. 학생들은 어른들이 주문한 피자를 배달하는 데 필요한 시간표도 만들었다. 학생들은 피자 만드는 연습을 하기 위해서 전날 주문을 받아서 매일 점심시간에 한 명이 2판씩 배달했다. 피자를 배달하면서 영수증과 피드백을 받기 위한 코멘트 카드도 같이 전달했다. 학생들은 번 돈을 기록하기 위해서 영수증을 보관했고, 코멘트 카드를 학급회의에서 함께 읽고 주방에 걸어두었다.

학생들은 주변의 여러 피자 가게를 방문하고, 가게 직원들에게 질문을 하면서 탐구를 했다. 또한 피자 가게 직원들이 교실에 와서 그들이 하는 일에 대해서 설명하고, 학생들의 질문에 답변도 해주었다. 한 피자 전문가는 도우를 펴고 던지는 법을 알려주었다. 교사는 프로젝트의 탐구 질문과 피자에 연관해서, 읽기, 쓰기, 수학 수업을 통합하여 가르쳤다. 교사는 일(노동)과 피자 만드는 것에 관한 책을 엄선하여 매일 30분씩 큰 소리로 읽어주었다. 예를 들어, 『피자를 만드는 빨간 닭』과 스캐리(Richard Scarry)의 『사람들은 매일 무얼할까?』를 읽었다. 또한 학생들은 지역의 피자 전단지를 읽고 학급 도서관의 "메뉴들"이라는 통에 모아두었다. 읽기를 꺼리던 학생들도 전단지에 마음이 끌려 피자 가격을 비교하고, 메뉴 목록과 피자 재료들을 읽었으며, 피자를 주문하는 방법과 가게의 오픈 시간, 위치와 같은 정보를 정기적으로 확인했다. 학생들은 자신의 메뉴를 개발하기 전, 기회가 날 때마다 여러 가게의 메뉴들을 참고하여 수정했다. 그리고 피자를 만들 때에도 다양한 요리법을 읽고 의논했다.

4주가 지난 후에 학생들은 자신들만의 피자 가게를 계획하고 만들 준비가 되었다. 그들이 맡은 일에 따라서 다음과 같은 여섯 개의 위원회(팀)를 구성했다.

- **건축과 디자인:** 교실(피자 가게)의 구조를 그리고, 교실 안 가구들을 어떻게 옮기고 어떻게 칸막이를 설치할지 설계한다. 어떤 물품이 필요한지, 주방과 테이블, 금전 등록기는 어디에 두어야 하는지도 계획한다.

- **직원들의 옷:** 다양한 로고를 디자인하고, 그 중 하나를 고른다. 학생들이 착용할 다양한 형태의 의상(앞치마와 모자 등) 그림을 그린다. 섬유용 물감을 사용해서 각 학생들을 위한 셔츠를 만든다.

- **직무 내용 설명서와 일정 작성:** 레스토랑 운영에 필요한 역할을 찾고, 그 역할에 대한 설명과 함께 각 학생을 위한 직무 내용 설명서를 작성한다. 이틀 동안의 가게 운영을 위한 일정표를 만든다. (학생들은 돌아가면서 최소한 한 번씩 모든 역할을 맡아야 한다. 한 타임 동안 쉴 수 있는 시간도 있다.)

- **메뉴와 설문조사:** 학교 주위를 돌아다니며 설문조사를 하여 사람들이 어떤 피자를 좋아하는지 조사한다. 사람들이 가장 좋아하는 토핑이 무엇인지 확인하고 그 결과에 따라서 메뉴와 그들만의 스페셜 피자를 개발한다.

- **가게 플래카드:** 2.5m짜리 현수막을 디자인하여 측정하고 오린 다음 그 위에 그림을 그린다. (가운데에 레스토랑 이름을 쓰고, 옆에 음식 그림과 함께 흥미롭게도 지폐 그림이 있다.)

- **홍보:** 언제 어떻게 홍보할지 결정한다. (학교 주변에 붙일 포스터를 만들고, 학교 뉴스레터에 넣을 작은 광고도 만든다. 매주 학교에 피자 가게를 소개한다.)

그 다음 몇 주 동안은 각 팀들이 모여서 계획을 짜고 프로젝트를 진행했다. 각 팀들은 파일을 만들어 그들이 작업한 것과 계획한 것, 궁금한 것, 선생님이 나누어준 자료를 수집했다.

학생들은 교내의 어른들에게 계속 피자를 배달했다. 그들은 많은 자료들을 모았고 과정을 따라 수행하는 그들의 작업(밀가루 한 봉지로 피자를 몇 판 만들 수 있을까? 모짜렐라 치즈 450g을 피자 몇 판에 뿌릴 수 있을까?)에 연관된 수학에 대해서 이야기했다. 학생들은 집에서 밀가루 한 봉지, 이스트 한 팩, 소스 한 병을 “빌렸고”, 나중에 갚기 위해서

대출증을 받았다. 학생들은 매출과 수익에 대해서 의논하기 시작했다. 그들은 피자 가게 이름에 대해서 브레인스토밍을 했고, 어떤 이름이 가장 좋을지 토론을 한 후, "천국의 한 입"을 뽑았다. 마지막 단계는 가게 오픈이었다. 오픈 직전의 마지막 활동으로 가게를 준비하고 장식하기, 재료를 준비하고, 교직원과 학생 및 가족들을 위해 예약 일정을 계획했다. 가게 오픈 날, 학생들은 레스토랑의 각 장소에서 각자 자기 역할을 잘 수행했다. 역할을 맡지 않은 쉬는 시간에는 사진과 글을 사용하여 자신이 맡았던 역할을 되돌아보며 일지를 작성했다. 피자 가게를 운영했던 이틀 동안 학생들은 거의 200명의 사람들에게 피자를 판매했다. 때때로 음료수를 엎지르거나 주문이 밀리고 지치기도 했지만, 학생들은 매우 즐거워했다.

프로젝트 돌아보기

레스토랑 운영이 끝나자, 학생들은 교실을 거의 다 청소하고 정돈했다. 교사와 학생들은 다시 처음 질문으로 돌아와 "일을 한다는 것은 무엇을 의미하나요?"에 대해서 곰곰이 생각해 보았다.

학생들은 아주 열심히 일한다는 것이 어떤 느낌인지, 어떤 역할이 상대적으로 쉬웠는지에 대해서 이야기했다. 많은 학생들이 매니저 역할을 좋아했고, 설거지를 담당하는 것을 싫어했다. 학생들은 어떤 역할이 재미있었고, 어떤 역할이 가장 힘들었는지도 이야기했다. 교사는 임금으로 화제를 돌렸다. 우리가 사는 세계에서는 가장 힘든 일이 가장 적은 임금을 받는 경우도 있다는 것을 이야기했다. 학생들은 전에 들었던 아동 강제노동이나 생계를 도저히 이어나갈 수 없는 적은 임금에 대해서 이야기했다. 학생들은 노동의 공정함에 대해서 이야기했고, 직무, 시간, 임금 등에서의 공정함에 대한 그들의 생각을 이야기했다. 토의를 마친 뒤 학생들은 느낀 점을 쓰고 일지를 마무리했다.

학생들은 매출을 계산하고, 재료를 사면서 빚진 돈을 갚은 후에, 매출의 반이 약간 안 되는 수익을 남겼다는 것을 알았다. 학생들은 수익으로 무엇을 할지 토론했다. 리무진 타보기, 학급에 필요한 비싼 물품 사기 등을 고려한 후에 그들은 결국 짐바브웨(학생들은 짐바브웨가 가난으로 고통받는 것에 대한 비디오를 본 적이 있다.)와 아이티(학생들이 사는 지역에 아이티에서 온 이웃들이 몇 명 있었다.)에 돈을 기부하기로 결정했다.

프로젝트를 돌아보면서 매콘빌 교사는 다음 번에 프로젝트를 할 때 개선되어야 할 부분에 대해서 생각했다. 학생들의 산출물의 질은 발전이 필요한 부분 중 하나였다. "프로젝트가 다 끝나고 나니, 나는 팀 작업을 위한 계획이 부족했고, 비판적인 피드백이 부족했다는 것을 깨달았다. 나는 학생들이 순차적으로 한 번에 하나의 작업을 해결하는 것에 반대했기 때문에 프로젝트를 진행하는 데 제한을 거의 두지 않았다. 하지만 우리 반 아이들은 한 번에 하나의 작업을 해결하면서 프로젝트를 진행하는 것이 양질의 산출물을 만들어내는 데 더 좋을 것이라는 생각이 들었다." 그녀는 또한 프로젝트 중간 중간에 점검이 필요하다는 것도 언급했다. "요즈음은 이전처럼 프로젝트를 진행하지 않는다. 각 학생들은 프로젝트 기간 동안 다음 단계로 넘어가기 위해서 매주 일정한 과업을 수행해야 한다. 대신 학생들은 그 주의 언제 과업을 완성할지 결정할 수 있다. 학생들의 진행 상황을 알기 위해서 체크리스트를 사용한다. 나는 이런 방식으로 프로젝트를 진행하는 것이 학생들이 전반적으로 더 심혈을 기울이게 되고, 성과를 높인다는 것을 깨달았다. 나는 이 프로젝트 하는 동안 몇몇 팀은 성과가 없었던 것을 기억한다!"

매콘빌 교사가 이 프로젝트의 중요성을 이야기했다:

"이것은 아이들이 소중히 여기는 기억입니다. 그들이 5학년이 되었을 때, 되돌아보는 시간에 거의 모든 아이들이 그 경험을 초등학교 시간 중에 가장 기억에 남는 일이라고 언급했습니다. 실제성을 바탕으로 배우는 것이 굉장히 중요합니다. 학교는 매일 다양한 나이의 아이들이 손과 옷을 더럽히는 곳입니다. 그들은 학교에 처음 들어올 때 갖고 있던 질문보다 더 많은 질문을 하며 자극된 마음을 갖고 떠나야 합니다."

프로젝트 4: 우리 고장 파크랜드(Parkland)의 문화유산 전시

프로젝트 한눈에 보기

프로젝트 제목: 우리 고장 파크랜드(Parkland)의 문화유산 전시

프로젝트 제작자: 켄터키 주 루이스빌 시 모핀(Maupin) 초등학교 교사 여러 명이 공동 작업(Carolyn Connor, Jamey Herdelin, Amy Brown, Sarah Herberger, Sheila Rivers, Patty Vose, and Kai Walz, Elementary School, Jefferson County Public School, Louisville, KY)

관련 과목: 사회, 국어, 수학

적용 학년: 3학년

기간: 8주, 일주일에 5일, 하루에 약 1시간

탐구 질문: 파크랜드(Parkland) 지역의 역사적, 문화적 자원을 어떻게 보존하고 주민들과 공유할 수 있을까?

프로젝트 요약: 모든 학년에게 적용 가능한 이 프로젝트를 통해서 학생들은 켄터키 주의 루이스빌 시에 있는 파크랜드 지역의 발전을 이룩한 사람, 장소, 사건에 대해서 배운다. 3학년 학생들은 학급별로 지역사회의 한 가지 측면에 초점을 두고, 학생들은 팀을 나누어 일차적 자료, 지역 유지들, 견학을 통해서 연구를 한다. 학생들은 그들이 배운 내용을 지역사회에 소개하기 위해서 다양한 주제를 전시하는 박물관처럼 꾸미고 공개행사(Showcase)를 하면서 프로젝트의 정점에 도달한다. 학생들은 또한 학교, 학부모, 주민들이 지역사회의 역사적, 문화적 자원에 대하여 더 많은 관심을 갖게 하기 위해서 소식지를 발행하여 나누어준다. 마지막으로 3학년 전체 학급이 모여 파크랜드 지역사회의 미래 모습을 벽화로 표현하면서 프로젝트가 끝난다.

학생들의 주요 결과물: 박물관 전시 및 공개 행사, 지역사회 소식지, 벽화

자세한 정보: 모핀 학교의 코너 교사와 연락함(Carolyn Connor, carolyn.connor@jefferson.kyschools.us)

프로젝트를 고안하고 계획한 과정

모펀 학교는 루이스빌 시의 저소득층과 사회적 소수의 인구 비율이 높은 지역에 위치한다. 이 학교는 2010년 봄, 21세기에 필요한 기술들을 통합적으로 가르치기 위해서 프로젝트 학습을 포함한 혁신적인 학습법을 개발하기 시작했다. 프로젝트 학습 전문가, 도서관 미디어 전문가, 기술 선생님으로 구성된 이 학교의 3학년 교사들은 그들이 원했던 것보다 낮은 3학년 학생들의 사회 점수를 검토하고 있었다. 그들은 학생들의 삶과 좀 더 연관을 지어서 역사 수업을 하면 학생들을 학습에 끌어들이기가 쉽고, 수업을 통해 얻은 지식을 시험이 끝난 후에도 더 오래 간직할 수 있을 것이라고 생각했다. 이러한 생각으로 여름 방학 동안 모든 학년에 걸쳐서 적용할 수 있는 프로젝트를 개발하게 되었다. 이 프로젝트는 지역사회의 역사를 배우고 알게 된 것을 다른 사람과 공유했다. 교사들은 학생들이 이 프로젝트에 주인의식을 가지기를 희망했다. 또한 학생들이 주체성을 갖고 그들이 어디 출신인지에 자부심을 갖도록 하기 위해서 지역사회 구성원들과 협력하기를 바랐다. 이 야심찬 프로젝트는 크게 세 부분으로 구성되어 있었다. 하나는 지역사회에 박물관을 열고 전시활동을 하는 것, 둘째는 학교와 지역사회에 소식지를 나누어주는 것, 나머지 하나는 파크랜드의 미래 모습을 벽화로 그리는 것이었다.

> 탐구 질문: 파크랜드 지역의 역사적, 문화적 자원을 어떻게 보존하고 주민들과 공유할 수 있을까?

3학년 사회 교과의 학습 목표인 지역사회의 역사, 일차 자료의 사용, 지도 독해 능력은 프로젝트와 자연스럽게 들어맞았다. 교사들은 쓰기와 논픽션 글 읽기와 같은 문해적 목표도 프로젝트에 포함했다. 3학년 국어(영어)의 쓰기 학습 목표 중의 하나는 인터뷰, 기록, 요약, 편집, 수정의 기술이 요구되는 특집 기사를 쓰는 것이다. 학생들은 지역 사업에 대한 자료를 수집하고, 그 자료를 꺾은선 그래프와 막대 그래프로 만들면서 수학적 능력이 향상될 수 있다. 담임 교사들은 기술 선생님과 도서관 미디어 전문가의 도움으로 학생들의 비판적 사고 능력과 전자기기 사용 능력 개발의 중요성도 인식했다.

프로젝트를 운영한 방법

교사들은 "동네 주변 걷기(Neighaborhood Walk)"라는 이벤트로 프로젝트를 착수했다. 짧은 프레젠테이션이 끝난 후에, 학생들은 동네 주변을 걸으면서 역사적 장소의 위치를 찾는 과제를 받았다. 학생들은 파크랜드의 토박이인 주의회 의원 한 명과 동행했다. 의원은 정보의 일차원천이 되어, 학생들의 질문에 답을 하고 파크랜드 지역에 대한 지식과 애정을 전했다. 그날 산책이 끝난 후 도서관으로 돌아와서 학생들은 프로젝트를 이끌어가는 탐구 질문을 받고, 프로젝트의 목표를 부여받았다. 다시 교실로 돌아와서, 교사는 학생들이 조사 활동을 하기 위한 배경지식을 쌓을 수 있게 읽기 자료집을 나누어 주었다. 자료집에는 문서, 기사, 지도, 사진 등이 포함되었다. 이 자료들은 프로젝트 기간 동안 읽기 기술을 배우는 데 사용되었다.

다음 활동은 지역사회의 유명인사인 권투 챔피언, 무하마드 알리(Muhammad Ali)와 관련된 현장체험이었다. 학생들은 무하마드 알리 센터를 방문해서 그 지역에서 살던 그의 어린 시절과 지역을 넘어 세계에 끼친 그의 공헌에 대해서 알아보았다. 학생들은 자료 수집 기술인 기록, 사진 찍기, 그림 그리기, 녹음, 녹화를 배웠으며, 비판적으로 생각하고, 보고 느낀 것을 깊이 생각해야 했다. 이러한 경험을 통해서 학생들은 프로젝트의 주요 요소인 박물관식 전시에서 무엇을 할 것인지에 대한 통찰력을 갖게 되었다.

이러한 경험이 끝난 후에, 네 학급의 교사들은 자신의 반 학생들에게 인물, 장소, 상업의 발전, 사건 중에서 그들의 주요 관심 주제는 무엇이 될지 설명했다. 학생들을 그룹으로 나누었고, 조사할 질문 목록을 만들도록 했다. 이 활동을 통해서 학생들은 소식지에 들어갈 특집기사에 대한 아이디어를 발전시키고, 박물관 전시나 공개행사에서 무엇에 더욱 초점을 두어야 할지 알게 되었다. 3학년 학생들은 그룹별로 과제를 나누고, 본격적으로 연구를 시작했다. 오전시간에는 학교의 국어, 수학 프로그램을 해야 했기 때문에 매일 오후 시간을 프로젝트 작업 시간으로 할당받았다.

뉴스레터, 기사, 박물관 전시물, 벽화뿐만 아니라 다른 결과물들도 요구되었다.

- "인물"에 초점을 둔 학급의 학생들은 알리(Muhammad Ali), 모핀(Milburn T. Maupin), 존슨(Lymon T. Johnson)과 같이 유명한 지역 인사들의 전기를 써서 그들의 일생을 표현했다.
- "장소"에 초점을 둔 학급의 학생들은 지역 투어를 위한 안내 책자와 전시할 사진, 유명한 건축물의 모형과 도면을 만들었다.
- "사건"에 초점을 둔 학급의 학생들은 컴퓨터 소프트웨어(Comic Life와 PhotoStory 3)를 이용하여 지역을 새롭게 한 사건들을 나타내는 연대표를 만들었다.
- "상업의 발전"에 초점을 둔 학급의 학생들은 지역 주민들이 알고 싶어 하고, 현재 존재하는 상업에 대한 조사를 했고, 그 결과를 그래프로 나타내었다. 학생들은 또한 상업 구역을 지도로 나타내고, 상업에 종사하는 사람들과 인터뷰한 하이라이트 장면을 동영상으로 만들었다.

도서관 미디어 센터에서 열린 박물관 전시 공개행사는 큰 성공을 거두었다. 학생들은 자신의 전시물 앞에서 부모님과 지역 주민들에게 잘 준비된 프레젠테이션을 했다. 학생들은 미술 전문가와 함께 지역에 대한 자긍심과 희망을 담은 벽화를 도서관 미디어 센터 벽에 그렸다.

프로젝트 돌아보기

이 프로젝트는 학교와 지역사회에 꽤 중요하게 되었다. 학생들은 지역 사람들을 만나고 이웃과 관계를 맺으면서 지역사회에 대한 자긍심이 커져갔다. 교육청 소식지에는 이 프로젝트를 중요하게 다루는 기사가 실렸다. 교사들은 학부모들로부터 이 프로젝트의 가치를 인정받는 것을 기뻐했다. 특히 파크렌드 출신 학부모들은 이 프로젝트를 더욱 소중히 생각했다. 이 학부모들은 소식지에 실을 기사를 제공하고, 도움을 주는 자원봉사자가 되었고, 많은 정보를 주었다. 한 독자는 "나는 이 곳에서 평생 살았지만 지금까지 그 글판(plaque)이 어떤 의미인지 몰랐어요!"라고 말했다. 이 학교에는 파크랜드에 대한 부정적인 이미지를 갖고 있는 지역에서 온 학생들이 있었는데, 이 프로젝트를 통해서 학생들의 관점이 바뀌었다. 이웃 마을에서 온 한 남학생은 프로젝트 일지에 "나는 이 곳에서 이렇게나 멋진 일들이 많이 일어났는지 몰랐다."라고 적었다. 교사들 또한 이 프로젝트를 통해서 교수법에 대한 열정과 창의적인 아이디어를 많이 떠올릴 수 있었다.

학생들의 학습 목표 도달 측면에서는, 역사적 사실과 개념에 대한 평가 결과는 긍정적이었다. 읽기와 쓰기 능력은 몰라보게 향상되었으며, 학생들은 탐구를 위해서 다양한 자료들을 어떻게 사용해야 되는지도 알게 되었다. 학생들이 비판적으로 생각하고, 그룹활동을 하고, 프레젠테이션을 하고, 디지털 기기를 사용할 수 있냐는 증거들이 무수히 많다. 도서관 사서는 학생들에게 반길 만한 부작용이 나타난 것을 발견했는데 학생들이 프로젝트에 필요하지 않더라도 위인전을 많이 빌려가게 된 것이다.

교사들은 학생들에게서 특별한 효과를 발견했다:

"이 프로젝트는 특별히 학습에 어려움을 겪는 학생들에게 효과적이었다. 프로젝트를 통해서 그 학생들은 무언가 연결고리를 찾았고, 학습에 주인의식을 갖게 되었다. 특별히 학습에 어려움을 겪었던 한 학생이 프로젝트에 집중하는 모습을 보는 것은 놀라웠다. 그는 역사적 사실을 노래로 만들었고, 그가 속한 팀이 프로젝트를 잘 할 수 있도록 했다."

프로젝트 5: 멸종위기의 새우 살리기

프로젝트 한눈에 보기

프로젝트 제목: 멸종위기의 새우 살리기

프로젝트 제작자: 로저스 교사(Laurette Rogers, California 주, San Anselmo 시, Brookside School 교사 역임)

관련 과목: 과학, 국어, 언어, 사회

적용 학년: 4학년

기간: 6개월, 일주일에 2~4시간

탐구 질문: 멸종 위기에 처한 동물들을 구하기 위해서 우리가 무엇을 할 수 있을까?

프로젝트 요약: 멸종 위기에 처한 캘리포니아 주의 민물 새우를 구하기 위해서 학생들은 캠페인을 계획하고 실행한다. 또한 민물 새우 및 여러 생물체의 서식처가 되는 강 주변의 생태를 보호하기 위해서 지역의 강 유역으로 체험학습을 간다. 학생들은 연구를 하고, 대중들의 주의를 환기시키기 위한 자료를 만들고, 모금 활동을 한다. 또한 지역사회와 정부 관계자들에게 편지를 쓰고, 프레젠테이션도 한다. 체험학습 활동에는 나무와 관목 및 풀을 심고, 토양 침식을 방지하며, 야생 생태 관찰 등이 포함되었다.

학생들의 주요 결과물: 구두 프레젠테이션, 홍보 영상, 티셔츠, 연구 보고, 편지, 보도자료, 신문기사 등이 포함된 다양한 문서

자세한 정보: 로저스 교사(Students and Teachers Restoring a Watershed, STRAW)와 연락함(lrogers@prbo.org)

프로젝트를 고안하고 계획한 과정

이 야심찬 프로젝트는 1992년에 처음 시작했으며, 계속 발전되어 다른 학교로 퍼졌다. 우리는 이 프로젝트가 처음 운영되었을 때를 다룰 것이다. 로저스 교사는 현재 STRAW 프로젝트(Students and Teachers Restoring a Watershed)를 지휘하고 있다. 교사, 학생, 자연보호 전문가, 지역 위원들이 함께 샌프란시스코 해변을 보호하며 강 유역에 대한 연구를 계획하여 실행할 수 있도록 총괄하는 역할이다.

탐구 질문: 멸종 위기에 처한 동물들을 구하기 위해서 우리가 무엇을 할 수 있을까?

이 프로젝트는 11월, 로저스 교사가 담임하고 있는 4학년 학생들에게 멸종 위기에 처한 동물들의 동영상을 보여주면서 시작되었다. 학생들은 동영상을 보고 난 후에 침울해졌다. 학생들과 토의를 하는 동안, 한 학생이 손을 들고 "멸종 위기에 처한 동물들을 보호하기 위해서 우리가 무엇을 할 수 있나요?"라고 질문했다. 이 질문을 통해서 로저스 교사와 학생들은 멸종 위기에 처한 동물들을 위해 할 일들을 결정하기 위한 조사를 시작하게 되었다. 그들은 할 수 있는 일에 대한 브레인스토밍을 했다. 학생들은 편지 쓰기, 환경보호 단체를 돕기 위한 모금행사 등 학교와 지역 주민들의 관심을 끌기 위한 캠페인을 벌이기로 했으나 이러한 활동만으로는 충분하지 않다고 생각했다. 실제로 멸종 위기에 처한 동물들을 직접 돕고 싶었다.

로저스 교사는 캘리포니아 주의 한 기관(State Adopt-a-Species)에 연락하여, 이 지역에서 멸종 위기에 처한 동물이 연어, 송어, 새우 등 세 종류가 있다는 것을 알아냈다. 학생들의 투표를 통해서 돕기로 결정한 동물은 새우였다. 새우의 서식지인 이 지역의 개울은 간척한 땅에 농사를 짓게 되자 사라져가고 있었다. 로저스 교사는 이 프로젝트를 통해서 과학과 사회의 개념들을 가르칠 수 있을 뿐만 아니라 읽기, 쓰기, 수학적 능력도 쌓을 수 있다고 생각했다. 그래서 교사와 학생들은 그들의 학교 생활을 바꾸게 될 이벤트를 시작하게 되었다.

프로젝트를 운영한 방법

학생들은 그룹을 이루어서 새우의 한살이(natural history), 새우를 보호하는 단체, 새우와 관련된 법 등 가능한 모든 것을 배웠다. 조사 단계에서 학생들은 정보가 담긴 다양한 자료를 읽고, 전문가들을 인터뷰했으며, 새우의 개체수와 서식지에 대한 자료를 수집했다. 로저스 교사는 학생들에게 한 명씩 또는 짝을 지어서 주제를 선택하고 보고서를 작성하여 프레젠테이션을 하도록 했다. 주제는 서식지 감소, 인간이 생태계에 주는 영향, 새우의 한살이, 새우가 번성하기 위한 조건 등을 포함하여 다양하게 제공했다.

많은 위원회를 조직하여 위원회별로 모금 행사(빵과 쿠키 판매 포함), 티셔츠 디자인과 판매, 정기적인 뉴스레터 발행, 대중 홍보 캠페인을 담당했다. 새우를 구하기 위한 노력은 1년 동안 다양한 과목에서 통합되어 학생들의 학습을 격려하는 학급 주제가 되었다.

학생들은 캘리포니아 주의 자연보호관청(Department of Fish and Game)에서 발간하는 전문자료를 통해서 새우의 서식지는 그리 멀지 않은 스템플 냇가(Stemple Creek)인데 그곳이 목장이기 때문에 "등급이 낮아진" 것을 알게 되었다. 학생들은 농장 주인에게 전화를 했고 몇 번의 설득 끝에 그의 소유지에 들어가도록 허락받았다. 그 목장의 개울에는 풀이 거의 없었고, 제방의 흙은 소떼에 의해서 침식되어 있었다. 로저스 교사는 전문 환경보호회사(Prunuske Chatham)에 연락해서, 전문가가 학생들이 하기에 적절한 환경보호 활동을 가르치게 했다. 학생들은 또한 여러 환경보호단체(Audubon Society, Nature Conservancy, Coastal Conservancy)와 지역 및 주정부의 전문가들과 접촉했다.

수업에서는 학생들이 특별히 논픽션 글을 이해하는 읽기 능력이 향상되었다. 이는 그들이 수행하던 모든 조사와 검토했던 실제 서류들 덕분이었다. 그들은 편지와 소식지의 기사를 쓰고, 서론, 본론, 결론으로 구성하여 에세이를 쓰는 법을 배우면서 쓰기 기술에 대한 동기부여가 되었다. 또한 홍보자료를 작성하면서 설득하는 글을 쓰는 법도 배웠다. 학생들은 어휘목록을 늘려갔는데, 여기에는 상호 의존, 정부 규제, 토종 동식물 및 외래 동식물과 같은 과학 및 사회 교과의 개념들이 포함되었다.

3월에 학생들은 장화를 신고 삽을 들고 목장으로 가서 첫 번째 현지조사를 했다. 버드나무 및 여러 토종 식물들을 심기 위해 커다란 구멍을 파고, 장애물들을 치우고, 냇물의 둑을 강화했다. 그 다음 지역신문 기자, 텔레비전 리포터와 이야기했고, 정치인들에게 전화를 하고 편지를 보냈으며, 캘리포니아 주 수도에 있는 국회의사당의 입법 공청회와 공공포럼에서 발표를 했다. 그들의 활동은 봄이 끝날 때까지 계속되었고, 가끔은 토요일에도 활동을 하거나 심지어 여름까지 계속되기도 했다. 그 뒤 몇 년 동안은 후배 학생들과 교사들이 그들의 발자취를 따랐다.

프로젝트 돌아보기

학생들은 이 프로젝트를 통해서 생태계, 먹이사슬, 생산자와 소비자, 동물이 어떻게 환경에 적응하며 살아가는지를 배웠을 뿐만 아니라, 기초 과학 지식도 훨씬 많은 것들을 얻었다. 실제 세계의 이슈에 초점을 맞추고, 동물들을 구하기 위해서 활발히 활동하면서, 학생들은 읽기와 쓰기 기술을 사용하고, 수학을 적용하고, 지리를 배우고, 그들의 미적, 디자인 재능을 사용하도록 동기를 부여받았다. 협동, 프로젝트 운영, 구두 프레젠테이션, 체계적인 사고와 같은 21세기 기술을 사용할 기회가 충분히 있었다. 예를 들어 학생들은 자연의 생태계를 이해하는 것뿐만 아니라 지역 및 주정부가 어떻게 민간단체들과 함께 환경보호와 토지 사용 문제를 다루기 위해서 일하는지도 이해하게 되었다. 그리고 학생들은 자료를 분석하고, 증거에 기반한 토의를 하고, 크고 작은 문제들을 해결하면서 더 나은 사고를 하게 되었다.

학생들은 어떻게 끈질기고, 단호하고, 설득력 있게 어른들과 대화하는지 배웠고, 그들이 나중에 성인이 되어서도 잃어버리지 않을 자신감을 가지게 되었다고 이야기했다. 프로젝트를 하면서 학생들은 어른들이 서로 다른 역할을 맡고 다양한 환경에서 일하는 것을 보면서 매우 효과적인 진로교육을 받았다. 그리고 아마 가장 중요한 점은 이 어린 학생들이 자신들도 유능하고 헌신적인 시민으로서 영향력을 행사할 수 있다는 걸 배운 것이다. 한 학생은 이렇게 말했다. "나는 이런 일이 일어날 것이라고는 예상한 적이 없다. 나는 우리가 엄청난 일을 한 것처럼 느낀다. 나는 이 프로젝트가 모든 것을 바꾸어 놓았다고 생각한다. 나는 우리도 할 수 있다고 생각한다. 과거에 나는 항상 어린이들은 아무것도 아니라고 생각했었다. 하지만 이 프로젝트를 통해서 어린이들도 세상을 바꿀 수 있으며 우리가 단지 보잘것없는 존재가 아니라는 것을 내게 보여주었다."

로저스 교사는 회상하면서 말했다:

"내가 항상 노력하는 것은 환경보호와 사람들에게 직접적으로 영향을 주는 경제 발전 사이에서 균형을 맞추는 것이었는데, 그러한 균형은 이 프로젝트에서 보는 문제처럼 쉽지 않고, 단편적이거나 단순하지 않다는 것이다. 나는 학생들이 다양한 관점을 존중하고, 그들 자신을 위해 생각하기를 바랬다. 이러한 프로젝트를 통해서 당신은 자신이 어떤 사람인지 발견하고 스스로를 시험해볼 수 있다. 왜냐하면 프로젝트를 하는 것은 단지 지시를 따르는 것이 아니기 때문이다."

프로젝트 6: 핸드폰 요금제 고르기

프로젝트 한눈에 보기

프로젝트 제목: 핸드폰 요금제 고르기

프로젝트 제작자: 데로렌조 교사(Gina DeLorenzo, West Virgina 주, Fairmont 시, White Hall 초등학교)

관련 과목: 수학(기초수학)

적용 학년: 5학년

기간: 2주, 일주일에 5일, 하루에 약 45분

탐구 질문: 어떤 핸드폰 요금제가 우리 가족에게 가장 적절할까?

프로젝트 요약: 학생들은 핸드폰 요금제들을 비교하여, 그들 가족의 필요에 가장 잘 맞는 요금제를 선택하도록 요청받는다. 학생들은 핸드폰 사용에 대한 연구 활동을 하는데, 부모님 인터뷰, 설문조사, 다양한 요금제 분석, 그들이 조사한 것을 학급 친구들에게 발표하기 등이다. 각 학생은 부모님, 친구들, 학교의 어른들을 대상으로 프레젠테이션을 하고, 가족에게 적절한 요금제와 그것을 선택한 이유를 설명한다.

학생들의 주요 결과물: 핸드폰 요금제를 비교한 그래프, 설문조사 분석 결과를 보여주는 그룹 프레젠테이션, 추천하는 요금제를 설명하는 개인 프레젠테이션

자세한 정보: 웨스트 버지니아 주 교육청의 프로젝트 도서관에서 이 프로젝트에 대한 자료를 찾을 수 있다(wvde.state.wv.us/teach21/pbl.html). (온라인 프로젝트 도서관과 웹사이트에서도 이와 비슷한 프로젝트들을 찾을 수 있다.)

프로젝트를 고안하고 계획한 과정

데로렌조 교사는 5학년 수학의 학습 목표인 "규칙, 관계, 함수를 이해하여 증명하기"와 좌표면에 점 찍기를 가르칠 수 있는 참여적인 교수법을 찾기를 원했다. 또한 가르치길 원하는 학습 목표 중 하나는 "다양한 방법을 이용한 수집, 전시, 자료 분석" 개념이었다.

> 탐구 질문: 어떤 핸드폰 요금제가 우리 가족에게 가장 적절할까?

프로젝트에 대한 아이디어는 학급에 있는 한 학생의 질문으로부터 나왔다. 그 학생은 급우들에게 자기 생일이 다가오는데 부모님께 핸드폰을 사달라고 어떻게 설득해야 할지 물었다. 학생들의 활발한 대화를 들으며, 데로렌조 교사는 오늘날의 학생들에게 핸드폰이 얼마나 의미 있고 중요한지 재빨리 알아챘다. 그녀는 비슷해 보이는 핸드폰 요금제를 분석하도록 하는 도전적인 문제 해결식 프로젝트를 공들여 고안하기로 결심했다. 이 프로젝트 주제를 통해서 학생들은 "알아야 할" 수학 학습 목표를 반드시 구현할 것이다. 또한 프로젝트에는 학생들이 읽기 능력, 특히 설명문과 학술적인 글을 읽는 능력을 기를 기회가 많이 있었다.

프로젝트를 운영한 방법

데로렌조 교사는 다음의 문제 해결 시나리오를 학급과 공유하면서 프로젝트를 시작했다.

> "여러분 부모님의 핸드폰 계약이 곧 만료된다. 여러분은 생일이 곧 다가오는데 이것이 핸드폰을 사달라고 할 수 있는 절호의 기회라고 생각한다. 부모님은 여러분의 핸드폰 구입을 고려하고, 여러분을 그들의 요금제에 포함시킬 것이라고 말했다. 하지만 부모님은 여러분이 어떤 요금제가 있는지 알아보기를 원한다. 그들은 가입비를 포함하여 처음에 50달러를 지불하고, 새로운 요금제에서 매달 20달러씩 사용할 의향이 있다. 여러분은 각 요금제를 평가하여 부모님께 요금제를 추천하는 프레젠테이션을 해야 한다."

학생들은 교사의 도움을 받아서, 그들이 받은 과제를 분석하는 의논을 했다. "무엇을 알아야 하는가?"를 맨 위에 쓰고, 다음 질문들을 작성했다. "얼마나 많은 요금제가 있고, 그것들은 어떻게 다른가?" "가장 인기 있는 요금제는 무엇인가?" "가장 싼 요금제는 무엇인가?" "우리는 한 달에 몇 분 통화하는가?" 학생들은 프로젝트 주제에 대해 호기심을 가졌으며 빨리 시작하고 싶어했다. 교사는 학생들에게 완성해야 할 그룹 결과물과 개인 결과물, 프로젝트 일정표, 프레젠테이션 형식 등과 같은 프로젝트에 대한 세부사항을 설명한 후에, 학생들을 4명씩 한 팀으로 나누었다. 학생들은 첫 번째 그룹 과제로 친구들이 한 달 동안 사용하는 통화량과 문자 메시지 양를 설문조사했다. 교사는 칠판에 예시를 보여주며 어떻게 조사해야 하는지 소개했고, 각 그룹은 설문조사의 질문과 반응을 기록할 체계를 만들기 시작했다. 다음 이틀 동안 학생들은 설문조사를 하고, 자료를 요약하고 분석했다. 첫 번째 개인 과제는 가족들이 어떤 핸드폰 요금제를 사용하는지 알아오는 것이었다. 학생들은 그룹 활동으로 부모님을 인터뷰할 좋은 질문들을 만들었다. 이틀 후에 학생들이 질문에 대한 답변들을 가지고 왔고, 그 자료는 그룹이 고려할 요인으로 포함되었다. 각 그룹은 조사 결과와 인터뷰 자료를 보여줄 파워포인트 슬라이드를 제작했고, 첫 주의 마지막에 반 친구들 앞에서 짧은 프레젠테이션을 했다.

첫째 주의 둘째 날, 각 그룹들은 다양한 통신사의 웹사이트에 들어가서 핸드폰 요금제들을 읽고, 분석했다. 교사는 웹사이트에서 주요 정보를 찾도록 돕기 위해서 노트 필기 방법을 알려주었다. 이로부터 이틀 뒤, 지역 통신업체 두 곳 직원들의 학교 방문을 준비하는 과정에서 학생들은 더 많은 궁금증을 가지게 되었다. 또한 학생들은 그들의 질문에 대한 답을 찾기 위해 몇몇 웹사이트에 있는 대화형 질의응답(Q&A) 코너를 이용했다.

셋째 날과 넷째 날, 교사는 다음 주까지 계속되는 수학 수업 시리즈를 시작했다. 학생들에게 서로 다른 요금제들을 이해하는 방법과, 그 데이터를 그래프에 나타내는 방법을 가르쳐 주었다. 교사는 x축을 '분', y축을 종속변수인 '금액'으로 나타내는 법을 보여주었다. 학생들은 수학 일지에 다양한 요금제에서 발견한 것과 프로젝트 진행 상황을 검토하는 항목을 썼다. 이 항목에 근거하여 교사는 도움이 필요한 학생들을 가르칠 수 있었다. 또한 간단한 쪽지시험을 쳐서 각 학생의 수학 이해도를 파악했다.

둘째 주에는 각 학생들이 배운 것을 가족들의 상황에 적용하는 것에 초점을 맞추었다. 학생들은 서로 질문하고, 아이디어를 비교하고, 마지막에 있을 프레젠테이션 슬라이드를 함께 제작하기 위해서 계속 그룹으로 활동했다. 학생들에게 가이드라인을 마련해주기 위해서, 슬라이드와 5분짜리 프레젠테이션을 평가하는 데 사용될 평가기준표(루브릭)를 보여주었다. 학생들은 목요일에 팀별로 프레젠테이션을 연습했으며, 평가기준을 사용하여 서로의 작품을 평가했다.

금요일 오후에 학부모들이 교실에 도착했다. 프로젝트에 대한 설명을 들은 후 학부모들은 프레젠테이션을 위해 준비된 네 개의 장소인 교실, 식당, 도서관, 컴퓨터실 중 한 곳으로 이동했다. 데로렌조 교사로부터 형식, 시간 제약, 평가기준표 사용에 대해서 안내를 받은 교장 선생님, 동료 교사, 도서관 사서 교사가 각 장소에서 감독했다. 또한 통신사로부터 두 명의 직원이 방문했다. 만약 그들이 학생들에게 어떤 질문을 한다면, 어떠한 판매 관련 활동도 하지 않도록 부탁을 받았다. 교사는 학생들이 요금제들을 얼마나 잘 이해했고, 요금제의 세부사항을 잘 설명했는지 직원들의 평가를 듣고 싶어했다. (그들은 나중에 전반적으로 깊은 인상을 받았다고 이야기했다.) 발표를 하고 있지 않은 학생들은 각 장소에서 친구들이 하는 발표를 들으면서 평가기준표에 체크를 하며 동료 평가를 했다.

프로젝트 돌아보기

데로렌조 교사는 프로젝트가 "스스로 진행되었다"고 했다. 학생들은 프로젝트에 완전히 매료되었고, 그들의 개별 프레젠테이션뿐만 아니라 그룹 활동에도 주인의식을 갖고 참여했다. 학생들은 조사하고, 부모님을 인터뷰하고, 정보를 분석하고, 증거를 통하여 결론을 내리면서 그들의 실생활과 관련된 주제를 활발히 탐구하는 기회를 가진 것에 감사했다. 교사가 이전에 같은 자료를 가지고 같은 양을 가르쳤던 것에 비하면 프로젝트를 통해서 학생들은 배운 수학적 능력을 적용해야 했기 때문에 더 완전하게 배운 것을 깨달았다.

데로렌조 교사는 프로젝트의 실제 효과를 보게 되어 행복했다:

"이 프로젝트가 끝난 후, 몇몇의 학생들은 그들이 수집한 정보를 이용하여 실제로 부모를 설득하여 그들이 사용하고 있던 핸드폰 요금제를 바꾸었다."

프로젝트 7: 이 환자는 어디가 아플까요?

프로젝트 한눈에 보기

프로젝트 제목: 이 환자는 어디가 아플까요?

프로젝트 제작자: 아이스버그 교사(Aaron Eisberg, California 주, Napa Valley 교육청)

관련 과목: 과학(생물, 인체 해부학)

적용 학년: 5학년

기간: 2주, 일주일에 5일, 하루에 약 45분

탐구 질문: 우리는 아픈 환자를 어떻게 진단하고 가장 좋은 처방을 내릴 수 있을까?

프로젝트 요약: 학생들은 의과대학 학생의 역할을 맡아, 증상을 설명하는 환자로부터 정보를 수집하고 순환계나 호흡기에 문제가 있다고 판단한다. 이러한 체계를 배우는 수업이 끝난 후에, 학생들은 그룹을 지어 예비 진단을 내리기 위해 인터넷에서 추가 정보를 수집한다. 학생들은 자신의 진단을 확신하기 위해서 어떤 추가 정보가 더 필요한지 결정하여, 그들이 분석한 결론을 의과대학 교수의 역할을 맡은 성인 평가위원단에게 발표한다.

학생들의 주요 결과물: 파워포인트 슬라이드를 이용한 프레젠테이션 발표

자세한 정보: 아이스버그 교사(Aaron Eisberg, Napa Valley 교육청, CA)와 연락함 (aesiberg@nvusd.k12.ca.us)

프로젝트를 고안하고 계획한 과정

아이스버그 교사는 지난 몇 년 동안 인체의 순환계 단원을, 교육과정 목표에 기반을 두었지만 뭔가 연결이 부족하여 상호 연관성이 부족한 활동을 하면서 가르쳐왔다. 예를 들어 학생들은 종이 심장 모형을 여러 조각으로 자르고 이들을 다시 붙이면서 심장의 구조에 대한 지식을 설명했다. 이러한 방법은 단원평가를 위한 단기 성과는 낼 수 있었지만, 2주 후가 되면 학생들은 배운 것을 대부분 잊어버렸다. 아이스버그 교사는 학생들이 늘 똑같은 공책 필기와 자르고 붙이는 활동을 지루해하고, 이러한 교수법은 다양한 그룹의 학생이 필요로 하는 것을 충족시키지 못한다고 느꼈다. 그들은 더 참여적이고, 관련성 있고, 도전적인 무언가를 원했다.

탐구 질문: 우리는 아픈 환자를 어떻게 진단하고 가장 좋은 처방을 내릴 수 있을까?

아이스버그 교사는 지역의 의사를 만났는데 그는 과학 개념과 비판적 사고 능력이 의학계에서 어떻게 사용되는지에 대한 통찰력을 제공했다. 그들은 함께 프로젝트를 설계했다. 프로젝트에서 한 환자가 자신의 증상을 설명하면, 학생들은 그 원인을 진단하고 처방을 내리는 도전적인 문제를 풀게 된다. (프로젝트 학습과 비슷한 교수법이 많은 의과대학에서 사용되고 있다.) 아이스버그 교사는 이러한 실제 세계를 조사하여, 교사, 교직원, 건강관리센터 직원들이 포함된 평가위원단에게 프레젠테이션을 함으로써, 학생들의 참여 수준을 높이고 깊이 있게 배우기를 희망했다. 추가적인 과학 학습 목표를 제시하면서 아이스버그 교사는 호흡기 계통에서 발생할 수 있는 문제도 시나리오로 만들기로 결정했다. 이렇게 하면 학생들은 환자를 진단하기 위해서 순환계와 호흡계를 모두 알아야 하기 때문이다.

프로젝트를 운영한 방법

아이스버그 교사는 학생들이, 환자를 진단하고 처방하는 의과대학 학생이 역할을 하면서 인체에 대해서 배울 것이라고 말하며 프로젝트를 시작했다. 그들은 2주 후에 전문가들에게 그들이 분석한 결론을 발표할 것이었다. 아이스버그 교사는 손수 질병을 가진 젊은 남성인 하워드 역을 연기할 것이고, 학생들은 그에게 질문을 해야 한다고 이야기했다. "하워드"가 도착하기 전, 아이스버그 교사는 학생들을 세 명씩 그룹으로 나누어 질문을 준비하도록 하고 교실을 떠났다. 몇 분 후에 그는 여자친구가 안내해주는 멋진 캐릭터를 연기하면서 어슬렁거리며 교실로 들어왔다. 그는 자리에 앉아 학생들이 질문하기를 기다렸다. 그는 대답하기를 주저하면서, 헛기침을 하고, 피곤하고, 배가 아프고, 심장박동이 빠르다고 짧게 대답했다. 이 네 가지 증상을 제외하고는 모호하게 대답하여, 학생들이 프로젝트를 더 진행하기에는 정보가 충분하지 않다고 확신했다.

더 이상 질문이 없자 "하워드"가 떠났고, 아이스버그 교사는 학생들이 지금까지 문제에 대해서 알게 된 것과 알아야 할 것에 대해 의논하게 했다. 학생들은 종이 차트에 이러한 증상을 유발하는 모든 원인, 인체의 어떤 부분이 영향을 받았는지, 하워드의 생활 방식 등의 질문 목록을 만들었다. 이 "알아내야 할 목록"은 다음 2주 동안 일련의 수업과 연구를 위한 이정표가 되었다.

학생 그룹들은 매일 "알아야 할 것"에서 한 가지를 골라 인터넷을 이용하여 그 주제에 대한 정보를 수집했다. 학생들은 그 정보가 정확한지 입증하기 위해서 3~4개의 웹사이트가 똑같은 정보를 제공하고 있는지 확인해야만 했다. 아이스버그 교사는 이 프로젝트의 핵심은 탐구 능력을 가르치고, 관련이 있는 정보와 관련이 없는 정보를 구분하는 것이라고 생각했다. 그는 학생들의 진행상황을 파악하고, 문제를 확인하고, 필요할 경우 그룹을 조정하기 위해서 프로젝트 일지를 확인했다. 또한 알아내야 할 목록들로부터 이끌어낸 순환계와 호흡계, 혈액, 인체의 주요 장기에 대한 인쇄물을 나누어주고, 수업도 했다. 학생들은 하워드의 증상을 일으킬 수 있는 조건을 알아가면서, 알아야 할 것에 질문을 추가했고, 답을 알아낸 항목은 지워나갔다.

학생들은 하워드로부터 정보를 더 얻기로 결정했다. 각 그룹은 다양한 제안을 했고, 하워드는 학생들이 합의하여 만든 질문지를 완성하기 위해 의료기록을 제출하고, 증상에 대한 추가 질문에 대한 대답을 작성했다. 아이스버그 교사는 다음날 하워드의 답변을 주었고, "의대생"들은 곧 그의 증상에 대한 가능성을 천식, 낭포성 섬유증, 겸상 적혈구성 빈혈로 좁혀갔다. 각 그룹은 하워드의 질병에 대한 가설을 설명하는 10분짜리 프레젠테이션을 계획하기 시작했다. 프레젠테이션은 신체에서 영향을 받았을 수 있는 장기 체계를 설명하며 시작해서, 진단에 대한 확실성을 높이기 위해 어떤 정보가 더 필요한지 언급하며 결론을 내야 했다.

프레젠테이션을 하는 날, 각 그룹의 학생들은 분석 결과를 파워포인트와 함께 아이스버그 교사, 초청된 의사, 교장 선생님으로 구성된 심사위원에게 설명했다. 심사위원단은 어려운 질문들을 몇 가지 던졌지만, 학생들은 여유 있고 자신 있게 대답했다. 또한 각 학생들은 과학적 내용에 대해 개인별로 시험을 치렀다.

프로젝트에 돌아보기

프로젝트가 끝난 뒤, 아이스버그 교사는 이 프로젝트의 가치를 그가 전에 같은 내용을 가르쳤었던 방식과 비교해보았다. 그가 과거에 순환계와 호흡계, 인체 해부학에 대해서 가르쳤던 방식은 실제로 해보는 활동들이 몇몇 포함되어 있었지만, 단기간의 기억에만 효과가 있었을 뿐이다. 그는 "수업을 프로젝트 형식으로 바꾼 후에, 실제 세계에의 적용을 통해서 학생들이 훨씬 깊이 이해하고 개념을 보존하게 된다는 것을 깨달았다"고 말했다. 프로젝트를 돌아보며, 학생들은 친구와의 협동 기술과 문제해결 능력이 향상되었다고 말했다. 그들은 또한 환자를 진단하기 위해서 의사 선생님들이 의학적 지식과 탐구 기술을 사용하는 방식을 경험해보는 기회를 정말 좋아했다. 그리고 그들은 배우는 동안 즐거움을 느꼈다.

아이스버그 교사는 프로젝트의 영향이 계속된다고 말했다:

"프로젝트가 끝난 뒤, 학생들은 여전히 그 주제에 관심을 가졌고 보건 수업에서는 학생들의 생활방식에 대해서 조사를 계속했다. 그들은 생활방식을 바꾸는 것이 어떻게 심장과 폐와 관련된 질병이 발생할 가능성을 줄여주거나 최소화하는지를 배웠다."

찾아보기

기타

역자 소개

설양환
부산교육대학교 졸업
한국방송통신대학교 졸업
한국교원대학교 대학원 졸업(석사학위, 초등교육 전공)
미국 Brigham Young 대학교 대학원 졸업(Ph.D, 교육공학 전공)
미국 인디애나 대학교 객원교수(2000)
현) 공주교육대학교 교수

박한숙
부산대학교 교육학과 석사, 박사(교육과정 및 방법 전공)
미국 오클라호마주립대학교 STCL Post-Doc.
광주교육대학교 교육학과 교수(2005. 8. ~ 2010. 8.)
현) 부산교육대학교 교수

이수영
서울대학교 생물교육과 학사
University of Michigan 과학교육 및 교육공학 MA/Ph.D
미국 매사추세츠 캠브리지 Technical Education Research Centers
선임연구원(2001~2005)
한국직업능력개발원 부연구위원(2006~2010)
현) 서울교육대학교 교수

황윤한
광주교육대학교 졸업
University of Alabama, Ph.D.
University of Illinois at Chicago, MEd., BA
Highland Community College, AS
현) 광주교육대학교 교수
한국초등교육학회 회장

프로젝트 학습: 초등교사를 위한 안내

초판 1쇄 발행 | 2014년 5월 28일
초판 3쇄 발행 | 2018년 9월 1일

저 자 | Sara Hallermann, John Larmer, John R. Mergendoller
역 자 | 설양환 · 박한숙 · 이수영 · 황윤한
발행인 | 홍진기
발행처 | 아카데미프레스
주 소 | 413-756 경기도 파주시 문발동 출판정보산업단지 507-9
전 화 | 031-947-7389
팩 스 | 031-947-7698
웹사이트 | www.academypress.co.kr
이메일 | info@academypress.co.kr
등록일 | 2003. 6. 18. 제406-2011-000131호
ISBN | 978-89-97544-45-5 93370

값 18,000원